JN124646

ステップアップ
情報技術の教室

探究・トレーニング・創造

池田 瑞穂　著

近代科学社 Digital

はじめに

　なぜ、私たちは先人たちが残した書物、美術、建築などに惹かれるのだろうか。2000年も前に書かれた哲学書を読んだり、学んだり、研究する人々が絶えないのはなぜなのだろうか。情報技術が発展し、社会生活に欠かせない世界になった現代社会にとって、どのような意味があるのだろうか。この問いに対して完璧な答えを出すことはできないが、そこには時代を超えた普遍的な"問い"があるのだろう。

　授業が終わったある日、お茶でも飲もうかとしていたところ、「どうしてビットについて教えるのか。何ら意味がない。意味のないことを教えることはやめてほしい。役に立つことだけを教えてほしい」と血相を変えて訴えにきた人がいた。これまでもさまざまな訴えはあったが、情報技術についてさまざまな知識や情報を知ることの重要性を説明した直後だけあって、衝撃はとても大きかった。何か切羽詰まった状況に置かれていたのか、あるいは「苦手なので避けたい」ということを別の言葉で正直に意見を言ったのかもしれない。あるいは、「無駄なことはしたくない」ということを伝えたかったのだろうか。しばらくしてある人から「人間は未知なるものに対して恐怖心を抱き、威嚇する」といったことが当てはまっているのでは、という意見をもらった。

　情報技術に関する入門書は多く出版されている。いわゆる情報リテラシー本としては、ワープロ、表計算、プレゼンテーション資料作成、メールなどの操作方法を中心とした入門書、さらにCOVIT-19の影響によるリモート学習、会議を支援するツールの設定と使い方に関する書籍も多く出版されている。GIGAスクール構想の影響なのか、これまでもプログラム関連書籍が多く出版されているが、さらに種類が増えたようである。蛇足ではあるが、プログラム言語にも流行りがあり、先月まで本屋さんにあった書籍の販売が終了になったり、書棚の隅に追いやられていることもよくある。専門知識の入門書としては、ハードウェア、OS、ソフトウェアに関する書籍が多く出版されているが、情報リテラシー関連書籍より、かなり内容が難しくなり、特定の課題（AI、XAI、ディープラーニング、データ分析、ブロックチェーン、プロジェクト管理など）に絞り込んだ書籍などは、基礎的な数学の知識が必要な場合も多くある。また、難しさのレベルの視点からは、情報リテラシーと専門知識の入門書の間に資格試験関連の書籍がある。年を追うごとに、資格試験の種類は増えているようで、ITパスポートなどは、就職後、資格取得を支援する企業もある。

　本書は、情報リテラシー入門を卒業し、専門知識へ一歩踏み込もうとしている人や少し躊躇している人に向けたものである。そして、国策や世界の動向を俯瞰し、情報技術について、未知なるものであっても恐怖心を抱くことなく、情報技術の進化に振り回されることなく、幅広く理解し、情報技術の本質は何かを考えていく力を培うことを目指している。さらにその先には、情報技術を用いて果敢にさまざまな問題に対応できることを目指している。本書を読んでいる時点で、あまり興味がない、意味がない、全く無駄だと思う箇所があれば、その箇所は浅く理解し（キーワードは心に蓄える）、興味がわくのであれば、読み進み、さらには専門書へと理解を深め、各々の専門分野でどのように活用できるのか探求して頂きたい。継続して学んでいくことが後々にさまざまなチャンスを我が手中に引込、結びついていくはずである。これは、アナログな社会であってもデジタルな社会であっても同じである。

　冒頭に述べた先人たちが残したものの話のように、先人たちが創り出した情報技術の中身を知

り、情報技術の歴史、移り変わりを見つめることで、先人たちは"何を目的に"、"誰のために"、さまざまな課題と戦いながら技術を生み出し、どのような経過を辿ったのか、次の技術へとどのように継承されていったのか、これらを知ることにより、未知なるものへの恐怖心は一掃され、さらなる次の社会を創造していくための原動力になると考える。

　第1章のイントロダクションでは、情報技術を学んでいく上でのポイントや使い方について述べる。

2023年3月　一粒万倍日

池田 瑞穂

目次

第4章 コンピュータの仕組みと製品カタログの見方 ～自分に合ったパソコン選び～

第5章　インターネットの仕組み　〜世界と繋がるために〜

第6章　情報の整理

第7章　ネットワークセキュリティ、ウイルス　〜世の中、善人ばかりじゃない〜

第8章　メディアリテラシー

Appendix

第1章
イントロダクション

本章は、これから情報技術について学ぶかどうか悩んでいる方、学びたいのだが難しそうなので迷っている方などに向けて伝えたいことを書いた章である。前半は情報技術を学ぶためのポイントについて、後半は本書の構成、使い方について述べることにする。

1.1　はじめに

　本章は、情報技術を学んでいくためのウォーミングアップの章である。これから情報技術について学ぶかどうか悩んでいる、あるいは学びたいのだが難しそうなので迷っているのであれば、ぜひ本章を読んで頂きたい。また、情報技術について少し勉強したことがある場合も、次のステップに進むためにもこの章を活用して頂きたい。さらに、情報についてかなり精通している場合、将来の指導者の立場で課題を発見し、問題解決案を検討してほしい。

　では、情報技術を学んでいく上でのポイントを整理した後、本書の構成、使い方について説明をする。

1.2　情報技術を学んでいく上での5つのポイント

◆ポイント1：「情報技術とは何か」正しく理解する

　『ほのぼのIT教室』で、生徒と先生が情報技術について何か会話しているようなので、覗いてみることにしよう。

ほのぼのIT教室

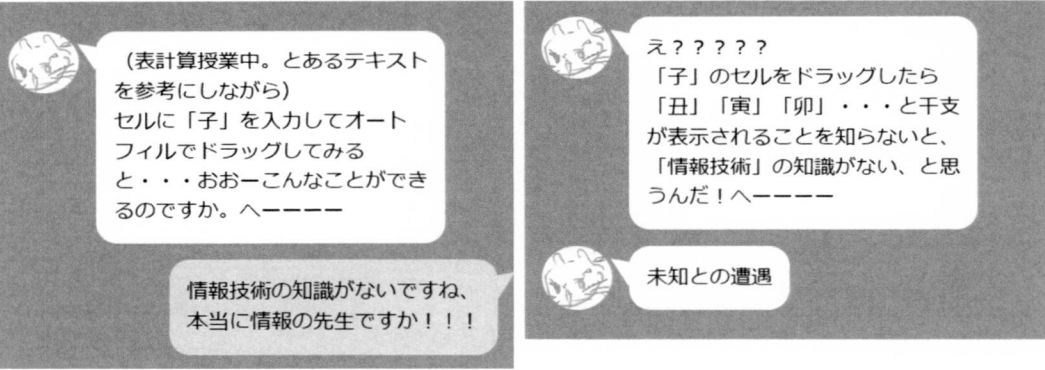

　情報技術、というとコンピュータのハードウェアの仕様について詳しいとか、あるいはコンピュータで文書作成や表計算、プレゼンテーションなどのソフトウェアを使う技術を習得し、そのソフトウェアの機能をできるだけ多く暗記するのが情報技術知識を持つことである、と考えている人は意外に少なくない。"情報技術とは一体何なのか"という問いに対してネット検索すれば、答えを見つけることはできるであろう。しかし、さまざまな情報技術が複雑に関連し、次々と新しい技術が生まれてくる中、情報技術を体系だって説明することは非常に難しい。

　第一次産業革命から第三次産業革命ぐらいまでに生まれた技術は、目的、あるいは課題解決を達成するために生まれた技術である。第四次産業革命以降は、目的達成のための技術開発に加えて、与えられた課題、あるいは自ら発見した問題に対して、さまざまな条件や制約を考慮した上で、情報技術（ハードウェアやソフトウェア）の効果を引き出すように適用する能力が求められ

る。そして、将来の予測を含めて、その効果を評価し改善していく能力が非常に重要となる。

　この能力を培っていくには、情報技術を、さまざまな観点（技術的観点、社会的観点、法整備他）から理解することが非常に重要になってくる。これは、情報技術を提供する側（開発者、システム構築者など）だけでなく、情報を利用する側にとっても重要である。人工知能の進化によって、自動的に技術を最適に適用できるようになるかもしれない。しかし、人間の中のデジタル化できないアナログな部分が残っているのであれば、最後の判断は人間が行うことになる。

◆ポイント2：プログラミングを学ぶことの意味

　本書ではプログラミングについては触れていない。プログラミングの詳細については、別の機会に話をしたいが、情報技術を語る際、触れないわけにもいかないので、ここでは、ポイントだけ述べておきたい。そうこうする内に、『ほのぼのIT教室』での会話がまた始まったようである。GIGAスクール構想（第2章参照）が計画段階から実施段階へ移行し、高校までの情報教育の目玉になっている「プログラミング」についてである。早速、覗いてみよう。

ほのぼのIT教室

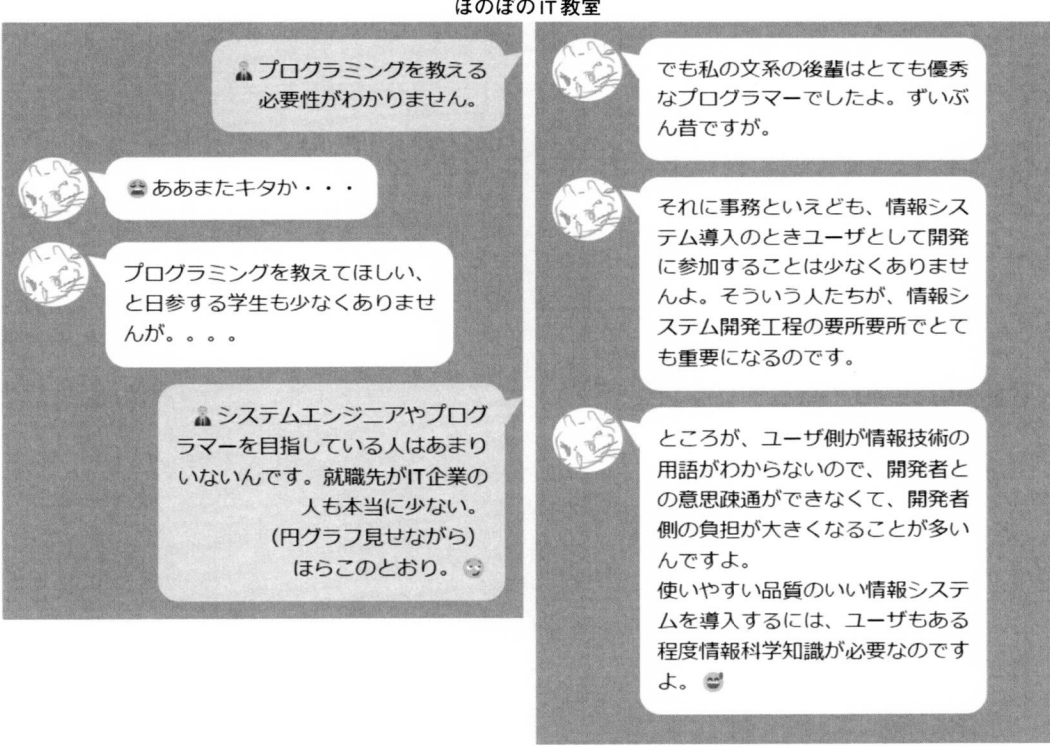

　本書の著者は、長年、大学で情報教育に携わってきた。その中での経験ではあるが、1990年代までは、プログラミングというのは情報技術を提供する側のものであって、そういう仕事に従事しない人には必要がない、IT企業に勤める人は少ない、という理由により、プログラミングを学ぶことは意味がない、という考えが多くあった。しかし、2000年代に入ってからの主な動向

としては、2013年の米国元大統領のオバマ氏から米国民に向けたメッセージ、日本においては、GIGAスクール構想、世界的にも大学入学までに情報教育を行っていく中、国の行く末にまで影響を与えかねないといった意見も多くあり、情報教育の中でプログラミング教育は重要な位置を占めてきている。

　ある海外のコンピュータメーカーの創業者の一人によると、「プログラミングは論理的思考を磨くのに最適なツールである」とか、また国内の大手通信企業関係者によると、「世の中はソフトウェアでできているのでプログラミングは必要だ」とか、「DX (Digital Transformation)や2025年の崖（第2章参照）などにより、多くのプログラマの育成が必要だ」とか、要するに“プログラミングをやろうよ”といったメッセージを送る人数が急激に増えてきたようである。

　ここで、プログラミングに対する誤解について述べておく。

プログラミングの誤解1：問題発見、問題解決能力が身に付くという誤解

　当たり前の話ではあるがプログラミング言語とは言語である。英語、ドイツ語などの言語と同じである。英語やドイツ語などの言語を人間同士のコミュニケーションをとるツールとして捉えた場合、プログラミング言語は、コンピュータなどのデジタル機器とコミュニケーションをとるためのツールである。プログラミング言語の文法（シンタックス）を習得しただけでは、コンピュータとコミュニケーションをとることはできない。プログラミング言語で記述した命令群（プログラム）を出さなければ、コンピュータは何も動作しない。人間同士のコミュニケーションなら、誰かが場の雰囲気を掴んで話かけるかもしれないが、今のコンピュータは、命令がなければ何も動かない。よく言われるただの箱である。では、命令を出すためには何が必要なのか。これが、問題発見能力であり、創造力であり、問題解決能力である。プログラム言語の文法を習得しただけでは、これらの力は身に付かない。

プログラミングの誤解2：プログラムの規模はさまざま

　プログラムの規模はさまざまである。たとえば、銀行のATMを支える大規模システムのプログラム、大病院の全システムを作り上げているプログラムなど、1人でプログラムを作成することは不可能である。専門技術を持った要員が多数集まり時間をかけて作り上げるものから、単純な検索プログラムや、表計算プログラムなど、個人的に作業を効率化するために作成するプログラムなどさまざまな規模のプログラムがある。前述の“情報技術を提供する側でなければプログラミングは意味がない”という考えは、おそらく大規模システムをイメージした発言ではないかと思われる。プログラミングは、家具などの修繕であるDIY (Do It Yourself)のように、小規模のプログラミングもある。システム開発側でなくても、個人的に作業の効率化（単純に楽をしたい）のために数行の命令を記述することもプログラミングであり、プログラミングを学ぶ価値は大いに見いだせる。

プログラミングの誤解3：プログラム作成が全てではない

　命令群を記述しプログラムを作成しただけでは完了ではない。プログラム作成と同時に、テスト仕様（作成したプログラムが正しく動くか確認する項目の整理）が完成していなければならない。“プログラミング言語は英語やドイツ語などと同じ”と述べたが、このテストについては大き

な相違点である。たとえ美しいプログラムを作成しても、誤った動きをするようではだめである。プログラムの規模に関わらず、テスト仕様を作成することは、プログラム作成と同様に重要な技術である。

　この他にも、顧客からの要望を取りまとめる「要件定義」、プログラムの設計を行う「基本設計、詳細設計、テスト方案など」、そして、作成したプログラムを運用管理するなど重要な項目はあるが、本書ではここで留めておき、別の機会に述べることにする。それでは、情報技術のポイントに戻る。

◆ポイント3：デジタル・ディバイド

　『ほのぼのIT教室』で、生徒と先生が「スマートフォン」について何か会話しているようなので、覗いてみることにしよう。

ほのぼのIT教室

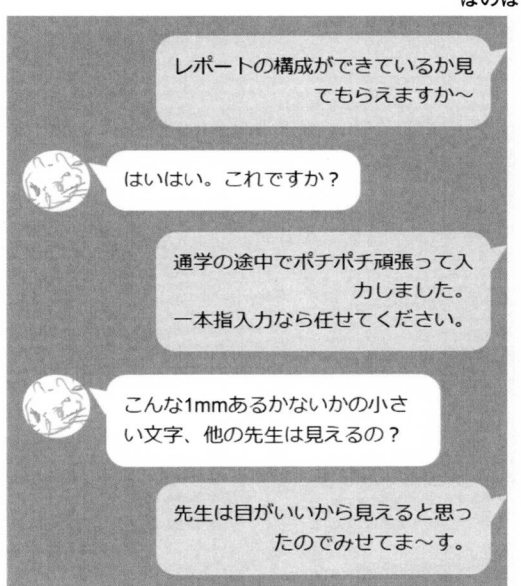
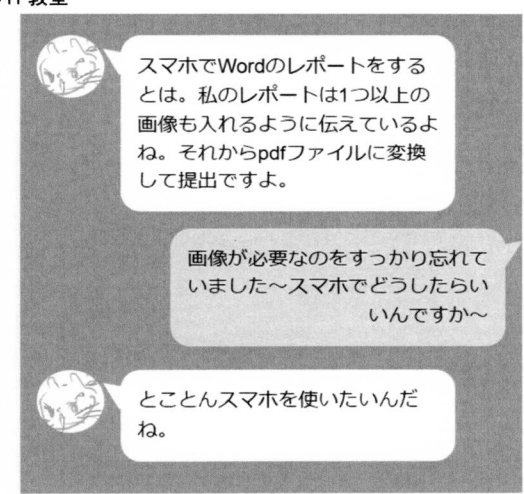

デジタル・ディバイドについて、総務省、および外務省は各々次のように説明している。

[総務省平成23年版　情報通信白書] [1]

　デジタル・ディバイドとは、インターネットやパソコン等の情報通信技術を利用できるものと利用できないものとの間に生じる格差のことである。

> **[外務省：IT（情報通信技術）デジタル・ディバイド] [2]**
>
> 　デジタル・ディバイドは、（1）国際間ディバイド、（2）国内ディバイドがあり、国内デジタル・ディバイドは、（3）ビジネス・ディバイド（企業規模格差）と（4）ソシアル・ディバイド（経済、地域、人種、教育等による格差）に分けることができる。また、デジタル・ディバイド発生の主要因は、アクセス（インターネット接続料金、パソコン価格等）と知識（情報リテラシー等）と言われているが、動機も大きな要因であるとの分析もある。
> 　デジタル・ディバイドは、あらゆる集団の格差を広げてしまう可能性を有しているため、その解消に向けて適切に対処しないと新たな社会・経済問題にも発展しかねない。他方、デジタル・ディバイドを解消し、ITを普及させることは、政治的には民主化の推進、経済的には労働生産性の向上、文化的には相互理解の促進等に貢献すると考えられる。

　スマートフォンは、大変便利な情報機器であり、ゲーム、ショッピング、支払い、投資、情報の検索、閲覧、メール、SNSなどさまざまな使い方が手元でできる。また、スマートフォンがなければポイントサービスなど受けられない場合もある。スマートフォンは非常に便利な情報機器ではあるが、主に情報を消費する機器である。情報を見比べたり、情報を加工したり、情報を発信したりするには限界がある。さまざまな情報機器を使いこなせる必要がある。つまり、適材適所に使いこなす技術が求められる。

『ほのぼのIT教室』

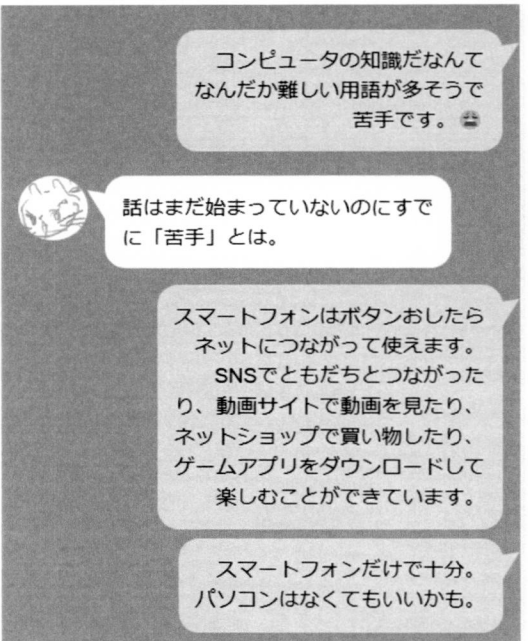
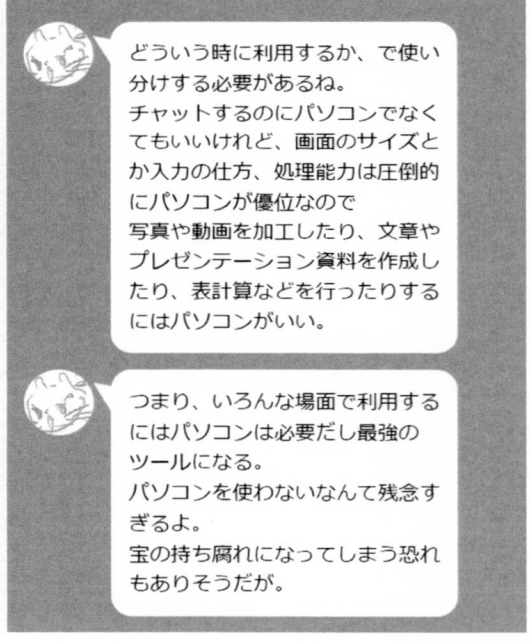

◆ポイント4：セキュリティ問題に敏感であれ

　情報機器が社会に浸透していくとともに、セキュリティに関する問題は社会において重要課題になっている。まず、個人レベルでの問題点は、自分の情報リテラシーの過信、あるいは知識不足である。最悪な知識不足の一例としては、"個人情報を盗用されて何が問題なのか、個人情報を盗用されても困らない、個人情報の盗用は自分には起こらない"といった考え方である。しかし、

詐欺やフェイク情報に騙され個人情報が盗まれ、悪用され、重大な事態に直面し始めてことの重大さに気づくことになる可能性がある。

　また、便利になった反面、使い方によってはいつの間にか加害者になり、甚大な被害をもたらすことにも容易につながってきている。セキュリティに関する最新情報を継続的に獲得する必要がある。セキュリティに関しては、本書（第7章参照）において、取り上げている。

◆ポイント5：社会構造と人間の感覚

　情報技術の進化とともに、これまでの時間や距離の概念が変わってきている。情報技術の進化によるさまざまな利便性を享受することができるようになった反面、人間の感覚やこれまで抱いている常識との間に歪みが生じてはいないだろうか。たとえば、通勤ラッシュを経て仕事をする働き方から、リモートワークによる自宅での仕事や、いつでもどこでも自分のメッセージを発信できる環境の実現など、これまでの働き方や生活形態がますます変化しようとしている。利便性があるということは、リスクもあるということを認識する必要がある。そのためには、情報技術に対して、"誰のための技術なのか"、"何のための技術なのか"、"どのように実現しているのか"、"課題や問題はないのか"を意識する必要がある。操作方法だけを熟知しただけではIT機器の進化に振り回されるだけである。

1.3　情報技術の習得への道

　ここまでに情報技術を学んでいく上での5つのポイントを整理した。情報技術は、社会生活を豊かにしていく反面、使い方を誤ると個人的にも社会的にも大きな問題を引き起こす可能性がある。では、情報技術に対してどのように向き合い、学んでいったらよいのだろうか。情報技術の変化するスピードである。良くも悪くも情報技術は爆速で進化し続けている。また、情報技術の概念の話なのか、政策の話なのか、技術そのものの話なのか、非常に理解するのが困難である。「情報技術」という世界に対して自分の立ち位置、感覚などを冷静に客観視する必要がある。そこで、こういう世界で情報技術を学んでいくためのヒントをまとめてみる。

・「習うより慣れよ」でなく「習う＋慣れよ」
　情報機器（特にパソコン、スマートフォン）を使いこなせるようにする。スマートフォンだけとか、パソコンだけでなく、使い分けができるようにする。

・情報科学の体系だった基礎知識の獲得
　自分が情報科学のどのような知識を持っているかを知っておく。そうすることで、自分にとって何が必要な知識なのかわかってくる。

・巷で目にする情報技術の知識についてすぐに調べる
　情報科学の知識量は膨大であり、しかも進化しているので、必要な知識もどんどん変化して

いる。気が付いたら調べる癖をつける。ただし、得た情報が正しいかどうかは常に気を付ける。正しいかどうかは知識が増えるにつれてわかってくる。

・専門分野での活用

専門分野によって、考え方や問題に対するアプローチはかなり違いがある。文科系や理科系の違いだけでなく、細分化された専門分野ごとに違いがある。異なる専門分野間で、学術的なものに限らず、さまざまな話をしてみてほしい。新しい問題発見、課題へのアプローチが見いだされるかもしれない。本書で学んだ情報技術やその考え方を各自の専門分野で活用できないか、是非考えてほしい。

・情報技術習得の第一歩

コンピュータを使いこなすための基本として、「パソコンのタッチタイピング」が最重要である。タッチタイピングとは、キーボードを見ないで打つことである。入力のストレスが軽減されるとパソコンを効率的に利用できる。

『ほのぼのIT教室』で、「パソコンのタッチタイピング」について何か会話しているようなので覗いてみることにしよう。

ほのぼのIT教室

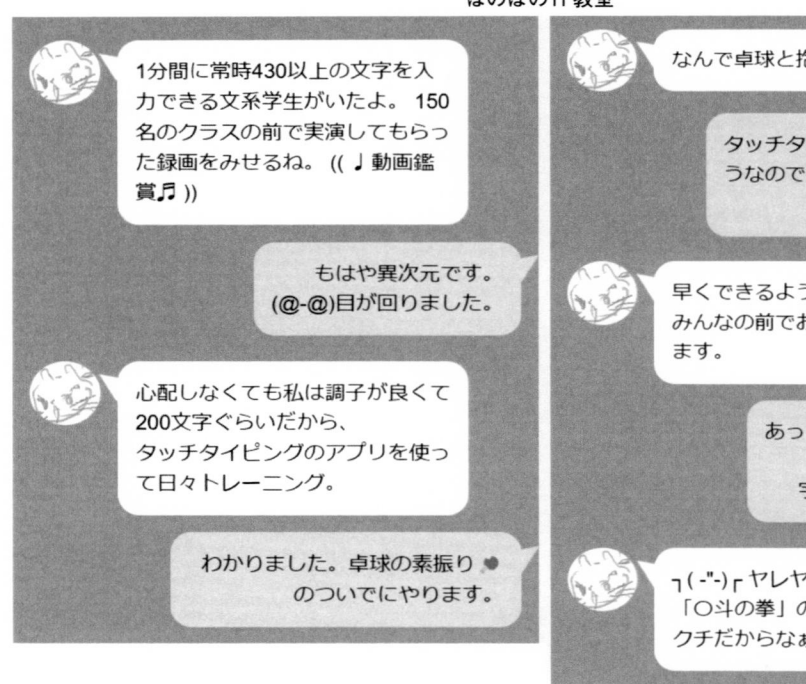

最後のヒントは、習得した知識は第三者へ正しく説明できるように文章や図表でまとめておくことである。今はめんどうだと思っていても必ず財産となり、将来さまざまなチャンスに出会う

ことができるであろう。

1.4　本書の構成と使い方

　本書は、情報技術に対して、さまざまな観点から見ていく。各章ごとに「NOTE」、「チェック問題」、「実習」、「ほのぼのIT教室」、「memo」、「チャレンジ」を設けた。

【NOTE】

　用語説明や補足内容を説明している。説明した用語以外に知らない単語が出てきたらすぐに調べよう。調べた内容は、用語集として整理したり、メモとして残して後で確認できるようにしよう。その際、参照元は明確にしておこう。
《記載例》
　デジタル・ディバイド
　内容：デジタル・ディバイドとは、インターネットやパソコン等の情報通信技術を利用できるものと利用できないものとの間に生じる格差のことである。
　参照：総務省　平成23年版　情報通信白書のポイント第2章第2節デジタル・ディバイドの解消、https://www.soumu.go.jp/johotsusintokei/whitepaper/ja/h23/pdf/n2020000.pdf（参照2022-12-03）。

【チェック問題】

　知識の定着のために用意した。知識を学ぶだけでなくその知識をもとに考える機会を持つことで、より理解が深まると考える。チェック問題が記述式の問題の場合は、起承転結を明確にし、図表を入れて、誰もがわかる文章作成を目指してほしい。情報技術が進化するとともに文書作成能力、読解力に磨きをかけていくことは重要である。

【実習】

　情報技術は、知識を学ぶことで終わりではない。実際に手を使いながら確認していくために利用しよう。実習に用いる情報機器として、WindowsとmacOSを対象にしている。

【ほのぼのIT教室】

　既に、本章でも登場しているが、よくある質問を会話形式で展開している。内容はほぼ実話の再現ドラマである。同じ疑問を持つ人が多いようである。長年情報システム開発や情報科学分野の業界用語に慣れきってしまっている者にとっては大変新鮮な質問ばかりである。

【memo】

　思考の助けになる知識や、一歩進んだ技術を紹介している。意外にも身近な知識であることも多く、親しみを感じるきっかけにもなる、といった期待から設けている。

【チャレンジ】
　次のステップに進むための、少し難易度を上げた問題である。是非チャレンジしてほしい。

　本書の構成を以下にまとめておく。
　第2章では、情報技術の潮流として、一般社会、産業界の動向について見ていく。さらに情報技術の旬なものとして、人工知能、機械学習、ディープラーニング、情報教育、ブロックチェーン、データサイエンス他の歴史や技術についてまとめる。特にこの章では、仮想世界と現実世界について触れるので、どこまで実現し、何が問題なのか、未来はどうあるべきかを考察してほしい。
　第3章、第4章は、情報技術の根底に当たる部分の基本知識である。色や音など人間がアナログの世界で感じているものを、いかにしてデジタルの世界に取り込むのかを理解することで、コンピュータやインターネットの本質を知覚してほしい章である。
　第5章では、ライフラインであるインターネットの仕組みについて見ていく。どのような仕組みで情報が伝達されるのか、情報はどこに保管されているのかなど理解してほしい章である。理論説明だけでなく、実習も設けているので、情報機器を用いた確認を行ってほしい。
　第6章では、情報の整理として、ファイルとフォルダについて述べる。ファイルやフォルダについて向き合って学んだことは少ないと思う。たとえば、自分自身で作成した文章、画像、映像などの情報は誰が、どの場所に、どのように、いつまで管理するか、あるいは管理されるのか知るためにもファイルとフォルダの概念を理解することは重要である。ファイルとフォルダについて知るということは情報技術を理解していく上での、重要な知識の1つである。情報技術の進化により、利用する場面によっては、ファイルやフォルダを意識しにくくなっているのかもしれない。しかし、ファイルやフォルダの概念を理解することで、さらに情報技術を有効利用できる、あるいは適用できるかに繋がる。本章では、概念だけでなく、実際のWebページを作りながらファイルやフォルダの管理について基本を押さえる。第7章は、ネットワークセキュリティについて述べる。年々というより、日々、あるいは秒単位でサイバーテロの手口は、複雑、巧妙、悪質化している。サイバーテロは、他人事ではなくなっている。相手の手口を知ることは重要であり、このような観点から見てほしい章である。第8章では、メディアリテラシーとして、情報化社会で生きていくための権利と法規について探っていく。個人情報、知的財産権、セキュリティ関連の法規について、さらに進化し続ける人工知能に関する法規の動向について見ていく。この章は、技術職、理科系などを理由に無関係だと思うかもしれないが、この考えは時代から遥か彼方へ飛んで行っているといっても過言ではない。情報社会で生きていくすべての人が、知るべきことであり、考えるべき内容である。
　最後に、知識の習得だけに収まらず、本書で問題提起した部分については、是非考察を試み、何かチャンスを得ることに繋がることを期待する。

【チェック問題 1-1】

問1　情報技術を適用してはいけない、あるいは適用してほしくない分野や領域を具体的に挙げて、その理由について説明せよ。また、情報技術を適用してはいけない分野や領域がないと考えるならば、その理由について述べよ。

問2　2013年米国元大統領オバマ氏のプログラミングに関するメッセージをネットで検索し、メッセージの中からキーワードを3つあげ、要点と課題を整理し、意見を述べよ。

問3　論理的思考とは何か、具体例を挙げて説明せよ。

問4　以下の情報を第三者へ伝える場合、各々どの情報機器を用いて、どのような方法で情報を伝達するか、また選択した理由を述べよ。情報機器は、複数選択可とする。

[第三者へ伝えたい情報]

① 災害発生後の安否情報

② 一人分の機密情報

③ 100万人分の機密情報

[情報機器]

パソコン、サーバ、スマートフォン、FAX、固定電話、電報

問5　デジタル・ディバイドを解消しなければ、どのような問題が生じるか。政治的側面、経済的側面、文化的側面から述べよ。

第2章

情報技術の潮流
～最新技術を探る～

本章は、情報技術の潮流として、一般社会、産業界、そして情報技術の旬なものの3つの視点から情報技術の動向、さらに仮想空間での情報技術の動向について見ていく。

2.1　情報技術の潮流

　いまや、情報技術は日常生活に入り込み、さまざまな場面で必要不可欠なものになってきている。情報技術は複雑に絡み合っており、1つ欠けると社会生活に多大なる影響を及ぼすことになる。たとえば、通信障害が発生し電話やSNSの復旧までに2日間かかった通信障害事例がある。このような障害が発生すると、個人間の連絡が寸断されるだけでなく、金融取引、輸送、警察や消防への緊急連絡ができなくなるなどの可能性があり、社会全体に多大なる損害をおよぼすことになる。このように日常生活に入り込んでいる情報技術であるが、目まぐるしい進化と衰退を繰り返し着実に進化してきている。

　しかし、情報技術について説明しようとすると、カタカナやアルファベットの羅列による省略用語が氾濫し、技術なのか概念なのか、あるいはムーブメントなのか、情報技術の1つひとつを正しく理解し体系だった説明をすることがますます困難になってきている。『テレビの仕組みを理解してなくても、使えるではないか』という考えもあるかもしれないが、ことはそんなに単純ではなくなってきている。少なくとも情報技術について広く浅く理解することによって、より効果的に活用し、社会生活においてさまざまなチャンスに巡り合えるはずである。

　そこで、「一般社会での動向」「産業界での動向」「情報技術の旬なもの」の3つの視点から情報技術について見ていきたい。さらには、2021年頃から話題になり、2022年から産官学で検討を進めているメタバース、XRなどの仮想空間での技術について見ていくことにする。

【NOTE】復旧までに2日間かかった通信障害事例のその後

　2022年7月に発生した通信障害（2日間電話、データ通信の利用不可）により、政府は2022年12月までに緊急通報を受ける警察や消防などからの意見を集約し他社とのローミング（注）を含めて基本的な方向性を取りまとめる方針である。
　なお、2011年東日本大震災後にもローミングの必要性が指摘されたが立ち消えした経緯がある。

（注）ローミング
　ローミングとは、通信サービスを途切れることなく提供する技術の1つである。ローミングのパターンとしては、大きく2つに分類することができる。

パターン1：利用者が契約している通信事業者と契約していない事業者間で、互いにサービス提供エリア外を補完し、途切れることなくサービスを提供する。
パターン2：利用者が契約している通信事業者の複数の基地局(アンテナ)を乗り換えながら途切れなくサービスを提供する。

　パターン1では、契約している通信事業者が提供している通信サービスエリア外であっても、他の通信事業者の通信サービス提供エリア内であれば、途切れることなく通信サービスを受けることができるものである。そのためには、通信事業者間でローミング契約を結ぶ必要がある。これは、国内通信事業者間だけでなく、国内と海外通信事業者間についても同様である。「2日間かかった通信障害」は、パターン1である。
　パターン2では、自動車や電車など移動中にも通信が途切れることなくサービス提供を行う。また、屋内においても途切れることのない通信サービスを提供する。たとえば病院システムでは、入院患者を巡回する際、パソコンやスマートフォンなどの情報機器は医師や看護師などの利用者が意識することなく、複数の基地局を自動的に乗り換えながら、再接続し途切れることのない通信サービスを提供する。

2.2 一般社会での動向 〜インターネットと情報機器〜

2.2.1 インターネットの動向

　情報通信技術の躍進 [1] により、インターネットはライフラインとなり、想定をはるかに超えて必要不可欠となった。巨大IT企業では、インターネットを基盤にしたビジネスモデルを次々と構築、展開している。社会生活においては、ネットショッピング、各種予約、金融取引から個人の情報発信などさまざまなシステムを活用している。インターネットは、1960年代に米国が軍事目的で開始したのが起源とされている。インターネットの歴史や仕組みについては第5章において詳細に述べることにし、この章では、1990年以降を少し詳細に見ていくことにする。1990年以降は、PHS (personal handy-phone system) のサービスが開始（2020年PHSサービス終了）され、携帯電話、スマートフォンへ繋がっていく年代だからである。スマートフォンの登場で、インターネットはいつでもどこでも利用できるようになった。ここで、3つの潮流が見えてくる。

　1990年代は、情報発信側と受信側が明確に分かれた一方向の通信であった。主に大学の情報科学の専攻（先生や学生など）を中心に、Webサイトを立ち上げ、研究内容や自己アピールを発信したりしていた時期である。特に、1995年1月17日に発生した阪神・淡路大震災のときには、情報科学専攻の大学院生がどのマスメディアよりいち早く世界へ惨状を発信した。しかし、一般の人々にとっては、企業を中心に、文字情報を主体とした情報を発信（メールなど）するか、情報を閲覧するのみであった。

　2000年代半ばごろになると、さまざまなコミュニケーションツールが開発、普及し、文字情報だけでなく、簡単に静止画、動画、音声などのコンテンツ (UGC (User Generated Contents)) を生成し、情報発信ができる時代に入った。ビジネスにおいては、商品やサービスを提供する場（プラットフォーム）を提供する企業（プラットフォーマー）が台頭し、UGCデータを用いてビジネス展開している。この代表格がGAFA(Google、Apple、FaceBook、Amazon)やBATH(Bidu、Alibaba、Tencent、Huawei)である。日本におけるプラットフォーマーは、LINE、Yahoo、楽天、メルカリなどが挙げられる。情報発信や受信がかなり容易に行うことができるようなった反面、フェイクニュースの横行や個人情報の漏洩などの問題が表面化するなどリスクを伴うことになる。プラットフォーマーだけでなく、一般企業へはコンプライアンスが求められることになる。日本では、プラットフォーマーへの法整備としてデジタルプラットフォーマーにおける取引の透明性と公正性の向上を図ることを目的に「特定デジタルプラットフォームの透明性および公正性の向上に関する法律」が令和2年5月27日に成立し、同年6月3日に公布された [2][3]。

　そして、次の段階では、ブロックチェーン技術（2.4.3参照）などを用いて情報の分散化を行い、一度に大量の個人情報が漏洩されないように防止したり、サイバーテロからのセキュリティの分散化を行うなどにより、サービスの安定化を目指している。一方で、分散化により、情報発信者個々人に対して高度な技術が求められることになる。

【NOTE】

(1) コンプライアンス

　新聞などのメディアの多くは“コンプライアンス（法的遵守）”と記載する場合が多い。コンプライアンスとは、企業が単に法令を守るだけでなく、社内規範や社会規範に基づくものである。

　たとえば、安全な製品を開発、販売する場合、法令で定めた基準値を守っていればよいだけではなく、社会規範に基づき、法令による基準値よりさらに厳しい値を求め、安全性確保に努めている。

(2) フェイクニュース

　総務省によると、フェイクニュースとは、“何らかの利益を得ることや意図的に騙すことを目的としたいわゆる「偽情報」や単に誤った情報である「誤情報」や「デマ」などを広く指すもの”である [4]。具体例としては、「2016年ローマ法王がトランプ氏の支持表明」、「2016年4月　熊本地震ライオン脱走事件」、「2020年2月　トイレットペーパ・ティッシュペーパ売り切れ騒動」などを挙げることができるが、これらはほんの一例である。また、ディープフェイクとは、“AI技術や機械学習の技術を悪用して作り出された偽の映像”である。“偽情報に対応するために、情報の真偽を検証する活動のこと”をファクトチェックという。さらに、総務省からのフェイクニュースの確認ポイントとして、以下を挙げている [5][6]。

・情報の発信元を確かめる
・その情報はいつ頃書かれたものか確かめる
・一次情報を確かめる

【チェック問題 2-1】

問1　以下の用語を説明せよ。

・UCG

・プラットフォーマー

・ディープフェイク

・ファクトチェック

問2　情報技術（通信技術、インターネット、情報機器）の進化について、以下の視点から、できごとを時系列にならべ、年表を作成せよ。

・期間は、17世紀から21世紀

・視点は、以下の3点以上

　　世界の時事のできごと（戦争、宇宙開発、パンデミックなど）

　　産業界（第一、第二次、第三次、第四次産業など）

　　情報（通信技術、インターネット、情報機器など）

問3　問2で作成した年表をもとに200文字以内で考察せよ。

問4　政令には、施行令と省令がある。それぞれについて説明せよ。

問5　フェイクニュースについて以下を説明せよ。

・ネット検索を用いて、フェイクニュースの具体例を示せ。

・上記で検索したフェイクニュースについて、参考文献 [5][6] を閲覧し、フェイクニュースだと判断できる根拠を示せ。

【チャレンジ】

デジタル市場の取引の透明性

デジタルプラットフォーマー取引に関する規制は、健全な取引の確保とデジタル市場のイノベーションとのトレードオフ問題である。最適な規制であるための必要条件は何か参考文献[2][3] を読んだ上で考察せよ。

2.2.2　インターネット技術とIoT

　人と人を繋ぐインターネットから物と物を繋ぐ、いわゆるIoT (Internet of Things)へと拡大してきている。IoTは、1999年マサチューセッツ工科大学のケビン・アシュトン氏が提言した概念である。当時の技術力では普及までには至らなかった。その後、機械と機械を繋ぐM2M (Machine to Machine)といった概念が提言された。M2Mは機械間の通信を示す概念であり、IoTは物と物の通信で繋ぐだけでなく、人へデータを受け渡す概念である。インターネット技術の向上、情報機器の発展、各種センサーの品質向上などにより、再びIoTによるパラダイムシフトが起きている（図2.1）。たとえば、スマートシティとして、IoTから収集されるビッグデータを解析し、各種サービス向上に向けた取り組みも行われている [7]。

図2.1　IoTでつながる世界

　では、情報機器の定義、あるいは範疇はどのようなものがあるのだろうか。情報機器とは、情報を入力する、情報を保存する、情報を伝える、変換する、情報を出力する機器を指す。IoT技術の進化により、インターネットに繋がる機器が増加傾向にある。家電機器（冷蔵庫、電子レンジ…など）においても、これまでの冷やす、凍らす、温めるなどの機能とは別に情報を受け取る、発信する機能をもった機器が増え、情報機器の範疇は広がる傾向にある（図2.2）。

図2.2　スマートフォンと家電

【チェック問題2-2】

問1　以下の用語を説明せよ。

・IoT

・M2M

問2　IoTの具体例を5つ以上挙げよ。

問3　IoTがもたらす社会のメリットとデメリットをあげて各100文字以内で説明せよ。

問4　高齢化、少子化に向けて、どのようにIoTを活用できるか考察せよ。

2.3　産業界での動向 ～第四次産業革命へ～

　各産業界においても情報化の波は押し寄せている。この章では、第一次産業、第二次産業、第三次産業の情報化の動向について見ていく。さらにSociety5.0で提言している第四次産業革命について見ていく。

2.3.1　第一次産業から第三次産業における情報化の動向

(1) 第一次産業

　「現作業の自動化」「データ活用による作業効率化と品質向上」「情報共有」の3つの方向性を持ってスマート農業、スマート漁業として情報化が進められている。「現作業の自動化」とは、人間が行っている作業を機械に置き換え、自動化する技術である。具体例としては無人で走行するトラクターなどである。各種センサーの機能向上やGPS (Global Positioning System) 情報の活用などにより実現しているスマート農業の1つである。

　「データ活用による作業効率化と品質向上」として、ドローンを用いて作物状況を撮影記録し、

過去データから画像解析により現時点での作物の生育状況や病虫害状況の診断がある（図2.3）。

　また、家畜においては、センサーによるリモート体調管理を行っている。よく似た例としては、養殖用の生簀にセンサーを設置し、魚の温度や生育管理をリモート管理するスマート漁業がある。

　作業者間の「情報共有」としては、作業記録のデジタル化、自動化による作業ノウハウの共有が考えられる。熟練者のデータをデジタル化することにより、技術の伝承に利用できる可能性がある。作業者顧客間の情報共有としては、ネット販売において、リコメンド（一押し、お薦め）情報としての活用が考えられる。

図2.3　スマート農業のイメージ

【チェック問題2-3】

問1　以下の用語を説明せよ。

・GPS

・センサー

問2　スマート農業、漁業以外の第一次産業で情報技術を利用している例を挙げよ。

問3　第一次産業における情報技術の活用により、SGDsで掲げる問題解決を実現するためにどのようなことができるか述べよ。

---

(2) 第二次産業

　製造業においては、スマートファクトリが提言されている（図2.4）。工場の機械やセンサーから出力されるデータを蓄積、解析し機械の制御だけでなく、製品の品質管理、コスト削減、生産性向上を目指すものである。製造業の品質管理はインターネットが普及する以前からの大きな課題である。1950年統計学者デミング (W.E.Deming)の「品質管理セミナー」から品質管理は永遠のテーマとして、繰り返し品質改善を行ってきている。

　情報技術の発展により、ビッグデータの活用（過去のヒューマンエラー情報など）やセンサーの品質向上によりリアルタイムに多くの情報を取集することができるようになった。そこで、IIoT (Industrial Internet of Things) を可視化し、評価改善していくための指標であるSMKL (Smart Manufacturing Kaizen Level) を国際規格として提案していく動きがある。SMKLは縦軸に生産

現場の見える化レベルを4段階（データ取集、可視化、分析、改善）とし、横軸を生産管理者の見える化レベルを4段階（設備作業者、ライン全体、工場全体、サプライチェーン全体）とした16マスでIIoT化を評価し、設計、製造プロセス、製品、納品までの品質向上、コスト削減、生産性向上を目指して日々改善を行っている [8]。

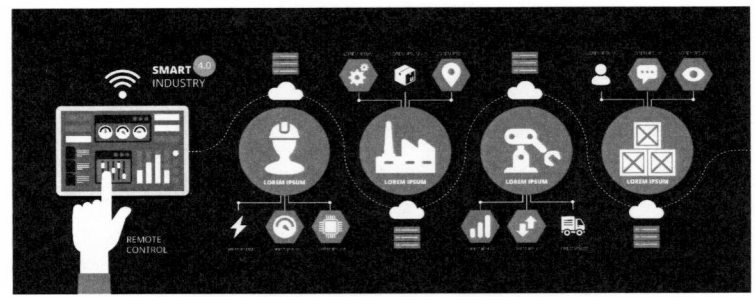

図2.4　スマートファクトリのイメージ

【チェック問題2-4】
問1　以下の用語を説明せよ。
・IIoT
・サプライチェーン
・SMKL
問2　製造工程を可視化することによるメリット・デメリットを挙げよ。

---

(3) 第三次産業

　医療分野は、他の業種と比較してシステム化が遅れた分野であった。医師の指示から医事会計までのシステム化、デジタル画像（X線、CT、MRI）、電子カルテなどにより、医療の品質向上、ペーパーレス化による業務効率化、コスト削減を目指している（図2.5）。さらに処方箋の電子化（電子処方箋）が進められようとしている。

【チェック問題2-5】
問1　医療の品質とは何か説明せよ。
問2　医療分野が他業種に比べてシステム化が遅れている理由を考察せよ。

2.3.2　第四次産業革命 ～Society5.0へ～

　ここまで見てきた第三次産業革命までに生まれた産業は、その時代において最新の情報技術を用いてデータ取得、解析、評価することにより、品質向上、コスト削減、効率化、サービス向上などの実現を目指したものであった。そして2016年、内閣府は、第5期科学技術基本計画で

図2.5　スマート医療に向けた医療の電子化

Society5.0として新たな目指すべき社会を提唱した。これまでのSocietyを、Society1.0（狩猟社会）、Society2.0（農耕社会）、Society3.0（工業社会）、Society4.0（情報社会）と分類し、次に続く目指すべき新た社会としてSociety5.0を位置付けている（図2.6）。

図2.6　Society5.0 - 科学技術政策（内閣府より）[9]

　内閣府によるSoeity5.0では『サイバー空間とフィジカル空間を高度に融合させたシステムによって開かれるこの社会』と定義している。

　フィジカル空間、サイバー空間とは何を指しているのだろうか。フィジカル空間とは現実世界の空間、つまり我々が生活している社会であり、サイバー空間とは仮想空間、つまりコンピュータ内のデジタルで表現されたものである。フィジカル空間（現実世界、実社会）で起きている事象をサイバー空間（仮想空間、デジタル空間）に再現させる、いわゆるデジタルツインを作る。

　このサイバー空間に作られた中で、さまざまなシミュレーション、評価を行い、フィジカル空間へ反映、再現させることにより実社会での問題や経済の活性化などに役立たせる。従って、フィジカル空間とサーバー空間をシームレスに繋ぐCPS (Cyber Physical System)が重要になってくる。Society4.0までは、フィジカル空間からデータを抽出し、サイバー空間でシステムを構築し、現社会へ適用する一方向のものであった。

　しかし、Society5.0ではフィジカル空間とサイバー空間の間を行き来することでシミュレーション、評価、問題解決、新たな問題の発見、必要データの再抽出のサイクルを繰り返すことになる。このサイクルにより、新たなビジネスの創出、さらには人類が現在、将来抱える問題の発見と解決が実現していく可能性がある。さらに、経団連を中心に、SDGs (Sustainable Development Goals) 達成を視野に入れた「Society5.0 for SDGs」としてSociety5.0の実現に向けてさまざまな取り組みを行っている。Society5.0を実現するためにはIoTを中心とした高度な情報収集、共有、AIなど技術を応用した解析手法の確立、および法整備が重要になってくる。

【チェック問題2-6】
問1　以下の用語を説明せよ。
・フィジカル空間、サイバー空間
・CPS
問2　Society5.0の実現に向けた課題を2つ以上挙げて考察せよ。

2.4　情報技術の旬もの 〜AI、ブロックチェーン、仮想世界〜

　本節では、情報技術の旬のものについて説明をする。旬のものは今現在流行っていても次の瞬間には廃れた技術になるかもしれない。しかし、情報技術に限らず、技術は失敗と成功、あるいは流行りや廃りの繰り返しの中で進化してきている。今の技術に至るまでの過去からの流れを見ることにより、未来を創造することができるはずである。

　ここで、2021年から2022年夏までの期間で、情報教育の受講生に対して、"情報技術の中から今あなたは何に関心があるか"の学生アンケートをとった。学生の興味ベスト4は、AI、ブロックチェーン、電子決済、情報教育・プログラミングであった。ベスト4に挙げられた項目は、ここ数年で毎日と言っていいほど新聞、TV、インターネットなどのメディアで話題になっている。最新技術動向だけでなく、法整備に関する内容も増えてきている。そこで、ベスト4に挙げられ

た項目を、過去から現在に至るまでの流れを俯瞰する。さらに関連する技術の内容や動向について見ていくことにする。

2.4.1　AI（人工知能　Artificial Intelligence）

AI技術は、インフラ、IoT、情報セキュリティなどさまざまな分野において適用されている。たとえば、インフラにおいては、混在しているネットワークの資源の割り振り（いわゆる交通整理）のため最適ルートを検索し、自動的に資源の割り振りを行っている。IoTにおいては、さまざまな情報から最適解を人間に教えてくれる。情報セキュリティにおいては、ログの監視や不正ログの検出、スパムメールの検出と排除、さらにマルウェア（第7、8章参照）の検出などがある。第三次AIブームで、機械学習が脚光を浴びることになるが、学習のために大量のデータと時間がかかること、ディープラーニングでは、結果を提示しても、提示した結果の根拠、すなわちどうしてその結果になったのかの理由が説明できないことが問題となっていた。

しかし、2020年頃からは、大学などの研究機関だけでなく、企業においても実用を目指した説明機能まで実現するXAIの開発が進められている。AI技術はブームと冬の時代を繰り返しながら発展している。情報技術の多くは、一旦ブームが去ると再び表舞台に出ることはほとんどなかった。しかし、AIは、消えると思えば、また姿を変えて復活する。これは、人間が、アトムや、ドラえもんのような自律型の人工知能を実現したい欲求からくるのであろうか。AIの本質を知るためにも、これまでのAI技術の歴史を振り返ってみることにする。

(1) 人と人工物の違いは何か？

AIとは人の知能を人工的に実現するものである。AIを実現するにあたり、次は考察すべき必須の項目である。

- ・人と人工物の違いは何か？
- ・人の知能とは何か？
- ・人を人として識別する方法は？

人間は五感を持ち感情を持つ。また、経験やさまざまな例をもとに臨機応変に処理する。AIは入力されたデータをもとに計算する。そのため、もととなるデータが大量に必要である。

次に、AIの理解を深めていくために、世代別、対象別、レベル別に分類し、それぞれの視点で説明していく。

【NOTE】チューリングテスト

　ハードやソフトウェアが、人間のように知的に振舞うかを判定するテストとして、チューリングテストがある。1950年、英国の数学者アラン・チューリングが提唱した、「プログラムが知能を有しているといえるかどうか」を判定するための検査法である。チューリングは、計算機がどこまで論理的に働きうるかについて初めて知的な実験を試みた学者と言われている [10]。著書「計算する機械と人間」において「機械は考えることができるのか？」という問いを投げかけた。

　チューリングテストは、人間の視点からハードあるいはソフトウェアが人間のように振舞うのかを判定する検査手法であるが、ハードやソフトウェアの視点から操作（入力など）されているのが、人間か不正プログラム（ボットなど）か否かの判断する方法として、現在では、CAPTCHA がよく使われている（図2.7）。

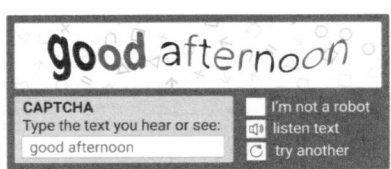

図2.7　CAPTCHA

(2) 世代別 AI

　AI の歴史から探っていく。図2.8は AI ブームの流れである。2度冬の時代を迎えている。第3次 AI ブームでは、IoT、すなわち、世の中に存在するさまざまなモノに通信機能を持たせ、インターネットに接続したり相互に通信することができるようになった。また、インターネットを通じて休むことなく大量のデータを収集・蓄積することができ、高速で正確な処理が可能となった。今までさまざまな制約で限界が発生していた AI が、ついに多くの場面で実用化が可能となっており、ブームでなく定着化してきている。

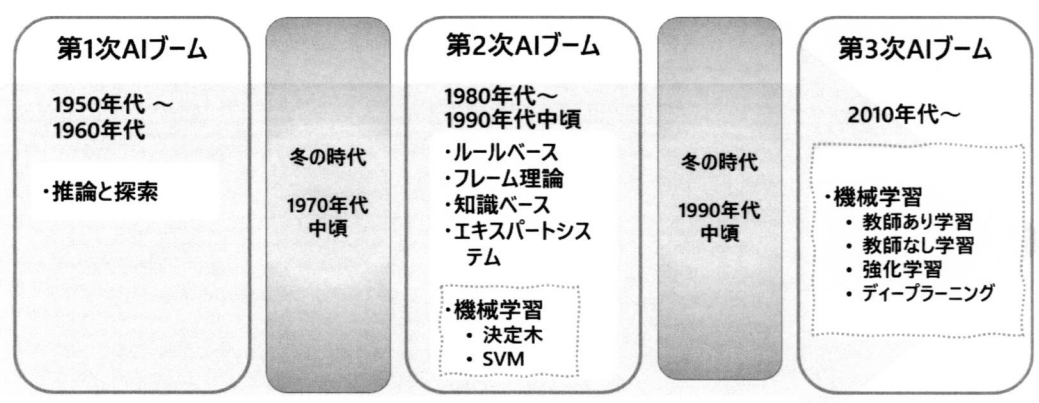

図2.8　AI ブームの流れ

【第1次AIブーム（1950年から1960年代）　推論・探索】
　パズル、チェス、囲碁などのゲームに代表される明確なルールに基づく特定問題を対象としていた。1965年にはダートマス会議でAIの定義が行われた。しかし、特定問題に限られ、実用性からかけ離れていたため、1970年代中頃は冬の時代を迎える。この時期は企業ではOA（オフィスオートメーション）ブームが起こり、パソコン、オフィスコンピュータ（オフコン）、ワードプロセッサー（ワープロ）などが流行り、パソコンの低価格化とともにEUC (End User Computing)へと展開していった。

【第2次AIブーム（1980年代から1990年代中頃）　知識】
　知識ベースの構築が主体となった。特に専門家の知識をデータベース化し知識ベースとして構築したエキスパートシステムが主流となった。エキスパートシステムは、診断型、設計型、計画型などに分類され、各々の専門家の知識を獲得し、実用としてエキスパートシステムを開発した。また、同時期には人間のあいまいな部分をデータ化するファジー理論に脚光が当たった。しかし、専門家の知識を獲得することは容易なことではなく、しかも大量のルールを獲得し整理することは現実的ではなく、ファジー理論においては例外処理や矛盾したルールに対応できないなどの問題により、再び冬の時代を迎えることになる。

【第3次AIブーム　2010年から始まる機械学習の時代】
　機械学習の時代に入ることになる。第二次ブームで問題となった知識の獲得は、インターネットの急速な拡大ともに大量のデータ収集が可能になった。ビッグデータの到来である。大量のデータを学習し、データのルールやパターンを抽出することが可能となった。また、分類や予測などを自動的に行うアルゴリズムやシステム構築が可能となった。機械学習のアルゴリズム（仕組み、処理）は、急速に発展し、ディープラーニングへ繋がっている。

【NOTE】アルゴリズム
　問題を解決するときの計算方法や処理手順のことである。情報技術においてこのアルゴリズムを実現するものはソフトウェアである。

---

(3) 対象別AI
さまざまな対象で利用されているAIを列挙する。

・画像：画像、映像の認識。たとえば、早期がんの発見や顧客行動の分析を行いマーケティングに利用されている。
・音声：音声認識技術を用いて自動文字起こし、スマートスピーカー（Amazon Echo、Google Homeなど）、チャットボットに利用されている。
・言語：自然言語処理、自然言語理解、自然言語生成などの技術がある。
　人が話す言葉をコンピュータが理解できる形に処理したり、新しい文章を作ったりする。

・制御：機械の制御や操作、IoT、異常検出（機械故障トラブル、不正利用などの異常を見つけ
たり、予兆を検出する）
・最適化：課題解決を行う。

(4) レベル別AI

特化型AIと汎用型AIに分類する。

【特化型AI…弱いAI】

画像認識、音声認識、自然言語処理など1つのことに特化したAIである。
さらに次の4つに分類されることが多い。

① 単純な制御プログラム
つまり、制御工学、システム工学の技術である。スマート家電などが挙げられる。
② 第2世代のAI
知識ベースにデータを取り入れ推論や探索を行うものである。チャットボットなどに適用例
がある。
③ 機械学習 (ML Machine Learning)
コンピュータに大量のデータを学習させて、分類や予測などを行う技術である。
さまざまなモノがインターネットにつながり、膨大なデータが収集されている。AIを利用す
ることで、自動的にデータを収集し、分析、判断を行う流れになってきている。
④ 深層学習ディープラーニング (DL Deep Learning)（2012年〜）
機械学習をする際のデータを表すために使われる特徴量自体を抽出し学習する、ニューラル
ネットワーク NN (Neural Network) を何層にも重ねたシステムである。人間の神経回路（脳
神経系のニューロン）を模して造られた。

【汎用型AI…強いAI】

さまざまな分野を自動的に学習できる、人間の脳と同じように能力を発揮するAIのことをい
う。たとえば、鉄腕アトムやドラえもんのようなものである。

2.4.2　AIからML（機械学習）、DL（ディープラーニング）へ

前述のとおり、AI（人工知能、Artificial Intelligence）は、「人間と同様の処理能力をもつ」「推
論、認識、判断」を行うことを目指している。そして、さらにML（機械学習、Machine Learning）
やDL（ディープラーニング、Deap Learning）として進化し続けている。

(1) ML（機械学習　Machine Learning）

推論を行ったり予測するための規則性を見つける方法である。機械学習は教師あり学習
(Supervised learning)、教師なし学習 (Unsupervised learning)、強化学習 (Reinforcement
learning)の3つに分類することができる。

教師あり学習は、入力データと正解データの関係を示したデータを与え、その関係を再現できるモデルを生成するものである。故障診断、画像分類などに用いられている。

教師なし学習は、入力データや特徴パターンから類似データを抽出するモデルを生成する。レコメンドシステムや顧客セグメンテーションなどに利用されている。

強化学習は、推論結果に対して評価を与えることで最適解が生成できるモデルを生成する。自動運転などで利用されている。

(2) DL（ディープラーニング　Deep Learning）

ニューラルネットワークを用いた機械学習であり、人間が教えなくてもデータ解析することで自らパターンを見つけ分類、整理する（図2.9）。

人間の脳は、大量に存在する神経細胞（ニューロン）から電気信号と化学信号を介して、情報が他の神経細胞に伝わることで情報処理が行われている。これを数理モデルとして再現したものがニューラルネットワークである。ディープラーニングはニューラルネットワークを何層にも組み合わせたものであり、人間と同じ認識を行うことを目指している。

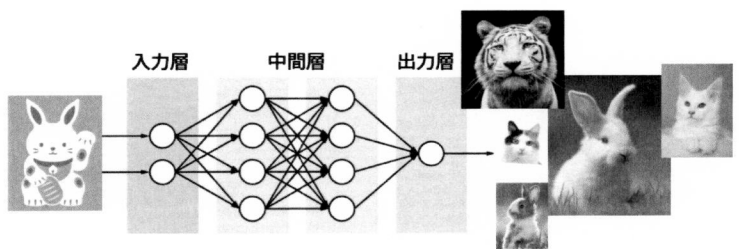

図2.9　ディープラーニング　ウサギかネコかはたまたトラか？

【NOTE】数理モデル

自然や社会の現象を数式でモデル化する。数式でモデル化するとコンピュータで再現することができる。
昨今では、数理モデルを用いて人間の心理を分析する試みが行われている。

【チェック問題2-7】
問　実際に数理モデルが使われた例を調べ簡単に説明せよ（数式は特に必要としない。）

(3) さらなる動向

さらなる動向としてリアルタイムAIやXAIを挙げることができる。

リアルタイムAIは、第二次作業であるスマートファクトリ (2.3.1-(2) 参照) で期待されている技術であり、予測と動的要因の分析、時系列の解析、特徴の自動抽出をリアルタイムに行い、製造活動に役立たせようという試みである。

XAI (eXplainable AI) は、これまでディープラーニングなど人工知能が最も不得意としてい

る根拠（エビデンス）の説明を行うことを目的にしている。いわゆる"AIのブラックボックス問題"である[11][12]。XAIのアルゴリズムは、LIME (Local Interpretable Model-agnostic Explanations)、Concept vectorなどがある。一方、生物統計学や医療統計学の分野においては、計測データや観察データをもとに結果と原因の関係を明らかにする統計的因果推論が根強いが、XAIに対する期待も大きいようである。XAIの課題として、人に合わせた説明が自動的にできない点を挙げることができる[13][14]。

【チェック問題2-8】

問1　機械学習を利用した身近な例を2つ以上挙げて説明せよ。

問2　ディープラーニングを利用した身近な例を2つ以上挙げて説明せよ。

問3　身の回りの問題、課題を1つ選び、問題や課題解決のために人工知能の技術を適用した要求仕様書作成せよ。

・要件（問題の背景や課題）

・実現方法（イメージ、文章、図、表、数式他自由記載）

・制約事項

2.4.3　ブロックチェーン

　仮想通貨が社会に登場して以来、ブロックチェーンという言葉が各種メディアに取り出されるようになった。ブロックチェーンの目的は"データの改ざん防止"、"透明性の確保"、"トレーサビリティ"である。これまでのデータ集中管理から分散管理へ変わる。主な要素技術としては、P2P、合意形成アルゴリズム、ハッシュ関数、電子署名である。

① P2P

　処理を依頼するクライアントとその依頼を受け取って処理を行い、結果を返す、いわゆるクライアント・サーバ方式に対してクライアント間でサーバを介せず直接通信を行う方法である（5.1.3-(3) 参照）。LINEやSkypeはこの技術を利用している。

② 合意形成アルゴリズム

　合意形成とはさまざまな意見、利害関係がある中で互いの意見を納得いく形で1つにまとめることである。つまり、合意形成アルゴリズムとは、まとめ上げた結果からみれば、合意を取れた結果であると認めるための仕組みである。分散ネットワークにおいて不特定多数のネットワーク参加者間で、情報が正しいと認めることができるための仕組みである。たとえば、仮想通貨においては、取引が正しいことを認めるための仕組みである。

③ ハッシュ関数

　主に検索の高速化に用いられている関数であるが、データ改ざんの検出やパスワード管理にも使われており、ブロックチェーンでは改ざん検出で利用している。ハッシュ関数に任意長のビット列（3.4.1 参照）を入力すると、ハッシュ関数からは規則性を持った固定長のビット列を返してくる。繰り返し同じビット列を入力しても同一のビット列を返す。ただし、ハッシュ関数から返

されたビット列から入力されたビット列を生成（復元）することはできない（7.12.6参照）。

④ 電子署名

電子化された文書が正しいものであることを証明する機能である。つまり、電子文書の作成者を明らかにし、改ざんされていないことを証明するための機能である（7.12.6参照）。

この4つの要素技術から「合意形成アルゴリズム」について少し説明しておく。"合意形成"とはさまざまな意見がある中で互いの意見を納得いく形で1つにまとめることである。合意形成問題でよく引用されるのが「ビザンチン将軍問題」である。「ビザンチン将軍問題」とは、米国のコンピュータ科学者レスリー・ランポート博士が考案した分散システムの信頼性に関する問題である[15]。

「ビザンチン将軍問題」は、各地域に配置された将軍間で、伝達された指示をもとに全体としての統一的な判断ができるか、つまり意見の一致を図ることができるか（合意形成）の問題である。将軍の中に裏切者がいれば、偽の情報が伝わることとなり、場合によっては合意形成を図ることができなくなり、負け戦になることになる。

この問題を分散システムのセキュリティ問題に置き換えると、裏切者とは悪意をもってネットへ侵入するサイバーテロなどである。ネットワーク上の悪意のある者が1人であっても、ノード（ネットワークの参加者といってもよい）を大量に発生させることにより混乱を発生させる可能性がある。

ブロックチェーンでは、この問題を解決するためにPOW (Proof of Work)などによって、簡単にノード（ブロックチェーンではブロックという）を作成できないようにしている。さらに過去からの情報をブロック単位で数珠繋ぎすることによって、情報の改ざんを困難にしている。

ブロックチェーンの種類は、パブリック型、コンソーシアム型、プライベート型に分けることができる。ブロックチェーンのメリットは改ざん、不正が困難であること、分散処理のためシステムダウンがほぼ起こらないこと、運用コストが低減できることなどを挙げることができる。一方、デメリットとしては、データ消去が不可なため誤ったデータが残ること、パブリック型では合意形成に時間がかかることなどが挙げられる。仮想通貨については、支払記録から利用者が特定されない、いわゆる匿名化の研究が行われている[16][17]。仮想通貨などの金融関連以外の適用としては、医療関連ではカルテ改ざん防止、高度なセキュリティ下での情報共有、食品関連では生産から流通までのトレーサビリティ、知的財産権関連では、著作権システムなどが考えられる。

【チェック問題2-9】

問1　ブロックチェーンの3つの目的を列挙し、具体例を挙げて内容説明せよ。1つの目的につき、150文字以内とする。

問2　ブロックチェーンの要素技術の1つである「ハッシュ関数」はブロックチェーン以外に実用レベルでどんなところに利用されているか、2つ以上挙げて内容説明せよ。

問3　合意形成アルゴリズムとは何か説明せよ。

問4　匿名化と秘匿化との違いを説明せよ。

2.4.4　電子マネー、電子決済

　まず、電子マネーと仮想通貨の違いについて確認しておく。電子マネー、仮想通貨はともにデジタル通貨である。電子マネーは法定通貨をデジタル化したものであり、仮想通貨はユーザ間で取引の承認を行い、国家など1つの組織・機関に依存しない暗号化されたデジタル通貨である。ここでは、電子マネー、電子決済について見ていく。

　電子マネーの決済方法として大きく3つのパターンがある。プリペイド方式、リアルタイムペイ、ポストペイである。特定のカードを用いた決済だけでなく、2010年代頃から、スマホ決済が開始され始めた。カードによる決済と同様にスマホ決済もプリペイド、リアルタイムペイ、ポストペイの3方式に分類できる。支払い金額の制限はあるものの、財布を持たなくても会計できる（キャッシュレス）、利用履歴の管理が簡単（自動小遣い帳、会計簿）、セキュリティ確保（暗唱コードなど）、ポイント還元など、スマホ決済には多くのメリットが考えられる。一方、デメリットとしては、通信環境下のみ使用可（通信できない場所では使用できない）、サービスに対応している店にしか使えないなどが考えられる。特にデメリットとして見逃してはならない事項として、スマホが故障、機種変更などによる残高保証について、サービス提供会社によって対応が異なることが挙げられる。場合によっては残高を損失する可能性もある。

　ここまでは、電子マネー、電子決済について述べてきたが、そもそも何故電子マネーなのか、何故キャッシュレス化を進める必要があるのか、を原点に立ち戻って考えてみよう。「キャッシュレス・ビジョン」（2018年4月に策定）として経済産業省は、『キャッシュレス決済比率を2025年までに4割程度、将来的には世界最高水準の80％まで上昇させる』指針を提示した。さらに、『少子高齢化、人口減少に伴う労働者人口減少の時代を迎え、国の生産性向上は喫緊の課題』であると述べている。そこで、日本のキャッシュレス状況を見てみると、2つのグラフは、同年での比較ではないので正確性に欠けるが、少なくとも、世界におけるキャッシュレス化からはかなり遅れをとっている（世界各国のキャッシュレス比率比較（2020年））が、徐々に推進されていることがわかる（図2.10）。

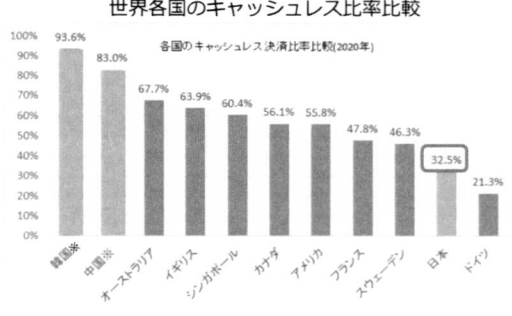

（出典）キャッシュレス・ロードマップ2022

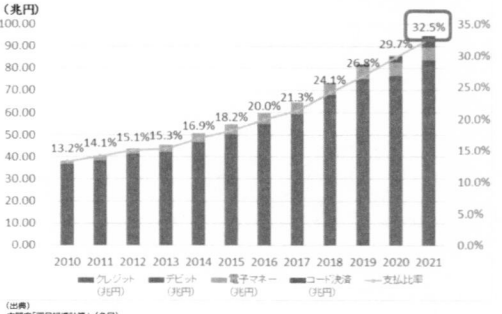

（出典）
内閣府「国民経済計算」（名目）

図2.10　キャッシュレス比率（経済産業省）[18]

　経済産業省によるキャッシュレス推進の目的を要約すると以下のようになる。

・実店舗等の無人化省力化
・現金資産の透明化による税収向上
・支払データの利活用による消費の利便性向上や消費の活性化等、国力強化
・イノベーションを活用した新たなキャッシュレス化を実現するサービスの登場

つまり、労働力の減少に伴い、国の生産性は急降下するばかりで、このまま無策では世界からますます引き離されてしまう。キャッシュレス化によるデータを活用し、新たなビジネスを生み出すことにより、労働力の減少に伴う国の生産性低下に歯止めをかけることが期待できる。そして、世界をリードしていく社会を構築していくためにもキャッシュレスという観点から未来社会を想像し、超高齢化社会に向けて本当に必要な技術は何なのか、技術をどのように適用すべきなのかについて産官学ともに今一度考えていく必要がある。

【NOTE】無線通信技術による情報の有効活用

　無線通信技術による情報の有効活用として、近距離無線通信技術を利用したものがある。製品にチップを貼り付け、チップから発信される電波を感知することにより在庫管理を行ったり、スーパーなどのレジに利用することでレジの無人化を実現する（図2.11）。代表的な方式としては、以下3つがある。

(1) RFID (Radio Frequency Identification)
　「電波による個体識別」の略。ID情報を埋め込んだタグから、電磁界や電波などを用いた近距離（数cm〜数m）の無線通信を用いて、メモリに記憶しているデータを非接触でやり取るできる技術である。複数のタグをまとめて読み取ることができたり、数メートル離れた距離でも読み取ることができる。バッテリーが内蔵されているものもある。コストがかかるといったデメリットがある。

(2) ICタグ
　ICチップとアンテナで構成された集積回路 (IC、Integrated Circuit) であり、ICチップにデータが保存される。物や人に取り付け、それらの位置や動きをリーダによってリアルタイムで把握する.現在広く普及しているカードはICカード方式である。リーダライタから送られた電波をアンテナが受信し、その電波を利用してデータを送信する方式である。

(3) NFC (Near Field Communication)
　RFIDの規格の内の1つであり、交通系ICカードに採用されている。テレビリモコンの通信やETCの通信にはNFC技術は用いられていない。

図2.11　カードの利用形態

【チェック問題2-10】
問　日本でキャッシュレス化を進めるためにどのようなことができるか。お店側の立場、お客側の立場でそれぞれ述べよ。

2.4.5　情報教育、プログラミング

　デジタル社会に向けて、これまでになかった価値観や社会を創造しながら新たな社会基盤を作ろうとしている。その中で、教育は重要であることは誰しも認めるところである。小中高校における科目（数学、国語、英語…）の内容見直しや指導要綱の改定は常に行われてきているが、社会全体としては、関心度が高いというわけではない。しかし、情報教育については、実生活に直結している事項が多いため、社会全体として関心が高くなってきている。これまでの第一次産業革命から始まった技術開発では、目的を達成するための技術開発が主流であった。しかし、この主流とともに開発された技術をいかに社会へ適用するか、の流れも強くなってきている。これまでの理系・文系に分けた教育の枠組みの中で情報教育を議論するだけでなく、技術適用できる人材教育（工学系を全面に出した）について議論していく必要があるかもしれない。

　2019年「GIGAスクール構想の実現ロードマップ」が提示されたが、2020年からの新型コロナウイルス (COVIT-19) の感染拡大により、大きな影響を受けた。このロードマップによると、2020年にパソコン、通信ネットワークなどを整備し、2021年2022年にかけて全ての授業でパソコン端末「1人1台」を実現し、デジタル教科書などのコンテンツを活用することにより、誰一人として取り残されることなく、個別最適化された教育を目指すものである。しかし2020年からのCOVIT-19感染拡大による緊急事態宣言が繰り返し発令され、社会全体がリモート環境下に置かざるを得ない状況になった。教育現場では、休校を続けることは不可能となり、やむなくリモート授業を行うこととなった。文科省は、当初の予定より前倒しを行い国家予算も倍増して2020年度からのGIGAスクール開始に変更した。2022年から、計画段階から実践段階に入ったことになる。一方、2022年度入学の高校生は、原則全員が必須科目としてプログラミングやデータ活用の内容を含んだ"情報Ⅰ"を履修することになる。また、2025年度の大学入試の共通テストでは、情報科目を加えた6教科8科目を原則課せられる。これにより、理系文系問わず、あらゆる学部において必須科目になったことになる。

　計画が前倒しされたGIGAスクール構想から2年目での課題は大きく3つある。情報教育を担当する教員不足、教育現場のセキュリティの脆弱性、端末不足や故障対応問題である [19]。この3つの課題は、当初より指摘されていたことかもしれないが、実践段階に入ってさらに問題が明らかになってきた。情報教育を担当する教員不足については、都道府県別に見るとバラツキのあることが指摘されている。

　また、日本社会におけるセキュリティの脆弱性が指摘される中、教育現場においても同様な問題を抱えている。小学校の情報教育においてセキュリティ教育が提案されているが [20]、特に個人情報（氏名、住所、成績、健康診断など）が流出すれば、大きな問題になることは予想できる。ネットワークの脆弱性が見つかれば、設計の見直し、データ移行など、場合よっては莫大な費用がかかる可能性もある。端末不足、故障対応問題については個人負担の費用問題はあるが、COVIT-19

の影響によりパソコン部品供給不足、納入遅延が未だに尾を引いている。新規購入だけでなく、故障（パソコン本体、バッテリーなど）にも時間と費用が相当かかることが予想される。

　これらの問題に対して、企業、経団連、学会（特に情報関連の学会）などが教育要員の支援、ネットワーク環境支援、ハード・ソフト調達支援を行うように対策を講ずる必要がある。組織の垣根を超えた対策を講ずるように、日本国がOneチームとして、この緊急事態を乗り越えていく必要がある。その中で一番重要なのは、現場をマネジメントできる要員である。情報の専門家だけでなく、現場をコーディネート、マネジメントできる要員である。つまり、企業におけるプロジェクトの現場責任者であるプロジェクトマネージャ、プロジェクトリーダーに相当する要員である。現場での教員、生徒に対する問題点や政策としての動向にアンテナを張り、問題解決できる要員が非常に重要になってくる。

【チェック問題2-11】
海外の情報教育の動向について調査し、以下をポイントに国内の状況と比較、考察せよ。
＜ポイント＞
　教員数、情報機器、教材

2.4.6　仮想世界と現実世界

(1) メタバース

　メタバースとは、"インターネット上に構築された仮想空間で、ネット参加者たちがさまざまなコミュティを作ったり、コミュニケーションを取ったり、コンテンツを楽しむ世界、サービスである"とされている（図2.11）。ここで、"されている"としているのは、2022年の時点では明確な定義がされていないからである。メタバースに参加するには資格を問われることはなく、誰でも自由に参加できる。また、専用の機材は必要なく、パソコン、タブレット、スマートフォンなどを使って利用するものである。

図2.11　メタバース

　メタバースでは、自分の分身としてデジタルキャラクタ（アバター）を使ってコミュニケーションを取る。XR（2.4.6-(2)参照）のように他者との関わりが希薄なものと異なりメタバースは仮想空間内でコミュニティを重視したものである。メタバースについては、産業界においても新たなビジネスチャンスへの期待は高まっており、経済産業省においては、メタバースにおけるコンテンツ作成を推進していく方針を固めている。一方、メタバースではアバターを用いたこれまであまり経験したことのないコミュニティ手段をとることになるため、"依存性"、"現実社会でのコミュニケーション希薄"、"誹謗、中傷"、"いじめ"など弊害が生まれてこないか、法整備をどのように進めるべきかなど懸念する意見も多くある [21]。

【チェック問題2-12】

　問　パブリシティ権と肖像権について、参考文献 [21] で用いられている「パブリシティ権」とは何か、肖像権と比較して答えよ。

---

(2) XR

　XRは、VR（仮想現実）、AR（拡張現実）、MR（複合現実）の総称である。

　VRはVRヘッドセット、あるいはVRゴーグルを装着して利用する。利用例としては、災害訓練として、火災や土砂災害などを仮想空間にCGとして再現し、体験するもの、仮想旅行、ゲームなどである。VRの課題としては、VRゴーグルなどの機材が必要であること、3DのCG作成など専用ソフトの個別開発にコストがかなりかかることが挙げられる。また、健康上の問題としてVR酔い（めまい、吐き気）が生じる可能性があり、健康上の明確な安全基準がない。

　ARはGoogle Glassのような機材もあるが、多くはスマートフォンとアプリケーションで利用できる。利用例としては実空間にゲームキャラクタを表示するようなゲームなどで、市販されているものも多くある。ARにはGPS機能を利用したロケーションARや特定場所にマーカ設置したマーカ型ビジョンベースARがある。MRは、ホロレンズなどを装着して利用するものやMREALのように装着不要のものもある。利用例としては、製造工場で作業をしながら工程図やマニュアルなどを現実空間に浮かび上がらせて表示するものなどがある（図2.12）。

　MRはARと異なり、3次元形状を認識することができ、見たい角度から形状を確認できる。

　これらの技術は、実現方法や利用目的が異なるものの、仮想世界と現実世界を行き来して新たな世界を生み出そうとしていることは理解できると思う。これまで本書で紹介した技術と大きく異なる点はどこにあるのだろうか。技術に対する安全性、品質の問題は、どの技術に対しても共通の重要課題である。

　XR技術についても同様で、たとえば医療分野での治療法として採用するならば、薬機法（医薬品、医療機器等の品質、有効性および安全性の確保等に関する法律）の認可を受ける必要がある。しかし、現行の薬機法で対応可能か疑問が残る。また、アミューズメントとして使用した場合においても、健康被害などに対する安全基準、ガイドライン、法整備が必要になってくる。

　経済産業省は"令和2年度コンテンツ海外展開促進事業（仮想空間の今後の可能性と諸課題に関する調査分析事業）"において、4つの観点「政治的要因（法律、規制に起因する課題）」「経済的

図2.12　AR

　要因（経済的な要因に起因する課題）」「社会的要因（ライフスタイルなどい起因する課題）」「技術的要因（進歩革新などの技術的な要因に起因する課題）」からそれぞれの有識者へのヒアリングを通して確認を行うとしている。

　そこで、再び問いたい。これまでの技術とXR技術が大きく異なる点はどこにあるのだろうか。その問いに対する答えの1つとしては、仮想世界と現実世界を扱っていることにある。つまり、人間の脳の認識メカニズムに何らかの影響を与える技術であるということである。

　さらにXR技術を超えて、脳の認知メカニズムを解明することを目的にSR (Substitutional Reality：代替現実) の研究が進められている。これらの技術動向については、技術専門家だけに任せるだけでなく、さまざま分野から注意深く見ていく必要がある。

【NOTE】DX：Digital Transformation[22]

　経済産業省は、2019年7月「DX推進指標」とそのガイダンスの中で、DXを『企業がビジネス環境の激しい変化に対応し、データとデジタル技術を活用して、顧客や 社会のニーズを基に、製品やサービス、ビジネスモデルを変革するとともに、業務そのものや、組織、プロセス、企業文化・風土を変革し、競争上の優位性を確立すること』 と定義している。

　厚労省の医療DXでは、電子カルテの標準化の推進、医療情報利活用、法整備等を謳っている。1990年代以降の情報通信環境の変化の頃も、上述のキーワード (激しい変化、社会ニーズ、モデルの改革など) のようなことは言われていた。

　では、何故DXが話題になるのか。欧米を中心とした情報革命の中で日本は、推進側ではなく、未だに受け入れ側に立っている。これは、1990年代以降の情報革命は、個々の企業努力で個別に進められていたため、全体としての情報技術を十分に活用できていないことが1つの要因である。一例ではあるが、ローミング問題（第2章）は企業間の連携問題、AIに関する法規で欧米に遅れを取ったこと（第8章）、などは典型的な例である。政府主体で、DX推進政策を全面に出しているのは、産官学が一丸となって、情報技術を活用する社会を創出し、世界を先導していくことである。

【チェック問題2-13】

問1　VR（仮想現実）、AR（拡張現実）、MR（複合現実）の各々の特徴について述べよ。
問2　2025年の崖とは、どういうものか説明せよ。

【チャレンジ】

SR (Substitutional Reality：代替現実) の研究が進められているが、倫理的観点にたって考察せよ。

[チャレンジ]

2022年から2023年に年が変わったと同時に、一部の企業により生成AIプログラムサービスの開始が始まった。一般新聞紙上において、生成AIに関する話題が毎日掲載されている。

生成AIに関する議論についてはあらゆる分野の専門家によって論じられている。生成AIの脅威、不安、問題点を論じる専門家もいれば、生成AIによる明るい未来を論じる専門家もいる。日本では生成AIに関する法整備の議論が始まろうとしている。

そこで以下について調査し、考察せよ。

問1　生成AIに対する取り組み方について、欧州、米国、日本について共通点と相違点について述べよ。

問2　生成AIがDX(Digital Transformation)にもたらす影響はなにか述べよ。

問3　生成AIを使いこなすためにはどのような知識や技術が必要となるか述べよ。

第3章
情報の表現

　私たちは、さまざまな情報に取り囲まれて社会生活を営んでいる。これらの情報をデジタルの世界へ取り込み、変換することで情報機器を活用しながら生活を送っている。

　しかし、私たちが取り囲まれている情報は、電気だけで駆動している情報機器に漏れなく変換できているのだろうか。本章では、生活の中で感じ、伝えている情報として"色"、"音"を取り上げ、どのように情報機器に伝え、変換しているのか見ていく。

3.1　情報の表現 ～世界はアナログとデジタルで表現される～

　1940年代後半、現在の情報理論の始まりとなった論文を発表したのが、クロード・シャノン (Claude Elwood Shannon) である。コミュニケーションの数学的理論として、数学を用いた情報や通信の統一理論を確立させた。ビットという言葉を初めて用い、情報を0と1のみで表現する手法を開発した。参考文献にもあげておくので、できれば原文 [1]、少なくとも翻訳本 [2][3] を読んでほしい。

　この章では、情報理論に基づいた情報の表現について見ていくことにする。

3.2　データと情報

　「データ」という言葉は、日常のいたるところで目にする。たとえば、経済活動において、"○○データによりこの地域での店舗拡張は有効である"、また医療において、"△△データによりこの検査は必要"などといたるところでエビデンス（科学的根拠）が求められている。では、「データ」とは一体何なのか。

【NOTE】データと情報 [4]

　データとは、何かを文字や符号、数値などのまとまりとして表現したもの。人間にとって意味のあるものや、データを人間が解釈した結果のことを情報と呼ぶ。

　「データ」は社会の事象や現象を、数値や文字、画像などで表現したものである。「情報」はデータ加工などを行い何らかの意味を付けたものであり、情報によって次のアクションを行う指針となるものといえる。ということは、上述の例を正確に述べると"○○データにより、△△という情報が得られるのでこの地域での店舗拡張は有効"となる。

　情報社会の進展とともに「データサイエンス」といって、データから何らかの知識、あるいは価値を見出す技術が重要視されてきている。これには、統計学や機械学習、ディープラーニング、プログラミングなどの知識が必要である。つまり、上述の例での"○○"から"△△"への意味解釈の変換が必要となる。そこで、まずはデータの扱い方を学ぶことから始めることにする。

【NOTE】データサイエンス

　いろんな大学にデータサイエンス講座が開講されている。データサイエンス学部や大学院でも学ぶことができる。大学、統計学、データ分析、機械学習、AIなどをキーワードに探すとよい。

3.3　アナログとデジタル

3.3.1　デジタルとは？

　コンピュータで扱うことができるすべてのデータを「デジタルデータ」という。コンピュータは電気が流れていなければただの"箱"である。電気が流れて初めてすべてが始まる。スマートフォンでたとえると、常に充電され何らかのアクション（タップ、スワイプなど）を待っている状態だ。バッテリーが切れればすべてのデータにアクセスできない。つまり、"電気が流れていてその電気信号ですべてを表す"という方法を利用している。

　コンピュータは、電気信号がONのとき1、OFFのとき0の2つの状態でデータを表すことが基本になっている。この電気信号を組み合わせてさまざまな複雑なものをコンピュータで扱うことができる。

　ところで、先生と生徒が、デジタルについて会話をしているようなので、覗いてみよう。

ほのぼのIT教室

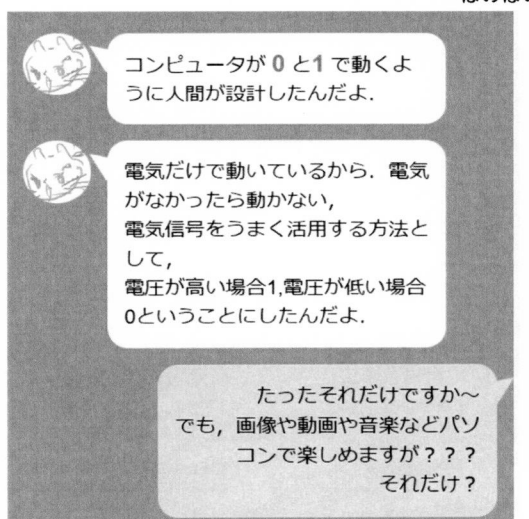
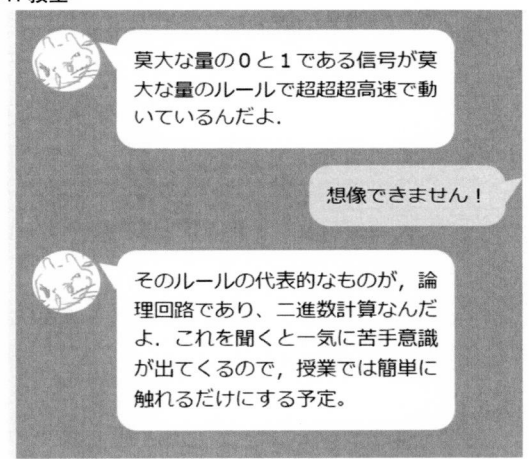

3.3.2　アナログとデジタルの違い

　アナログデータ（図3.1）は連続した値であり、デジタルデータは離散値、つまり連続していない（非連続な）飛び飛びになっている値のことをいう。アナログデータは測定環境によって細かく測定することができる。たとえば、身長や体重、体温、時計、温度計などは連続値であり、サイコロの出る目やトランプなどは離散値である。

　ほとんどの情報をコンピュータが扱える形式にする、つまりデジタル化を行うことができる。これを「符号化」という。元のデータに復元することを「復号」という（図3.2）。

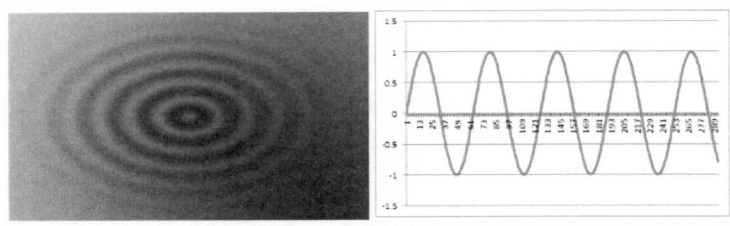

図3.1　音は空気の振動（アナログデータ）

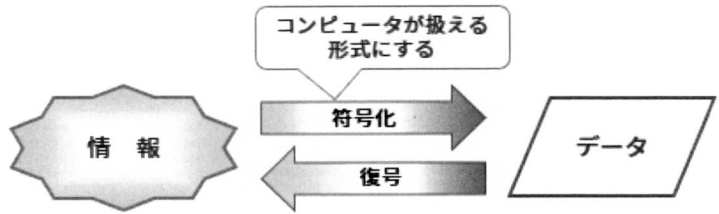

図3.2　情報の符号化と復号

【NOTE】

「復号化」でなく「復号」である。「化」はいらない。

3.3.3　デジタルのメリットとデメリット

デジタル値を利用するメリットとデメリットにはどのようなものがあるのだろうか。
メリットとしては、以下の3つを挙げることができる。

・正確に再現できる。コピーができる。
・データが少々欠損しても復元できる（図3.3）。
・不要なデータを削減することでデータ量を少なくすることができる。

デメリットとしては以下の2つを挙げることができる。

・アナログをデジタル変換したとき、元通りにはならない。
・あいまいな部分は再現できない。
　　しかし、限りなく本物に近づけるべく技術が進化し続けている。人間が認識できないデータは扱わない。

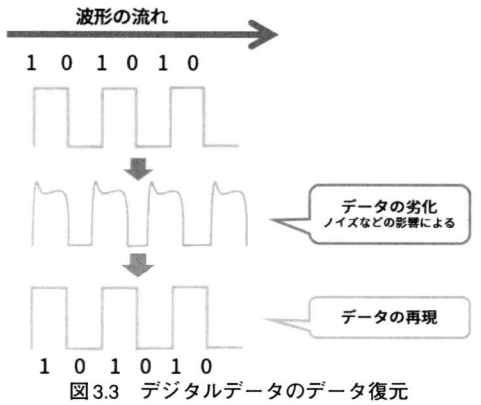

図3.3　デジタルデータのデータ復元

3.4　コンピュータは2進数で動く 〜0と1の世界って？〜

　さまざまな情報をコンピュータで処理するとき、どうしても「数」の計算となる。人間がタンパク質でできているように、コンピュータは数値で全てが表現される。

　本章では、数値計算が苦手な人にも伝わるように説明している。こちらで説明している内容は広く一般の人が知っておくべき基本知識であり、文系理系は全く問わない。最初は「数字」が多く出てくるので、読み進めていくうちに慣れていくと思われるが、それでも「もう無理」と感じるのであれば、まずは3.6節から始めよう。あるいは3.10節もとっつきやすいかもしれない。前から順番に読み進めるのでなく、とばしとばしに読むと最初のあたりの「数字」に関する知識がすっと入ってくるかもしれない。

3.4.1　ビットとは何か

　コンピュータの頭脳であるCPUは論理回路で構成されている。この回路は電圧が高い状態を1、電圧が低い状態を0で表現する。これが、コンピュータが扱う最小のデータであり、1ビット(bit)という情報量の最小単位のデータである（図3.4）。

　コンピュータは大量の論理回路で構成されている。情報の最小単位1ビットを組み合わせたビット列（ビットパターンともいう）で、複雑なデータである数値、文字、画像、動画像、音などを表すことができる。

　普段、多くの場合、私たちは10進数で計算をする。コンピュータで情報を表現するとき便利なのが2進数である。しかし、大量の0と1が組み合わされた数値の列は人間にはとてもわかり難い。ずっと0と1が並んでいると、何らかの区切りが欲しくなる。そこで、次に便利な区切りとして8個ずつまとめたものを1バイト(Byte)と呼んでいる。表現方法として、1Bはバイトを、1bはビットを表している（図3.5）。

【NOTE】論理回路

　「1」「0」のような2つの値（二値）で、AND（かつ）、OR（または）、NOT（でない）などの論理素子を組み合わせて構成する回路である。

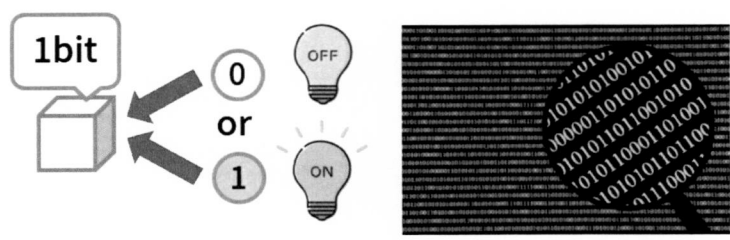

図3.4　ビットのイメージ

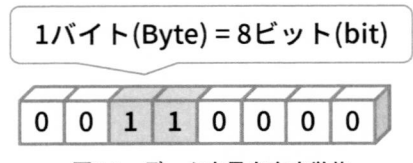

図3.5　データ容量を表す単位

3.4.2　8ビットの情報表現

　8ビットでは00000000から1ずつ足して11111111まで表現できる。10進数で表現すると0から255となる。2の8乗の256（にごろ）通りの情報を表現できる。

　つまり、1ビットは0か1かの2つなので、2^1通り、すなわち2通りの表現ができる。2ビットでは、1ビットが2つあるわけだから、2×2、すなわち2^2通りの表現ができる。これを進めていくと、以下のようになる（図3.6）。

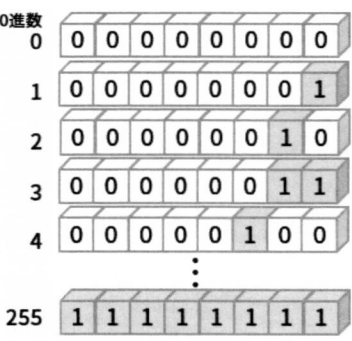

2ビット	$2^2 =$	4通り
3ビット	$2^3 =$	8通り
4ビット	$2^4 =$	16通り
5ビット	$2^5 =$	32通り
6ビット	$2^6 =$	64通り
7ビット	$2^7 =$	128通り
8ビット	$2^8 =$	256通り
9ビット	$2^9 =$	512通り
10ビット	$2^{10} =$	1,024通り

図3.6　8ビットの数値の表現

3.4.3　10進数、2進数、16進数の関係はどうなっているのか

　先に述べたように、普段の多くの場合、私たちは10進数で計算する。場合によっては12進数や16進数を用いることがある。また、国によっては、10進数以外の文化もある。

(1) 10進数と2進数と桁上がり

まず、10進数と2進数について見ていく。10進数は「0」「1」「2」「3」「4」「5」「6」「7」「8」「9」の10個の数字で数を表し、2進数は「0」と「1」の2個の数字で数を表現する方法である。10進数は、9の次に桁上がりし10（ジュウ）になる。2進数は、値が2になるとき桁上がりし10（イチゼロ）になる。

桁上がりの基準となる数を「基数」という。10進数の基数は10、2進数の基数は2ということになる。異なる基数に変換することを基数変換という。

2進数の場合$(00000000)_2$といった表現をすることが多い。10進数の場合$(123)_{10}$とする場合もある。

(2) 2進数と16進数

次に、2進数と16進数について見ていく。

16進数は、10進数で16になったときに桁上がりし16進数での10となる。数字は「0」から「9」までしかないので、10進数での10から15までを、アルファベットの「A」から「F」までを順番に割り当てたものを16進数として使う。小文字「a」〜「f」を使ってもよい。16進数 (hexadecimal) の表記は、hexadecimal の3文字目のx を利用した0x を付けて表す。《例》0x24、0xAF 。2進数の8ビット$(11111111)_2$は16進数で0xFF となる。

Webページでの色表現でも16進数で表現する場合が多い。たとえば、赤は#FF0000、黄色は#FFFF00、桃色は#F4B3C2と指定する。

では、何故16進数なのか。2進数では、桁数が増えていくと、特殊な能力がない限り、人間が解釈することは不可能である。16進数は、コンピュータにとって2進数と同じように扱うことができ、2進数より短い桁数で表現できる。

1桁の16進数は4桁の2進数で表現できる。2桁の16進数は8桁の2進数、3桁の16進数は12桁の2進数と、4の倍数ごとに桁を増やせば2進数表現できそうである。2進数から見れば、4桁ずつに分割すれば16進数表現できることになる（表3.1）。

表3.1 10進数、2進数、16進数の桁上がりについて

10進数	0	1	2	3	4	5	6	7	8
2進数	0	1	10	11	100	101	110	111	1000
16進数	0	1	2	3	4	5	6	7	8

10進数	9	10	11	12	13	14	15	16
2進数	1001	1010	1011	1100	1101	1110	1111	10000
16進数	9	A	B	C	D	E	F	10

桁上がりした数

(3) コンピュータの情報の表現例 〜文字列から16進数へ〜

"CAKE "や"情報技術"という単語（文字列）を入力した場合、コンピュータでどのように取り

込まれるか実際に見てみよう。

　図3.7において、(a)は半角英字"CAKE "を入力し保存したテキストファイル「cake.txt」である。ここでテキストファイルとは、文字コードで表現できる文字と改行、タブだけで利用するファイルのことである。

(a) テキストファイル

(b) テキストファイルを16進数でダンプ

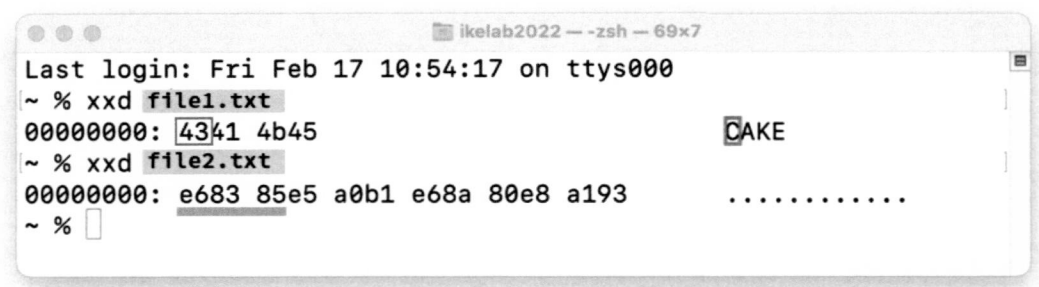

図3.7　コンピュータの情報の表現例

　(b)は(a)のテキストファイルの内容をヘキサダンプ（16進数でダンプ）した結果である。ヘキサダンプとは、ファイルやメモリの内容をデバッグする（プログラムのバグを調べる）ため、ファイルの内容を16進数表記で出力することをいう。

　"C"の文字は"43"つまり0x43であることがわかる。また、全角文字"情報技術"の文字が保存されている。(b)の結果を見ると"情"の文字は"e68385"となっている。これらから半角文字と全角文字の違いがわかる。

【実習3-1】

[Mac]のみ

図3.7はMacの「ターミナル」で実行している。「テキストエディット」でファイル「cake.txt」を作成し実行してみよう。

　「新規書類」をクリックするとタイトルが「名前未設定」のウィンドウが表示される。メニュー「フォーマット」→「標準テキストにする」を選択後、ファイルの内容を入力する。メニュー「ファイル」→「保存」クリック後、名前の入力欄に「cake.txt」を入力し保存する。

ファイル名の拡張子はテキストファイルの拡張子「.txt」となる。

ファイルをデスクトップに保存した場合、「ターミナル」を起動し、「cd　desktop」を入力後、[enter]キーを押し、図3.7 (b)を行う。

【チェック問題3-1】

問　世界において10進数以外の文化が存在するか調べよう。また、日本が10進数を採用するまでに至った経緯も調べてみよう。

3.4.4　コンピュータでよく使う単位　記憶容量と処理速度

　情報技術の進展とともに取り扱うデータ量も大きくなり、新しい単位が生まれた（表3.2）。2022年10月に「ロナバイト」や「クエタバイト」が第27回国際度量衡総会で決定された[5]。

　1キロバイトは2の10乗バイトであり1,024Byteになるが、1,000Byteとされていることもある。よく見る「1ギガバイト（1GB）」は10億バイトである。

　また、コンピュータの頭脳であるCPU（4.4.2参照）の性能評価を行うとき平均命令実行時間を算出する方法がある（第4章 memo参照）。平均命令実行時間とは、1命令を実行するのにかかる平均時間のことである。コンピュータの処理速度は、とても高速であるため、平均命令実行時間の値はとても小さい値となる。小さな値を表す単位は、表3.3を参考にしよう。

表3.2　記憶容量の単位（コンピュータが記憶できる情報量）

接頭語（省略形）		情　報　量
bit（b）	ビット	
Byte（B）	バイト	1Byte = 8b
Kilo Byte（KB）	キロバイト	1KB = 2^{10}Byte = 1,024Byte ≒ 1,000Byte
Mega Byte（MB）	メガバイト	1MB = 2^{20}Byte ≒ (1,000KB = 10^6Byte)
Giga Byte（GB）	ギガバイト	1GB = 2^{30}Byte ≒ (1,000MB = 10^9Byte)
Tera Byte（TB）	テラバイト	1TB = 2^{40}Byte ≒ (1,000GB = 10^{12}Byte)
Peta Byte（PB）	ペタバイト	1PB = 2^{50}Byte ≒ (1,000TB = 10^{15}Byte)
Exa Byte（EB）	エクサバイト	1EB = 2^{60}Byte ≒ (1,000PB = 10^{18}Byte)
Zetta Byte（ZB）	ゼタバイト	1ZB = 2^{70}Byte ≒ (1,000EB = 10^{21}Byte)
Yotta Byte（YB）	ヨタバイト	1YB = 2^{80}Byte ≒ (1,000YB = 10^{24}Byte)
Ronna Byte（RB）	ロナバイト	1RB = 2^{90}Byte ≒ (1,000RB = 10^{27}Byte)
Quetta Byte（YB）	クエタバイト	1QB = 2^{100}Byte ≒ (1,000QB = 10^{30}Byte)

表3.3　小さな値を表す単位

接頭語（省略形）		指数表記、十進数表記
deci（d）	デシ	$10^{-1} = 0.1$　（10分の1）
centi（c）	センチ	$10^{-2} = 0.01$　（100百分の1）
milli（m）	ミリ	$10^{-3} = 0.001$　（1000千分の1）
micro（μ）	マイクロ	$10^{-6} = 0.000001$　（100万分の1）
nano（n）	ナノ	$10^{-9} = 0.000000001$　（10億分の1）
pico（p）	ピコ	$10^{-12} = 0.000000000001$　（1兆分の1）
femto（f）	フェムト	$10^{-15} = 0.000000000000001$　（1000兆分の1）
atto（a）	アト	10^{-18}
zepto（z）	ゼプト	10^{-21}
yocto（y）	ヨクト	10^{-24}
ronto（r）	ロント	10^{-27}
quecto（q）	クエクト	10^{-30}

【チェック問題3-2】

問1　$(111)_2$を10進数で表現せよ。

問2　$(0011110)_2$を10進数で表現せよ。

問3　$(70)_{10}$を2進数で表現せよ。

問4　0xC6を10進数で表現せよ。

【実習3-2】自分のパソコンで情報量を確認してみよう！

エクスプローラ [Windows] もしくはファインダー [Mac] を起動し、ファイル名、更新日時、種類、サイズを確認する。

[Windows]

1. 「エクスプローラ」を起動する。
2. 「表示」メニュー→「詳細」

・ファイル名、更新日時、種類、サイズ が表示される。

・サイズの右側に KB と表示されている。キロバイトのことである。

[Mac]

1. 「Finder」を起動する。
2. 「表示」→「リスト」、図3.8のように「名前」「変更日」「サイズ」「種類」が表示される。
3. 「サイズ」がされていない場合、「表示」→「表示オプションを表示」→「表示する項目：」

表示したい項目「サイズ」にチェックを入れると表示される（図3.8）。

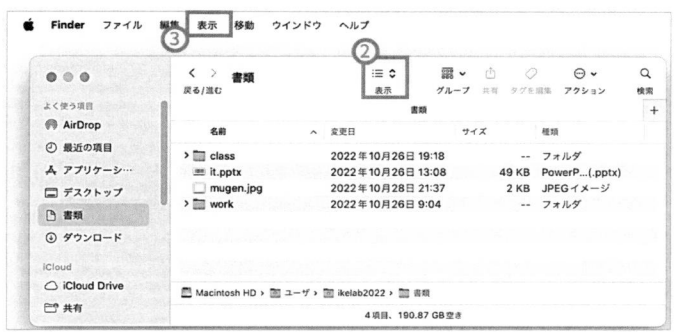

図3.8　[Mac] Finder 表示の変更

3.5　さまざまなデジタル表現1 〜文字〜

3.5.1　情報の数値化

　アンケートなどデータを収集するとき、性別や年代などにチェックを入れてもらうことがある。そのとき、1. 男性、2. 女性、3. その他、というように、データの横に数値があり、1は「男性」、2は「女性」、3は「その他」というように、実際のデータではなく、数値としてデータを収集する方法をとる。その他の例として、コンピュータでのデータ表現方法についていくつかの例を挙げておく。

(1) 二値データ

　二値データとは、2種類だけで表現できるデータであり、1ビットで表現することができる。$2^1 =$ 2 通りの情報を表すことができる。図3.9のような例がある。

(2) じゃんけんゲームの情報表現の例

　じゃんけんの出す手を1ビットで表現するとき、グーを0、チョキを1としたときパーが表現できない。そこで、ビットを増やし2ビットで表現することにする。2ビットの場合、00、01、10、11の$2^2 =$ 4通りの情報を表すことができる。

　これらを、データを識別するための記号と考える。図3.10の例1は00をグー、01をチョキ、10をパーと割り当てていて、11は余っている。例2は00をパー、10をチョキ、11をグーと割り当てていて01は余っている。プログラムを作るときは例1、2どちらの表現でもよい。

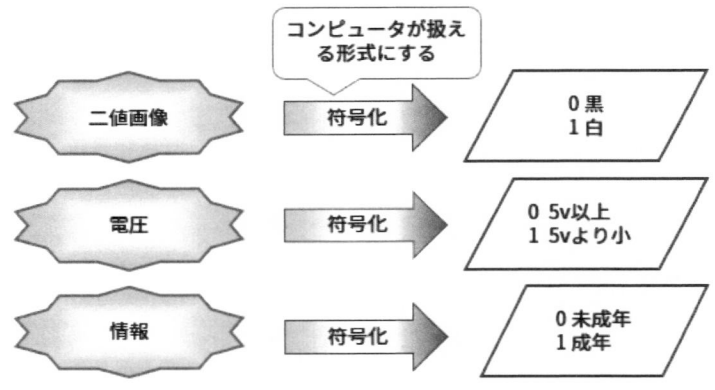

図3.9　ビットで表現できる情報

図3.10　じゃんけんゲームの情報の表現

【チェック問題3-3】

問1　おみくじプログラムを作成するとき、おみくじを表現してみよう。以下の7種類のおみくじを表現するには何ビット必要か回答せよ。

「大大吉」「大吉」「やや大吉」「大吉未満」「超大吉」「大吉かも」「大福」

問2　上述以外のパターンを挙げて、各々何ビット必要か回答せよ。

3.5.2　文字の数値化

　文字をコンピュータに伝えるとき、各文字に番号を割り当てた文字コードというものがある。文字コードはデータ分析などでデータファイルを扱うとき必須の知識である。世の中にはいろんなデータファイルが存在し、それを扱うソフトウェアもたくさんある。正しいデータを扱うためには文字コードの知識はとても重要である。文字コードは、コンピュータ発展の歴史、のみならず、世界の情勢とも大いに関わっているため、全容を把握するのはとても難しい。そこで、ここではよく利用する文字コードについて簡単に説明する。

(1) 身近な文字コード

たとえば、「ももたろう」とコンピュータに伝えるとき、変換表のルールが

文字「も」が001、文字「た」が010、
文字「ろ」が011、文字「う」が100、だった場合、

人間が「ももたろう」と入力すると、コンピュータへ001001010011100が伝わる。
　この例では3ビット（桁）で変換しているが、実際に世界中に存在する文字の数は極めて多いため、必要とする2進数の桁数も大きい。

(2) ASCII（アスキー、American Standard Code for Information Interchange）

　表3.4はASCII文字コード表である。7桁の2進数に、アルファベットや数字、記号を割り当てたものである。つまり、7桁の2進数0000000から1111111、10進数では0から127までに、128文字が割り当てられている。

表3.4　ASCIIコード表

	000	001	010	011	100	101	110	111
0000			スペース	0	@	P	`	p
0001			!	1	A	Q	a	q
0010			"	2	B	R	b	r
0011			#	3	C	S	c	s
0100			$	4	D	T	d	t
0101	ディスプレイ		%	5	E	U	e	u
0110	やプリン		&	6	F	V	f	v
0111	ター、通信機		'	7	G	W	g	w
1000	器などを制御		(	8	H	X	h	x
1001	する文字コー		)	9	I	Y	i	y
1010	ド		*	:	J	Z	j	z
1011			+	;	K	[	k	{
1100			,	<	L	\	l	|
1101			-	=	M	]	m	}
1110			.	>	N	^	n	~
1111			/	?	O	_	o	削除

(3) 文字コードの種類

　文字コードは、次の2つから成り立つ。

1.「符号化文字集合」

世界中の文字を集め各文字に番号を割り当てたもの
JIS X 2008、Unicodeなど

2.「符号化形式」

符号化文字集合の文字にコンピュータで利用するため数値を割り当てたもの
ISO-2022-JP、Shift-JIS、EUC-JP、UTF-8、UTF-16など

　ASCIIコードは符号化文字集合や符号化形式が定まる前に存在していたため同じである。

　各符号化形式での文字「A」の文字コードである（図3.11）。UnicodeではU+0041、Shift-JISとUTF-8は0x41 UTF-16では0x0041となっている。UTF-8はASCIIコードと同じ文字コードを使用するため、多くのソフトウェアが採用している（図3.12）。

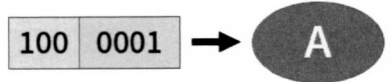

図3.11　文字「A」のASCIIコード

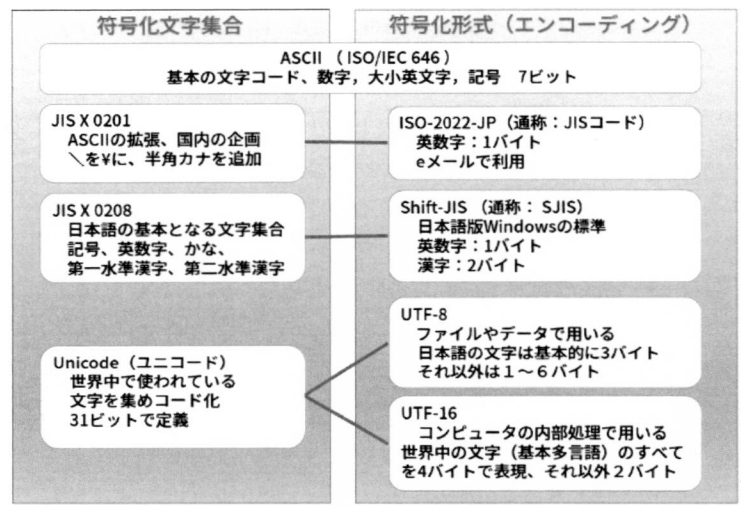

図3.12　符号化文字集合と符号化形式の対応

【NOTE】0x

0xに続く数字は16進数を表す。
2進数は4bitづつ16進数に変換し表現する場合が多い。
$(01000001)_2$の場合、0x41と表現する。

---

(4) 文字化け

　利用するソフトウェアによって利用できる文字コードが異なる。データファイルを開いたときなど、開いたデータファイルのデータと、開くために利用したソフトウェアの利用する文字コードが異なる場合、文字化けが起こる。多くの場合、英数字、記号以外の部分が判読不能な英数字や記号に変換され表示される。

　図3.13は、UTF-8の文字コードで保存されたデータファイルをMicrosoft Excelのデフォルトの設定のままで開いた場合、漢字やひらがな、カタカナなどの日本語の全角文字の部分が文字

化けになった例である。Microsoft Excel が通常 Shift-JIS コードを扱う設定であり、データの文字コードと異なるため、文字化けが発生したのである。

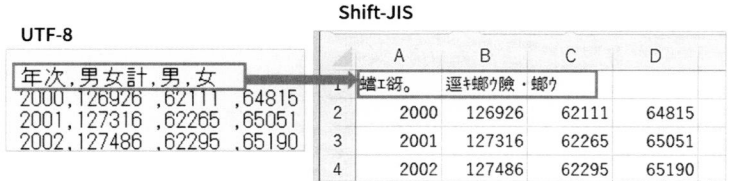

図3.13 文字化けの例

【実習3-3】文字コードを探してみよう！【Windows】

(1) 画面右下に表示されている 「A」または「あ」を右クリックする。

(2) 「IME パッド」クリック

(3) ひらがなについて表示を行う（図3.14）。

「ひらがな」を探す。U+3041～U+3096

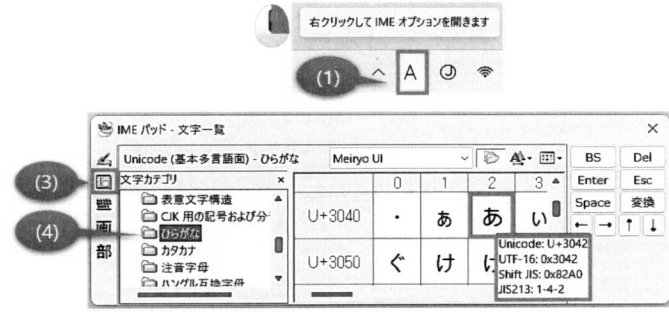

図3.14 文字一覧「ひらがな」

(4) 漢字について詳細表示を行う（図3.15）。

「CJK統合漢字」を探す。U+4E00～U+9FD5

CJK：Chinese、Japanese、Korean

4bitずつ16進数に変換し表現する場合が多い。

《例》「k」の場合、0100 1011 ⇒ 4B

【実習3-4】文字コードを表示してみよう！【Windows】

(1) Microsoft Word を起動し、新しい文書を開く。

(2) 調べたい文字を入力する。

(3) 1文字をドラッグし、[Alt] キーを押しながら [X] キーを押す。

Microsoft Word を利用しているのでこちらの文字コードはShift-JISである。

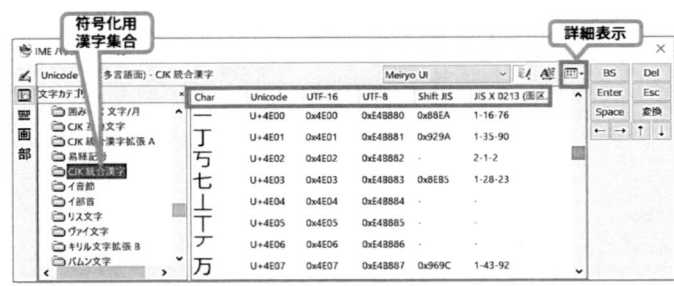

図3.15　文字一覧　詳細表示

3.6　さまざまなデジタル表現2 ～静止画像～

　写真や映像、音などのデータはすべて連続値のアナログデータだが、デジタル化、すなわち、デジタルデータに変換することで、コンピュータで扱うことができる。

3.6.1　静止画像の数値化

　19世紀後半に活躍したフランスの画家スーラは点描という絵画方法を使ったことで有名である。線でなく細かいタッチの点で表現した。スーラの絵は遠目には点描とは気づくことができない。
　画像にはラスターグラフィックスとベクターグラフィックスの2つの表現方法がある。点の集合で数値化し、デジタルデータに変換したものがラスターグラフィックスであり、四角形や三角形などの図形単位で表現されたものをベクターグラフィックスという（表3.5）。

表3.5　ラスターグラフィックスとベクターグラフィックス

ラスターグラフィックス	ベクターグラフィックス
静止画像を点の集まりとしてとらえたもの	四角形や三角形などの図形の集まり 図形単位で処理 複数の点（アンカー）の位置をつないだ線，色，カーブを数値データとして保存
Webサイトで用いるデータ 写真，絵画など精緻な画像向き	拡大縮小しても画像がにじまない．
ペイント系のソフトを用いる． Adobe Photoshopなど	ドロー系のソフトを用いる． Adobe Illustratorなど
	ラスターデータに変換された図形が表示される．

3.6.2　ラスターグラフィックス ～画素・ピクセル～

　画像を二次元平面に色の濃淡が連続しているものとし、正方形のマス目が並んだ2次元の小さ

なドットに分割して表現する。このドットに色情報（階調）を持つものを画素またはピクセル (pixel) という。

　モノクロ画像は8bitの場合、0から255までの値をとる。白黒の2階調の画像を二値画像といい、この場合は1bitで色を表す。カラー画像では1画素に赤R、緑G、青Bの3色の色情報を持つ。1色を8bit で表現するため 24bitの色情報を持つ。

　解像度が高い、つまり、画像を構成するための画素数が多いほど、高画質になる。ただし、人間の目で認識できる上限は決まっているので、どのぐらい高画質のものが必要かは場合による。

　画像の解像度の単位はdpi (dots per inch)、またはppi (pixel per inch) である。

3.6.3　画像のデジタル化

　ここでは、画像のデジタル化の方法を示す（図3.16）。

① 標本化（サンプリング）
　連続するアナログデータを、一定の幅に区切り（ピクセル）、各ピクセルのデータ（画像の色）を読み込む。
② 量子化
　各ピクセルに、1ビット（モノクロ）画像、8ビット（グレースケール）画像、24ビット（フルカラー）画像などのカラー（階調データ（ビット））を割り当てる。各ピクセルの色の差が少なくなる。
③ 符号化
　整数値をビットの並び、すなわち2進数に変換する。コンピュータが扱うことができるようになる。

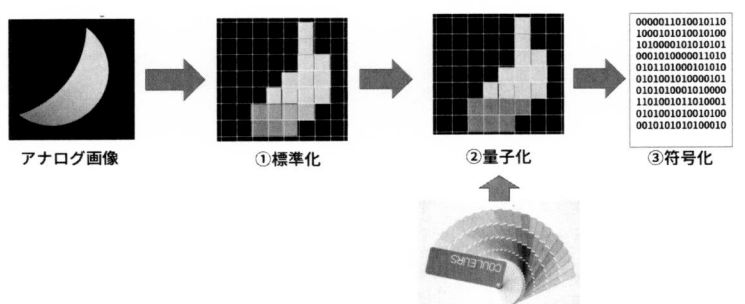

図3.16　画像のデジタル化

【チャレンジ】
画像は、標本化、量子化、符号化によりデジタル化される。その中で、スパースモデリング技術が注目されている。
スパースモデリングとは何か調査しその特徴と適用、応用できる分野について考察せよ。

3.6.4　画像と画面の解像度

　3.6.2では画像の解像度について説明したが、画面、すなわち「ディスプレイの画素数」も「解像度」と呼ぶため、混乱しやすい。ここではディスプレイの解像度について説明する。

　ディスプレイの解像度は、

　　横方向の画素数×縦方向の画素数

という形式で表現される。ディスプレイの1インチ当たりの画素数をppi (pixel per inch) で表す（図3.17）。

　画素数については、2K、4K、8Kといった名前がついている。

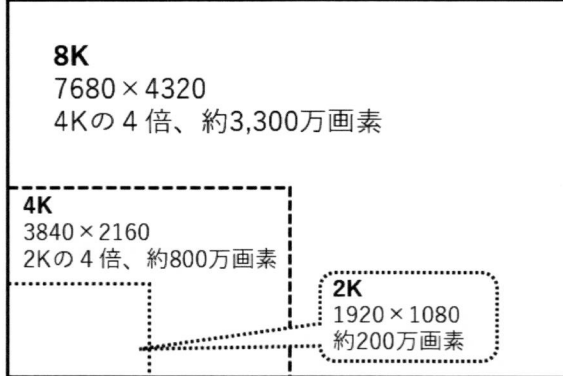

画素数	名　称
7680 × 4320	8K
3840 × 2180	4K
1920 × 1080	フルハイビジョン FHD
1600 × 1200	UXGA
1600 × 900	WXGA++
1366 × 768	FWXGA
1280 × 1024	SXGA
1280 × 960	QVGA
1280 × 720	HD

図3.17　ディスプレイの解像度と名称

【実習3-5】ディスプレイの解像度を調べてみよう！

[Windows]
　「スタート」右クリック→[システム]→[システム]→「ディスプレイ」

[Mac]
　「Appleマーク」→「このMacについて」→「詳細情報」→「ディスプレイ」

【NOTE】スマートフォンの解像度

　1ポイント＝1/72インチ
　《例》iPhone XS Max [6]
　414 × 896 points = 1,242 × 2,688 pixels （画面サイズ 6.5inch）

3.6.5　ディスプレイ

　画像を表示するデバイスとして一般的に広く利用されている液晶ディスプレイと有機ELについて説明する。

① 液晶ディスプレイ

　ガラス板の間に液体を入れたパネルに電圧をかけ、液晶分子の向きを、赤、青、緑のカラーフィルタがバックライト（LEDなど）の光を遮って表示する。バックライトが常に光っているため、真っ黒は表示しにくい。

② 有機EL（エレクトロ ルミネッセンス）

　有機化合物からなる発光ダイオード (LED) により発光する。バックライトや放電スペースが不要なため、パネルの厚さを薄くすることができる。しかし、巨大なパネルを製造するのが難しい。また、輝度が低い映像の表現が難しかったり、焼き付きが起こりやすい、といった問題もある。

3.6.6　プロジェクター

　画像や映像をスクリーンや壁に投影するプロジェクターはパソコンだけでなくスマートフォンにも接続可能なものがある。HDMI規格やVGA規格のケーブルを使って接続する変換アダプタが必要な場合もある。Wi-Fi機能が搭載されている機種もある。明るさの単位として、ルーメンが用いられる。

　照明機器などでよく使われる明るさの単位を以下に示しておく（図3.18）。

　カンデラ（単位：cd）：輝度、光の照らす一番明るい場所の明るさ

　ルーメン（単位：lm）：光束、明るさを表す指標。照明やプロジェクターの明るさ

　ルクス（単位：Lux）：照度、照らされた場所の明るさ

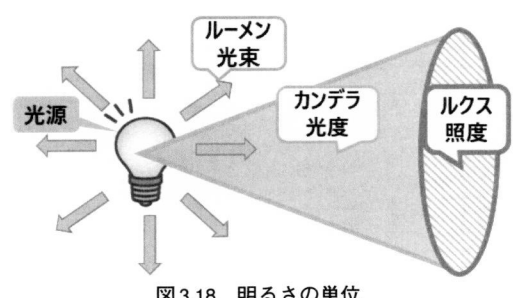

図3.18　明るさの単位

【memo】

プロジェクターを選ぶとき気を付けるポイントは次の通りである。
・解像度と比率（アスペクト比（画面の縦と横の画素数の比率））
縦横の比率が4:3の機種より16:10のほう（WXGA、WUXGA）がよく利用されている。
・投影距離：プロジェクターとスクリーン（壁）の距離
・利用する場所の明るさや広さ
・補正ができるかどうか
・ルーメンの値

3.6.7　タッチパネル

　ノートパソコン、スマートフォンの操作、ATM、改札などさまざまな場所で利用されているタッチパネルにはいくつかの種類がある。

① 指でタッチする方法
　感圧式・抵抗膜式（圧力）と静電容量方式（電流の変化）などがある。感圧式・抵抗膜式はモニタを触れると電極膜同士が接触し電気が流れる方式であり、1点だけ反応する。電流の変化を利用する場合は複数点反応する。スマートフォンは静電容量方式（電流の変化）を採用している。画面の表面に指が触れたとき発生する静電気の量の変化をセンサーが読み取る方式である。指が電気を通す導電体であるため電荷が移動し、その電荷の量で変化する。指が乾燥していると反応しにくくなる。
② ペンを使う方法
　感圧式・抵抗膜式（圧力）と電磁誘導方式、超音波表面弾性波方式、赤外線方式がある。電磁誘導方式は電池が必要のない専用ペンが、超音波表面弾性波方式は電池の必要な専用ペンが必要である。

3.6.8　プリンタ

　ここでは、プリンタの種類と解像度について見ていく。

(1) プリンタの種類

　日常でよく見かけるプリンタにはインクジェットプリンタとレーザープリンタがある。ビジネスの場ではドットプリンタが根強く利用されており、日常でも見かける機会は少なくない。また、いろんな場で3Dプリンタが利用され始めた。それぞれ次のような特徴がある。

・インクジェットプリンタ：インクを用紙に吹き付ける。レーザープリンタより解像度が高い。
・レーザープリンタ：感光体（ドラム）にトナーを吹き付け、感光体についたトナーを用紙に押し付ける。
・ドットインパクトプリンタ：文字型のピンをインクリボンに打ち印刷する。改ざんされにくい特徴から通帳で利用されている。宅急便の送り状や販売管理伝票など複写式の伝票の印刷で

利用されている。

・熱転写プリンタ：インクフィルムを熱で溶かす。レシートやラベル印刷に用いられる。また、スマホの写真印刷用のものもある。

・3Dプリンタ（図3.19）：3次元的なデジタル・モデル3DCAD、3DCGなどをもとにして、立体物をつくりだすことができる。さまざまな分野で活用されている。3Dデータが必要である。

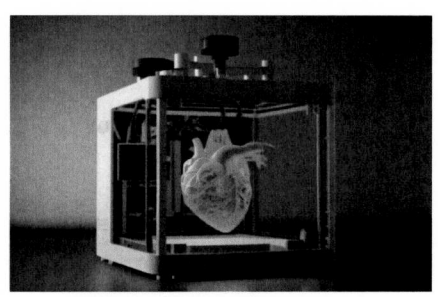

図3.19　3Dプリンタ

【NOTE】CAD (Computer Aided Design)

従来製造業や建築業などで利用されてきた手書きで行っていた製図を、コンピュータで作成可能となった。特に建築、家電製品、アパレルなどでかなり利用されている。

---

(2) プリンタやスキャナの解像度

プリンタやスキャナの解像度は1インチ（=25.4mm）あたりの画素数、dot（点）の数で表す(dpi= dot per inch)。また、プリンタの性能を1分間に印刷できるページの数で表す方法もある。

3.7　さまざまなデジタル表現3 〜人間が識別できる色〜

コンピュータは人間が利用するものである。人間が識別できる色とその色の認識の仕組みに基づき、画像や動画が表現されている。

3.7.1　色を捉える視覚の仕組み

(1) 光源色と物体色

人間は光源を直接見る場合と、光源がものに反射した光を見て色を見る。光のない暗闇では何も見ることができない。

光源そのものが発する色を光源色という。たとえば、太陽、電灯、炎、モニタ、発光ダイオード、ほたるの光が挙げられる。

光源からの光を受けた物体の色を物体色という。物体特有の反射光が眼に入射して視細胞が認識する。これには表面色と透過色がある（図3.20）。

・表面色：物体表面での反射によって発する色
・透過色：透明物体を透過し光る色

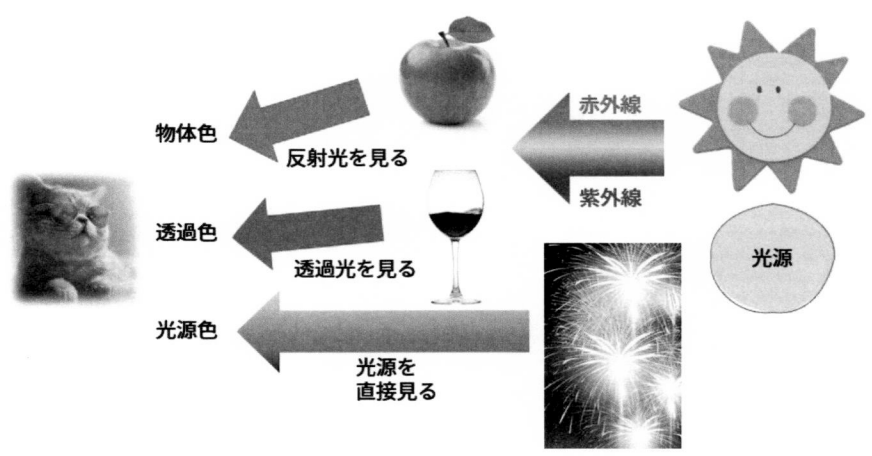

図3.20　物の見え方

(2) 入射光、吸収光、反射光、透過光の関係

　不透明な物体の場合、反射光で色を見る。不透明な物体に光を当てると、反射する光（反射光）と吸収する光（吸収光）に分かれる。すべての光を反射した物体は白く、すべての光を吸収した物体は黒く見える。青い光を吸収した物体は緑色と赤色の光を反射するため、黄色に見える（図3.21 (a)）。また、シアンとマゼンタの混ざった物体色は青い。シアンは赤を、マゼンタは緑を吸収するからである（図3.21 (b)）。透明の物体の場合、透過光で色を見る。

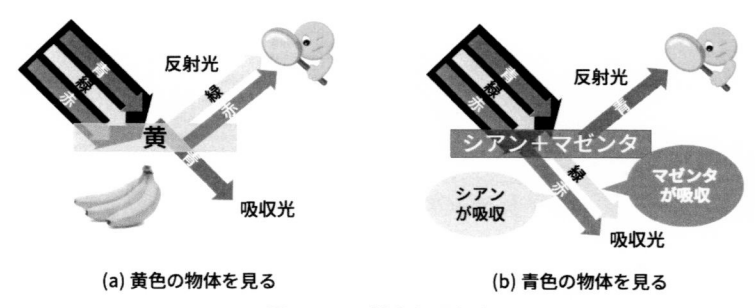

(a) 黄色の物体を見る　　　　　(b) 青色の物体を見る

図3.21　反射光と吸収光

(3) 色の認識の仕組み（網膜と電磁波）

　太陽の光はいろんな波長の色が混ざり白色光になっていて、虹は空気中の水の粒子が太陽に含まれるいろいろな光を屈折し見ることができる（図3.22）。分解された光をスペクトルという。プリズムで分光できる。

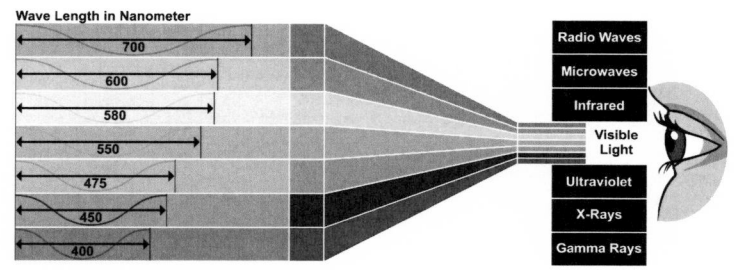

図3.22　スペクトルと目の認識

　人間の網膜には光を感じる、錐体（すいたい）と杆体（かんたい）という2種類の細胞がある（錐体細胞と杆体細胞）。錐体細胞には赤、緑、青を感知する3つの細胞があり、明るいところではこれらの細胞が働くが暗くなると休止状態となる。人間を含むほとんど全ての生物が380〜760nm（ナノメートル）の波長領域（可視光線）の電磁波に感度を示す。

　図3.23のグラフの横軸は光の波長を、縦軸は錐体細胞や杆体細胞の感度を示す。錐体細胞にはL錐体細胞、M錐体細胞、S錐体細胞があり、それぞれ赤、緑、青の感度が大きい。L錐体細胞とM錐体細胞が光の感度が交わっている波長（図3.23右図）では、緑と赤を感じる細胞が同程度の刺激を受け、青を感知する細胞は反応していないため黄色を感知する。このように、R（赤）、G（緑）、B（青）のそれぞれの刺激の強弱を脳が感じ判断している。RGBの各光を混合することで、人間の視覚に感じるすべての色を作り出すことができる。モニタもこの光の基本の色を混合し色を作成している。杆体細胞は光の明暗の違いを感知する1つの細胞であり、暗いところを見るときに機能する。

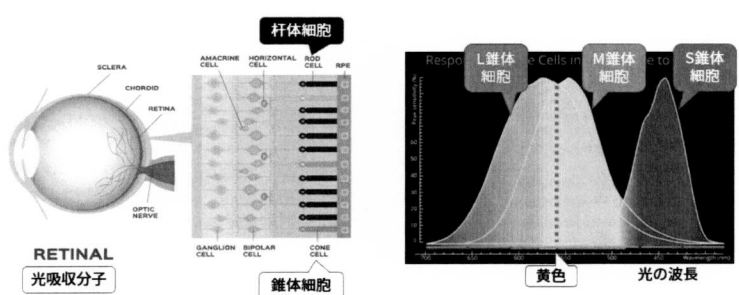

図3.23　杆体細胞 (Rod cell) と錐体細胞 (Corn cell) と視細胞の反応

3.7.2　カラーモデル 〜RGB値〜

　コンピュータが普及する以前から色相（基本的な色の種別）、明度（色の明るさ）、彩度（色の鮮やかさ）でさまざまな色を表現してきた。

　RGBでは赤、緑、青の光の三原色で色を表現する。この3つの色の組み合わせでさまざまな色を表現する。これを加法混色という（図3.24）。8bitで1つの色成分を表し、8bit×3=24bitで1つの色を表す。このカラーモデルをフルカラー (Full Color) という。

8bit $\times$ 3 = 24bit = 2^{24} = 16,777,216 ≒ 1,677万

で表現できる。

　人間が識別できる色は750万色と言われている [7]。

　コンピュータの性能やソフトウェアによっては表現できない。人間の目では識別できないほど滑らかなグラデーションが再現できる。

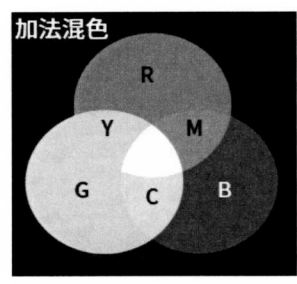 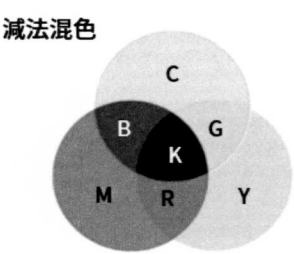

R：赤、G：緑、B：青、C：シアン、Y：イエロー、M：マゼンタ

(a) 光の三原色　　　　　　　　(b) 色の三原色

図3.24　光の三原色と色の三原色

(1) カラーモデル　RGB

　「赤 (Red)、緑 (Green)、青 (Blue)」の3色成分の配分をそれぞれ 0x00 (00000000)$_2$ から 0xFF (11111111)$_2$ までの2桁の16進数で記述して組み合わせたもので色を表現する。

　黒 #000000 赤 #ff0000 緑 #00ff00　青 #0000ff 白 #ffffff

イエロー色成分 #ffff00 は赤色成分 #ff0000 と緑色成分 #00ff00 を組み合わせると表現できる。

【チェック問題3-4】

問1　マゼンタ色成分を16進数で表現せよ。

問2　シアン色成分を16進数で表現せよ。

---

(2) カラーモデル：CMYK 値

　光の三原色では光源に対する色であり、光源から発した光がものに反射し見える色は色の三原色で表現できる。シアン (Cyan)、マゼンタ (Magenta)、イエロー (Yellow) を混ぜ合わせることで色を表現できる。これを減法混色といい（図3.24 (b)）、混ぜると明度が減少していく。K はキープレート (Key Plate) のことである。インクを混合して色を作成した場合、限りなく黒に近

づけることはできるが、完全な黒色になりにくいため、輪郭などを強調することを目的で準備されたものである。インクジェットプリンタは、CMYKを利用している（図3.25）。

図3.25　インクジェットプリンタのインク

(3) xy色度図

　世界的に共通の色を表現する試みが長年行われてきた。美術の時間にはマンセル表色系を学んだことがある人も多いだろう。国際照明委員会が、XYZ表色系を統一基準とした。これは、X（赤）、Y（緑）、Z（青）の3つの色の光から1つの色を表す（加法混色）。

　図3.26は全ての色の分布を表す図でありxy色度図と呼ばれる。真ん中部分はすべての色を混ぜ合わせてできる白である。そこから周辺へ向かうほど色が鮮やかになり、境界部分で単色光になる。その境界部分の青から緑を経て赤への軌跡をスペクトル軌跡という。赤から青への直線部分は光のスペクトルには存在しない。モニタは、機器の性能によって表現できる色が異なり、この図を利用して比較する。

　直線の三角部分が国際規格のsRGBであり、一般的なモニタやプリンタ、デジタルカメラなどが表現できる色の範囲である。また、sRGB規格より緑の領域を多く表現できるAdobeRGB規格も利用されており、こちらを再現できる機器が増えてきている。NTSCはアナログテレビ時代の規格である。液晶ディスプレイなどの製品カタログに「AdobeRGBカバー率 ○○％」という記載を見つけたら、AdobeRGBの色の領域の面積が○○％実現していることである。

3.7.3　ベクターグラフィックス

　ベクターグラフィックスとは、線や面で図形を作成したものである（図3.27）。点と点を通るなめらかなスプライン曲線と、始点と終点の間にいくつかの制御点を用意し、始点と終点を結ぶ近似曲線であるベジェ曲線を用いる。グラフィックスアクセラレータという回路で高速に図形を描き線の色や線で囲まれた領域に色を付ける。

3.7.4　3Dコンピュータグラフィックス

　コンピュータに仮想的な立体物の3次元（3D：縦、横、奥行き）のデータを用いてあたかも立体のように見える2次元の画像を作る手法である。ベクターグラフィックスに奥行き情報を加えたものである。

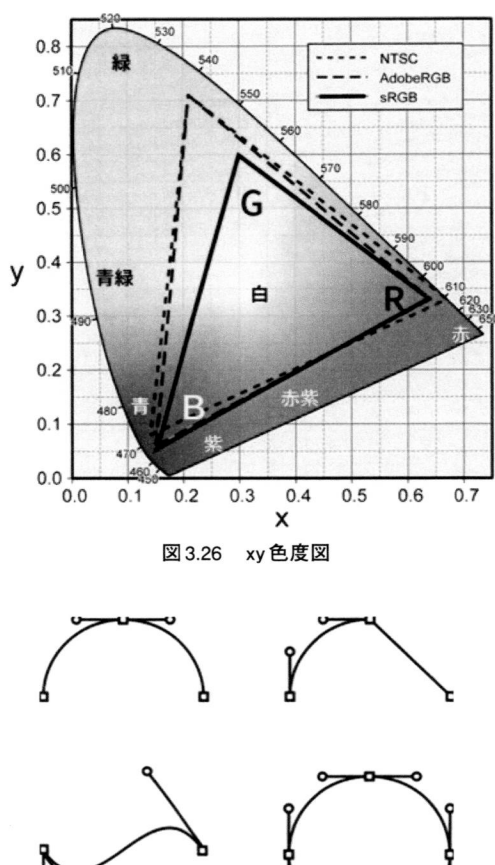

図3.26　xy色度図

図3.27　ベクターグラフィックスの描き方

　モデリングとレンダリングといった処理を行い立体に見えるようにする。まず、仮想の3次元空間に3Dオブジェクトを描くモデリングを行い、その3Dオブジェクトに視点の位置や光源の種類、色や陰影などの処理を行って2次元に投影する処理であるレンダリングを行う（図3.28）。

　ブラウザで3DCGをリアルタイムに表示できるWebGLという技術がある。Shade3DやMayaといった3DCGソフトウェアと連携できる。ライブラリ three.js を利用してWebGLを使った3Dオブジェクトやアニメーションを作成できる。

図3.28　3DCG モデリングとレンダリング

3.7.5　画像の圧縮

　スマートフォンで気軽に容易に写真を撮りインターネットでのさまざまな活動に利用できるようになった。スマートフォンのカメラの機能はどんどん進化し、1億万画素数以上の画像を撮影できるカメラを搭載したものも出てきている。

　高画質の画像をそのまま利用する場合、容量が大きくなり読み込み速度が遅くなったり保存領域が足りなくなる可能性が大きくなる。そこで、画像圧縮の知識が必要となる。

(1) 画像圧縮とは？

　画像データの部分的に似たような色や、人間の目には区別のつかない色のデータなどを少なくするといったアルゴリズムを利用して、元の画像データの容量を小さくする方法がある。一般的に、人間の目は明るさの変化（輝度）には敏感であるが、色の変化（色差）は鈍いと言われている。色差情報を間引くことで、人間の目には知覚されることなくデータを削減し、画像圧縮を実現することができる。

　人間の目には強く知覚できない情報を削減することで容量を縮小している。情報量が大きいので高い圧縮率が必要である。動画の場合、一定の時間に変化した部分だけを記録するという方法がとられる。画像圧縮の方法は2種類ある。可逆圧縮と非可逆圧縮である（図3.29）。

- ・可逆圧縮
  圧縮した画像ファイルを展開すると元のデータに戻る（GIF、PNG）。
- ・非可逆圧縮
  画像ファイルを圧縮したときデータの欠落や改変を行うことで効率の良い圧縮が可能だが、展開したとき完全には元のデータに戻らない（JPEG、MPEG-2、MPEG-4）。

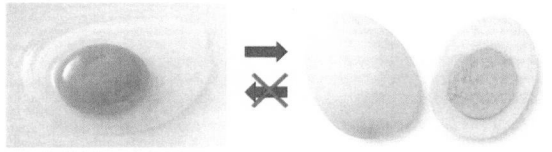

図3.29　非可逆

(2) 画像圧縮方法

　人間の視覚特性を用いて、さまざまな画像圧縮方法がある（表3.6、表3.7）。圧縮方法の1つとして、ランレグス圧縮がある。連続する同じデータをデータとそのデータの個数として変換していく圧縮アルゴリズムである。同じデータが連続する場合は、圧縮率が高いが、同じデータが連続する部分が少ない場合圧縮率が低く、元の画像サイズからあまり縮小できない。

　その他の画像圧縮法としては、以下を挙げることができる。

・ハフマン符号化

多く出現するパターンに短い符号（ビット列）を割り当てる（JPEG、ZIP、MP3）。

・LZW 圧縮

可逆圧縮、辞書圧縮と呼ばれる（GIF、TIFF）。

・JPEG 圧縮

非可逆圧縮、ハフマン圧縮とランレングス圧縮を用いて圧縮する。人間の目はほとんど変化を感じない。

【チェック問題3-5】

問　お絵描きツールで簡単な絵を作成し、同じファイルを以下のファイルタイプの順（重要）で保存せよ。そして、エクスプローラ（Windows）やファインダー（Mac）を用いてファイルサイズを比較せよ。

　　　お絵描きツール：ペイント（Windows）、プレビューなど（Mac）

　　　保存するファイルタイプ：BMP、TIFF、JPG、PNG、GIF

※プレビュー（Mac）を利用する場合は、あらかじめ画像ファイルを用意し編集するとよい。

表3.6　画像ファイル形式

画像圧縮方法	拡張子	特　　　徴
JPEG Joint Photographic Experts Group	.jpg (.jpeg)	フルカラー。 写真やグラデーションを圧縮する際利用。 非可逆圧縮のため保存を繰り返すと画質が劣化する。透過不可。
GIF Graphics Interchange Format	.gif	インデックスカラー。 色数の少ないアニメーションやイラストに向いている。 GIFアニメーション可能。 可逆圧縮。透過処理可能（半透明はできない）。
PNG Portable Network Graphics	.png	インデックスカラーとフルカラー。 写真や背景などを透過したいとき。Webで利用するため作成される。 可逆圧縮（ランレングス圧縮）。透過処理可能（半透明も可能）。 小さい画像の場合JPEGのほうが、透過するだけの画像の場合GIFのほうが、容量が小さい。 可逆圧縮のため保存を繰り返しても画質は劣化しない。
BMP Microsoft Windows Bitmap Image	.bmp	1ピクセルに1つの色情報を持つ。 Windowsで利用するために作られた。 非圧縮。容量が大きいためWeb利用に適さない。
TIFF Tagged Image File Format	.tiff	画像データの先頭にファイル形式を記述したタグ（画像情報）と呼ばれる識別子を付けて1つのファイルにした形式。 サイズの大きな画像や高解像度の画像に向いている。 非圧縮。容量が大きい。Web表示は対応していない。

表3.7 圧縮方法の特徴

画像圧縮方法	拡張子	特　徴
WMF Windows Metafile Format	.wmf	Windowsのさまざまなアプリケーションで使用
PDF Portable Document Format	.pdf	ドキュメント用のファイル形式
SVG Scalable Vector Graphics	.svg	ベクタ形式の画像フォーマット。アニメーションや透過処理可能。 画像や文字などの情報を数値化して記録しているため、ブラウザがリアルタイムに画質を計算し表示する。 拡大縮小しても画像品質や容量があまり変わらないため、レスポンシブデザイン（ブラウザのサイズに適したWebサイトの表示を行うデザイン）でよく利用される。 テキストエディタで開きファイルを編集することができる。 未対応ブラウザが存在する。
WebP（ウェッピー）	.webp	米Googleが開発。 Webサイトのトラフィック量軽減（5.1.3【NOTE】参照）と表示速度の短縮が可能。 非可逆圧縮。JPEGやPNGより容量が小さい。 未対応のブラウザのバージョンが存在する。

3.8　さまざまなデジタル表現4 〜動画〜

　動画は、テレビ、フィルム映画、Webアプリケーションなどで見ることができる。動画は、パラパラ漫画に代表されるように、かなり古くから存在している。複数のページに跨って描かれた絵を、素早くページめくりすることで残像効果により、絵が動いているかのように見ることができるのがパラパラ漫画である。また、粘土などで作られたキャラクタや背景を時間ごとに変形させながら撮影し、撮影した複数の静止画を連続再生すると、静止画が動いて見ることができるクレイアニメがある。動画において、フレームやフレームレートなどの概念が重要になってくる。

(1) フレーム
　連続して動いている動画を一定時間間隔ごとの静止画像を撮影しデジタル化する方法がとられている。この静止画像をフレームという。
　ここでも静止画像のデジタル化と同じように、変化の少ない領域は同じ明るさの信号や同じ色の信号が連続して発生する、といった動画の特性から画像の圧縮が行われる。また、人間の目は通常の明るさではわずかな変化を識別できるが、暗いところや明るいところでは細やかな変化は識別しにくいといった特徴も考慮しデジタル化されている。
　動画はフレームレートと静止画像と同様、解像度と色情報からなる。

(2) フレームレート

　フレームレートとは、1秒間に連続して表示するフレームの数である。単位はfps (Frames Per Second)である（図3.30）。フレームレートが高いほどフレーム数が多くなり、より滑らかな画像に見える。標準規格として、映画は24fps、テレビとコンピュータは30fpsである（NTSCの標準規格）。

　リフレッシュレートという数値もある。こちらは1秒間に何回モニタを更新できるか、である。単位は Hz（ヘルツ）である。こちらはモニタの性能である。リフレッシュレートが高いほど高いフレームレートの画面が表示できる。

　ゲーミングPCでは144fpsや240fps のフレームレートの場合快適に操作できるため、リフレッシュレートが144Hzや240Hzのモニタが必要である。

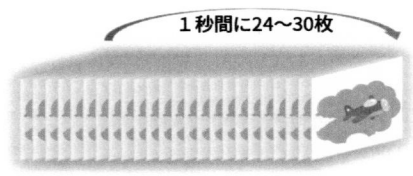

図3.30　フレームレート

【チェック問題3-6】

問　PCに接続しているディスプレイのリフレッシュレートを調べよ。

リフレッシュレートの調べ方 [Windows]
「スタート」右クリック→「設定」メニュー「システム」→「ディスプレイ」→「ディスプレイの詳細設定」

図3.31　リフレッシュシートの選択

---

(3) ビットレート

　ビットレートとは、1秒間あたりのデータ量のことである。単位はbps (Bit per Second)である。動画のビットレートは映像ビットレートと音声ビットレートがある。これらを足した値をオーバルビットレートという。

(4) コーデック

　コーデックとは、符号化方式を使ってデータのエンコード（符号化）とデコード（復号）を双方向にできる装置やソフトウェアなどをいう。コーデックを使って動画をパソコンやスマホで見

ることができるように変換するといったエンコードを行う。

動画部分は動画コーデックで変換され、音声部分は音声コーデックで変換される。

(5) ストリーミング

ダウンロードしながらダウンロード済みのデータから再生する方法をストリーミング再生という。再生するまでの待ち時間を気にせず再生できる。

(6) コンテナ

動画ファイルと音声ファイルをまとめる方式をコンテナフォーマット、略してコンテナという。mp4、avi、movなどがある。

(7) エンコード、デコード

エンコードとは、情報の符号化、すなわち、情報を一定の規則に従ってデータに置き換えて記録することである。また、ある形式のデータを一定の規則に基づいて別の形式のデータに変換することを指し、データ圧縮や暗号化などもこれに含まれる。デコードはエンコードされたデータを復号、すなわち、元に戻す（図3.32）。

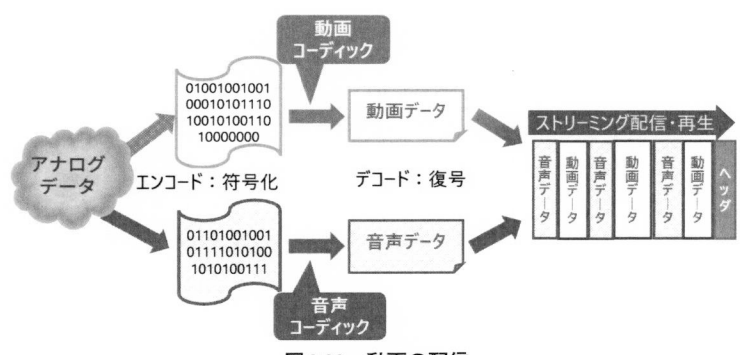

図3.32 動画の配信

【チェック問題3-7】

問 以下の用語について説明せよ。
・ビットレート
・コーデック
・ストリーミング
・コンテナ

---

(8) 動画コーデック

H.264(H.264/MPEG-4 AVC)は最新のMPEG規格である。動画の変化している部分のみ送信できる。

H.265は、H.264の後継のコーデックであり、H.264の約2倍の圧縮能力を持つため、ファイルサイズとビットレートが半分で済む。携帯端末向けに利用され始めている。大きく変化した部分は細かく、変化が少ない部分を大きいブロックにする圧縮方法である（表3.8）。

表3.8　動画の圧縮方法

コンテナ	説明	拡張子	動画コーデック	音声コーデック
MP4	Windows、Mac標準	.mp4 .m4a	H.264、Xvid、Divx、MPEG-4	AAC、MP3、Voribis、AC-3
AVI	Microsoftが開発 Windows標準	.avi	H.264、Xvid、Divx、MPEG-4	AAC、MP3、LPCM
WMV	Microsoftが開発した AVIの後継 圧縮率が高くDRM(コピーガード) 機能付	.wmv	WMV9	AAC、MP3、WMV
MOV	Appleが開発した Mac標準	.mov .qt	H.264、MJEG、MPEG-4	AAC、MP3、LPCM

(9) ライブ映像

普通品質のライブ映像を配信する場合、表3.9の環境がよく利用される。

表3.9　ライブ映像の配信環境

ビデオ		オーディオ	
エンコーダ	H.264（H.264/MPEG-4 AVC）	エンコーダ	AAC
解像度	1,280×720	チャンネル	モノラル
フレームレート	24fps	サンプリングレート	44.1Hz
ビットレート	4,000kbps	ビットレート	128kbps

3.9　さまざまなデジタル表現5 ～音のデジタル化～

音は水面に石を投げると伝わっていくように、波、つまり「振動」が伝わっていく。振動を起こすものである音源がなければ音はないし、振動がなければ聞こえない。1秒間に伝わる振動の波の数を周波数という。単位はHz（ヘルツ）である。音は「音量」、「音の高さ」、「音色」、の3つの種類で表現できる。

3.9.1　PCM (Pulse Code Modulation)方式

音声データのアナログ信号をデジタル信号に変換する方法としてPCM方式が一般的である。音楽CDやDVD、Blu-ray Disc、デジタルテレビ放送などで採用されている。

(1) 音のデジタル化と音の再生の流れ

　音声データのデジタル化と再生の流れを図3.33に示す。音声データのデジタル化とは、アナログデータからデジタルデータに変換することである（A/D変換、アナログデジタル変換）。つまり、入力信号として音声データをアナログ信号として受取り、標本パルスの生成（標本化）を行う。次に標本パルスの代表値を抽出する（量子化）。そして、デジタル信号に置き換えていく（符号化）。これらの処理によって、連続データであるアナログ信号が"0"か"1"かのデジタルデータへ変換される。

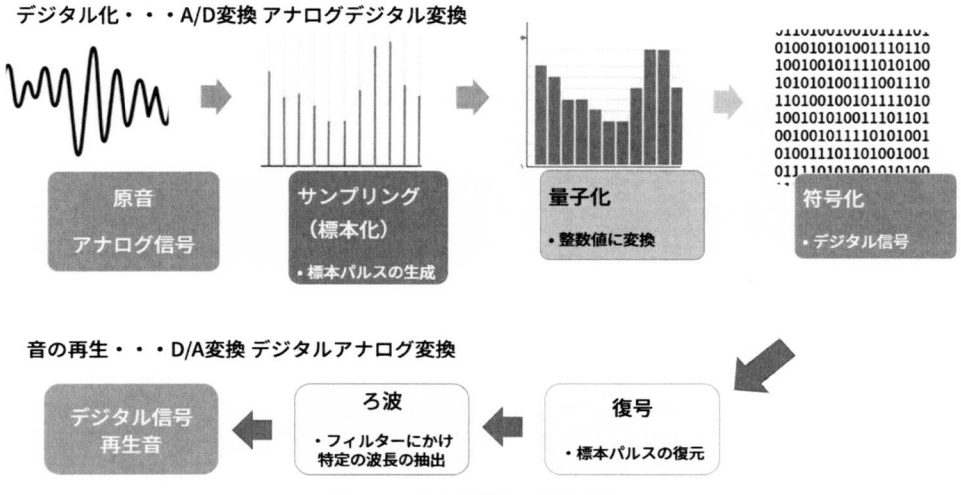

図3.33　音のデジタル化と再生

　また、音声データを再生するとは、デジタルデータとアナログに変換することである（D/A変換、デジタルアナログ変換）。つまり、標本パルスを復元（復号）、フィルタをかけて特定の波長を抽出（ろ波）し音を再生する。

　デジタル化の流れについては、もう少し詳しく掘り下げていく。

(2) デジタル化の流れ

　サンプリング周期が短く量子化bit数が多いと、原音に近いデジタルデータになるが、データ容量も大きくなる。

① サンプリング（標本化）

　音のアナログ信号を一定時間（サンプリング周期）ごとに測定し、サンプリング（標本化）する。1秒間にサンプリングした頻度のことをサンプリング周波数という。

　たとえば音楽CDのサンプリング周波数は44.1kHz (=44,100Hz) である。

　標本を1秒間に44,100回測定する。

② 量子化

　一定の大きさごとに、標本化したデータを整数値に変換する。この値を量子化ビット数という。音楽CDの量子化ビット数は16bitである。16bitの場合、各標本の大きさを 0～65,535 $(=2^{16}-1)$

の整数値で表す。

8bitの場合は 0〜256（＝2^8-1）の整数値で表す。

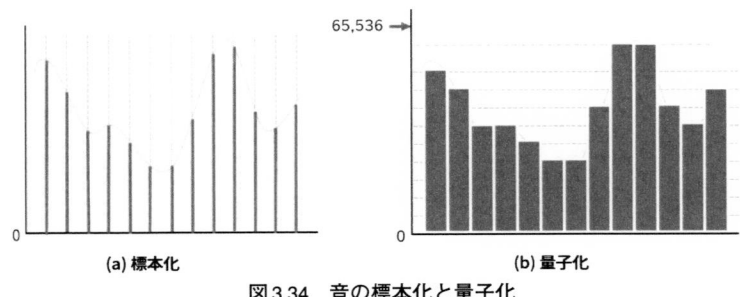

(a) 標本化　　　　　　　　　　　　(b) 量子化

図3.34　音の標本化と量子化

【NOTE】ハイレゾ音源

ハイレゾ音源のサンプリング周波数は96から192KHz、量子化ビット数は24ビットが主流である。

---

③ 符号化

量子化された整数値を2進数にする。

音質にとって、サンプリング化、量子化、符号化が重要となる。デジタル音源とアナログ音源ではかなりの違いある。さらにデジタル音源の圧縮方法によっても、差を感じることができると思う。一度、同一の楽曲で、さまざまな方式による音源を聞き比べてほしい。

理論としては、標本化定理（シャノンの定理）がある。情報の変化の速さの2倍以上の時間間隔でサンプリングすれば、元の信号を正確に再現できる、ということである。この理論をシャノン他が証明したことはよく知られたことである。

人間の耳の可聴領域は、20Hz（超低周波）から20KHz程度（これより高い音を超音波という）の音しか認識できないと言われている。そこで、標本化定理に従って、サンプリング（標本化）の間隔を、20KHzの2倍の40KHz以上の時間間隔でサンプリングすると、人間の耳に音となって聞こえる。音楽CDのサンプリング周波数は44.1KHzが採用されているので、再生可能な周波数は22.05Hz となり、人間の耳に音として十分に聞こえるサンプル数である。ただし、聴覚の鋭い人にはものたりないかもしれない（図3.35）。

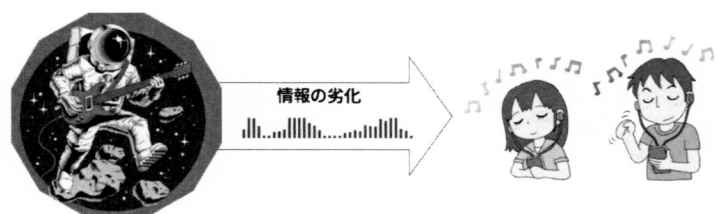

情報の劣化

図3.35　情報の劣化

(3) 音声データの圧縮方法

圧縮方法としては、MP3、AAC、WMA、FLAC、ALAC、WAVなどがある。

・MP3はファイル容量を小さくする高圧縮を目的とした圧縮方法であり、非可逆圧縮である。人間には聞こえにくい音を削減している。
・AACはMP3の後継であり非可逆圧縮である。同じ圧縮率の場合、AACのほうが高音質である。iTuneでよく利用されている。
・FLACは原音の情報を削減していないため音質の劣化がない可逆圧縮である。ハイレゾ音源に使用されている。
・ALACはApple社で開発されたものである。FLACと同様に可逆圧縮である。
・WAVは圧縮前の形式であり、FLACに比べてファイルサイズが大きい。

【NOTE】 DRM (Digital Rights Management)方式

音楽や動画データの違法コピーを防ぐ技術として、デジタル著作権管理であるDRM (Digital Rights Management)方式がある。再生回数に制限をかけたり、一定の期間のみ再生できないように制限したりする。デジタルコンテンツの著作権を守る技術であり、管理方法のことである。

3.10 さまざまなデジタル表現6 ～複雑な世界を簡単に～

現実世界はあいまいなことが大半であるが、それらを符号化し、数値として表現し現実世界のモデル化を行うことで、問題解決ができるようになることも多い。さらに復号しコンピュータで表現することができる（図3.36）。

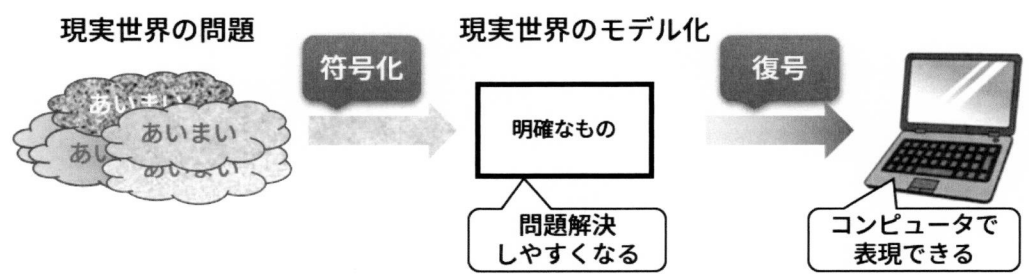

図3.36　符号化と復号（現実世界からコンピュータへ）

3.10.1　モデリング ～ケーニヒスベルクの橋の問題～

モデリングの例として、ケーニヒスベルクの橋の問題を解決する方法が有名である（図3.37）。18世紀の初め、プロシアのケーニヒスベルクで提示された数学の問題である。ケーニヒスベル

クを流れるプレーゲル川には、図3.37のように7つの橋がかかっていた。問題は「プレーゲル川にかかる7つの橋を2度通らずに、すべて渡る経路が存在するか」というものである [8]。

・トポロジーはもののつながり具合を表す概念である。
・2つの図形が「同相」のとき同じとみなす。

　ここでこの問題を解決するために、必要な情報だけを取り出し、物事をシンプルに置き換える。橋を辺または線（エッジ）、橋が架かっている陸地を点（ノード）で置き換え、地図を点と線だけで表現してみる。橋がどんな形だったのか、陸地の大きさはどうなのか、などはこの問題を解くときは不要になる。まずは橋と陸のつながり方を表現する。

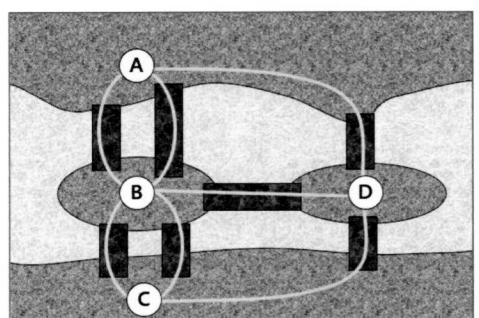

図3.37　ケーニヒスベルクの橋（モデリングの例）

3.10.2　グラフ理論

　グラフ理論とは、『いくつかの点（ノード）と、これらを結ぶ線分（エッジ）からなる図形の、位相幾何学的性質を解析する数学理論』と定義されている [9]。

① グラフ

　グラフによってさまざまなものの関連を表すことができる。3次元世界のできごとを2次元的な「点」と「線」に「抽象化」することで現実世界の問題を解決することができる。点の位置や辺の形状、辺の長さはここでは問題としない。

② オイラーの一筆書きの条件

　一筆書き可能な場合の必要十分条件は、次の条件のいずれか一方が成り立つことである

・すべての頂点の次数（頂点からでている辺の数）が偶数
・次数が奇頂点（1つの頂点に集まる辺の数が奇数）の数が2で、残りの頂点の次数は全て偶数

ここで、ケーニヒスベルクの橋問題では

Aの頂点の次数3、Bの頂点の次数5、Cの頂点の次数3、Dの頂点の次数3

となり、全てが奇頂点となるので、一筆書きでは書けない。すなわち問題は解決しない。

③ グラフの表現：隣接行列

　グラフの表現として、隣接行列のエッセンスを取り入れただけの簡単な問題の表示方法を示す。隣接行列は、ノード間のエッジの有無を用いて表現する。隣接行列の行と列をノードに対応させて、ノード間にエッジが存在すれば1を、存在しなければ0で示す。ノード自身（対角線上）は0とする。

　図3.38 (a) はネットワーク図を一部切り出したグラフである。このグラフのようにエッジに向き（方向性）がないものを無向グラフという。向きがあるグラフを有向グラフという。ノードはLANを示し、エッジはLAN間の接続状態を示す。LANの規模やLAN間の距離などは対象としない。

　ノードAはノードBにのみつながっている。ノードBはA、C、D、Hの4つのノードにつながっている。つながっている場合1、つながっていない場合0として、行と列で表現しグラフ化したのが図3.38 (b) である。

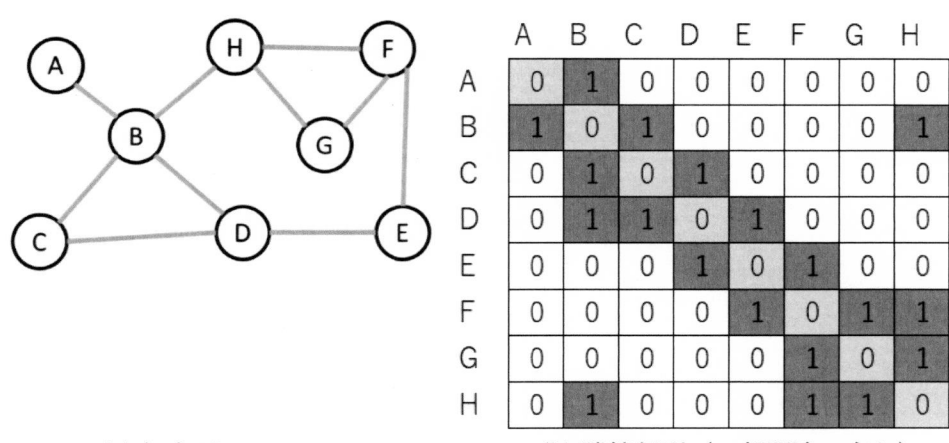

	A	B	C	D	E	F	G	H
A	0	1	0	0	0	0	0	0
B	1	0	1	0	0	0	0	1
C	0	1	0	1	0	0	0	0
D	0	1	1	0	1	0	0	0
E	0	0	0	1	0	1	0	0
F	0	0	0	0	1	0	1	1
G	0	0	0	0	0	1	0	1
H	0	1	0	0	0	0	1	0

(a) 無向グラフ　　　　　　　　　(b) 隣接行列（一部間違い有り）

図3.38　無向グラフと隣接行列

【チェック問題3-8】
　問　図3.38 (b) の隣接行列は一部間違っている。それはどこか？

　1行目において、ノードA同士は0とする。ノードAとノードBはつながっているため1、その他のノードとはつながっていないので全て0である。

　ここでは無向グラフの問題を例にしているが、有向グラフとして表現する問題もある。

3.10.3　トポロジー

　位相幾何学（トポロジー）は、幾何学の一分野である。ゴムの帯の幾何（rubber-band geometry）ともいう。相対的な位置関係やおおまかな形というものをあつかう。長さや角度、面積、体積などは持たない概念である。幾何学は、絶対的な位置関係や、距離、平行などを問題にする。

　現実社会のある部分をシステム化する際、大切なのは問題を解決するために必要でないものは一旦どこかに置いておき、できるだけシンプルにすることで問題解決の糸口をつかむ、という方法は大変大切である。

　ここで、トポロジーの同相とみなされる図形について紹介する。トポロジーでは長さや角度の概念はなく、つながり方が同じものを同相と考える、とされている。しかし、ここまで抽象化をするにはかなり難しい。

　トポロジーの例として、次は同相とみなされる図形である（図3.39）。

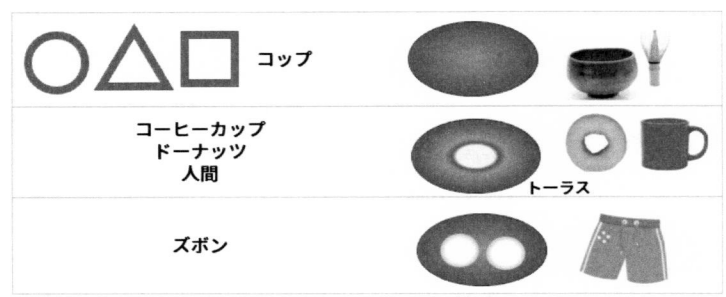

図3.39　トポロジーの例

3.10.4　グラフ理論の問題

　ネットワークトポロジーという言葉が広まっている。これは、コンピュータネットワークの接続状態をグラフで表現する。

　コンピュータなどをノード（点）とし、ネットワークケーブルを辺または線（エッジ）とする。次の図はスター型、バス型、リング型のネットワークのモデルである（図3.40）。

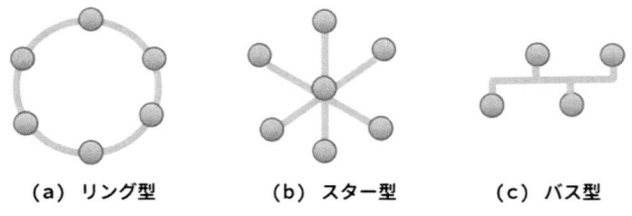

（a）リング型　　　（b）スター型　　　（c）バス型

図3.40　ネットワークトポロジー

　ネットワークトポロジーには物理トポロジーと論理トポロジーがある。実際にコンピュータ機器等のつなぎ方をモデル化したものが物理トポロジーであり、ネットワーク内のデータの流れを

モデル化したものが論理トポロジーである。インターネットなどの情報伝播阻害対策の際にも利用されている。

3.10.5　最短経路問題

　現実社会の問題のうち、有名な「巡回セールスマン問題」を紹介する。

　都市の集合と各2都市間の移動コストが与えられたとき、全ての都市をちょうど一度ずつ巡り出発地に戻る巡回路のコストすなわち総移動距離が最小のものを求める（セールスマンが所定の数の都市を1回だけ巡回する場合の最短経路を求める）（図3.41）。

　組合せ最適化問題と言われる。この問題は計算量爆発問題、NP完全問題ともいわれ、コンピュータで速く計算するのがとても難しい。

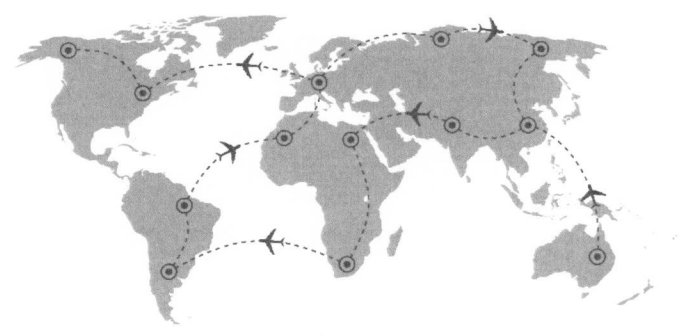

図3.41　巡回セールスマン問題

3.10.6　4色問題

　地図塗り分け問題はトポロジーに関する問題である。隣接する国が異なる色になるように塗り分けるためには少なくとも何色必要か？境界は色を変え、頂点は共有、といった抽象化のモデルに関する問題となる。

　国数が36以下であるときは4色で十分なことが証明されていたが、一般的証明は1976年米国イリノイ大学のW.ハーケンとK.アッペルによって、コンピュータを使ってついに達成された（図3.42）[10]。

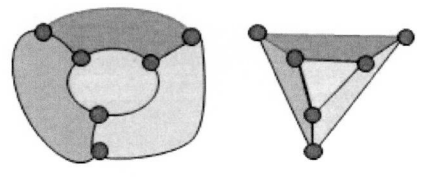

図3.42　4色塗分け

　前述のとおり、現実世界はあいまいなことが大半である。それを符号化し、数値として表現し

現実世界のモデル化を行うことで、問題解決ができるようになる。では、現実世界をモデル化するには、何から始めればよいのだろうか。1つの方法として、まず、モデル化したい対象の情報を収集することから始めてみよう。詳しく調べてさまざまな情報を得ていくと、以下のような壁にぶち当たる可能性がある。

・沢山集めても今ひとつよくわからない。
・何となくまとまらない。
・不明な点があるような気がする 。

　このようなときには、収集した情報の中から、モデル化したいものの特徴や特性を見出していく必要がある。またさまざまな観点から、ときには対象に近寄りすぎず、別の観点から考えてみる。そして、何のためのモデル化なのか、モデル化する目的、狙い、意義をもう一度立ち返って、自分の立ち位置を確認する。これらを繰り返すことにより、モデル化のための情報があぶり出され、現実世界でのできごとが抽象化され、モデル化することができる。

【チェック問題3-9】
問　日常で用いられているトポロジーを探してみよう！

第4章

コンピュータの仕組みと製品カタログの見方 ～自分に合った パソコン選び～

本章では「パソコンを購入する」という1つの目標を持ちつつコンピュータの仕組みを実際の操作を交えながら説明する。

4.1　さまざまなコンピュータ

ほのぼのIT教室

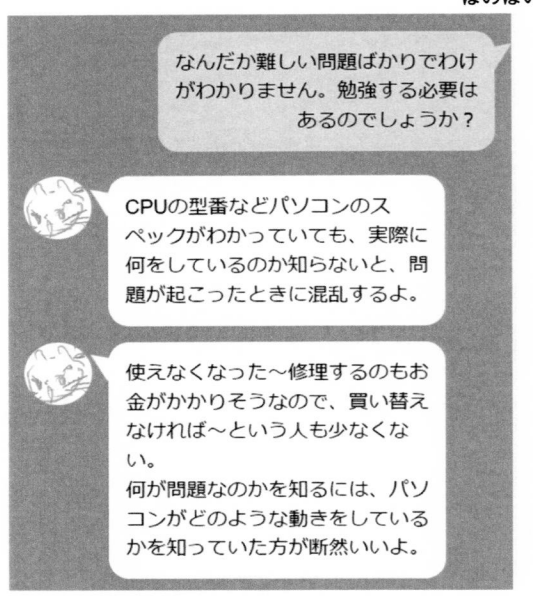
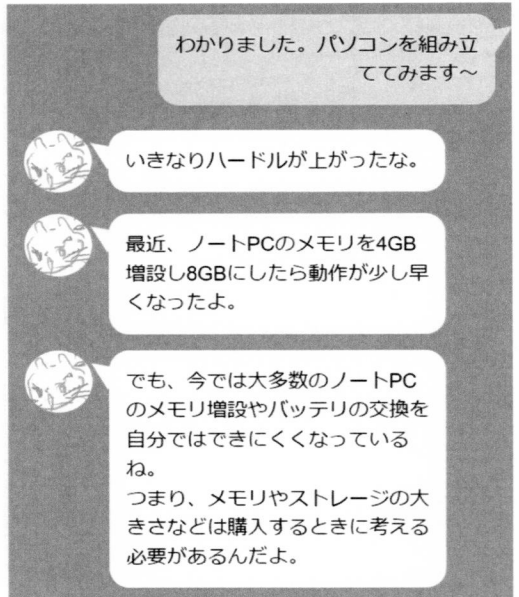

　コンピュータといえばすぐに思いつくのが「パソコン」である。スマートフォンをコンピュータだと思う人は少ないし、炊飯器や冷蔵庫など家電製品、銀行のATM、改札にもコンピュータが埋め込まれていることは想像していない。実は背後で動作していて実際に目前には見えない大きくて威力のあるコンピュータが存在する。

　本章では主にパソコン（パーソナルコンピュータの略：Personal computer）について説明する。その前にパソコン以外の代表的なコンピュータの種類を紹介しておこう。

(1) スーパーコンピュータ「富岳」、略してスパコン

　世界最高レベルの高性能コンピュータである。

　「富岳」はスーパーコンピュータ「京」の後継として2006年 (H18) に「国家基幹技術」に指定され、開発整備が進められてきた日本のコンピュータである。2021年3月に兵庫県神戸市ポートアイランドの南端にある理化学研究所計算科学研究センターにて本格稼働開始となった。「京」の時代から計算速度ランキングで何度も世界トップを達成している。一般公募や国の重要課題としての、学術や産業界などでの複雑で巨大なデータを対象とするモデルの解析、たとえば、気象予測、社会の安全、震災予知、各種流通などさまざまな社会問題を解決したり、新しい科学技術のイノベーションを起こし世界をリードし続けるための研究開発に利用されている。

　2022年6月では442.01PFLOPS（ペタフロップス、毎秒44京2010兆回）の計算速度を達成している [1][2][3][4]。

【NOTE】コンピュータの処理速度の単位　フロップス「FLOPS」

1秒間に実行できる浮動小数点演算の回数。
Pペタ…10の15乗
浮動小数点演算…コンピュータ内部での小数を扱う方法の1つ。
[出典:ASCII.jpデジタル用語辞典][5]

(2) ワークステーション

パソコンに比べ、高性能で処理能力が高い。インテルXeonシリーズなどのCPUを搭載。CAD、動画処理、3Dグラフィックス、深層学習（ディープラーニング）など画像の精度やデータの早い処理速度を要求される場で利用されている。

(3) 汎用コンピュータ（メインフレーム）

一台の汎用コンピュータに多数の端末がネットワークで接続され、集中処理を行う。この端末は汎用コンピュータを利用するためだけの機器である。企業での業務の集中処理、たとえば、銀行の勘定系システムや生産管理などの事務処理や科学技術計算や事務処理など大量の処理を実行する必要のある場で利用されている。クライアントサーバーシステムにダウンサイジング（サイズの小型化）されつつある。

(4) スマートデバイス、略してスマデバ

インターネットに接続し、通話や通信だけでなく、アプリケーションを利用した処理も行うことができる携帯型の端末のことである。スマートフォン、タブレット端末、スマートウォッチ、スマート家電、スマートカード、ドローンなどさまざまな種類の機器がある。携帯型といってもノートパソコンなどは含まない。

【チェック問題4-1】
問　スーパーコンピュータを用いて解析した事例について調査し述べよ。なお、本書の中で述べている事例以外について答えること。

4.2　パソコンのOS〜パソコンの心臓部を選ぼう〜

いざパソコンを購入しようとするとき、WindowsやMacが何かはよくわからないが、どちらかを選択する必要がある。こういうときのWindowsやMacというのは製品系列の名前である。製品の見た目や操作が異なるため、どちらを選ぶかは大きな選択である。

見た目はともかく、操作の違いはOS（Operation System:オペレーションシステム）、つまり基本ソフトウェアの違いである。OSがなければパソコンの作業は始まらない。スマートフォン

でのOS（iOSやAndroid）を考えるとわかりやすいだろう。パソコンで利用する代表的なOSを紹介する。

- Windows：Microsoft社が開発し販売するOS
- macOS：Apple社が開発し販売するUNIXベースのOSである。
- MS-DOS：Microsoft社が開発、Windowsの「コマンドプロンプト」を起動すると利用できる。
- UNIX：スーパーコンピュータやサーバーなどに利用される。
- Linux(リナックス)：UNIX系OS。サーバーなどに利用される。
- Chrome OS：Google社が開発し販売するOS、Linuxが基本となっている。Google ChromeのWebブラウザ上で動作する。Androidアプリを使うことができる。

　現在、日本でも圧倒的にWindows搭載のパソコンが普及している。特に企業など組織での事務処理や情報システム開発などで使用されている。macOSはデザインやWeb制作などに使用される。

4.3　OSは何をしているもの？

　スマートフォンを選ぶときと同じように考えてみよう。iPhoneやAndroidどちらにしようかと迷ったとき、見かけのデザインやアイコンの種類や並び方など気になるところで選ぶかもしれない。しかし実はiOSとAndroid OSのどちらか、OSを選んでいるのである。

4.3.1　OSの役割

　OSなくしてアプリケーションは使えない。

　ということで、OSはハードウェア（4.4参照）とアプリケーションの中間の役目を果たすものであり、基本ソフトウェアともいう。

　アプリケーションを利用する際、ファイル操作などの仕組みや見た目（インタフェース）、アプリケーションが動作する環境などの提供をOSが担う。スマートフォンも、アプリを使いたいとき、あらかじめOSに用意されたGoogle Play や App Storeなどからインストールするだろう。

　ミドルウェアとは、OSと応用ソフトウェアの間にあり、データベース管理や入出力管理、ネットワーク管理などを行うソフトウェアである（図4.1）。

【チェック問題4-2】

問　応用ソフトウェアにはどのようなものがあるか、具体的に3つ述べよ。

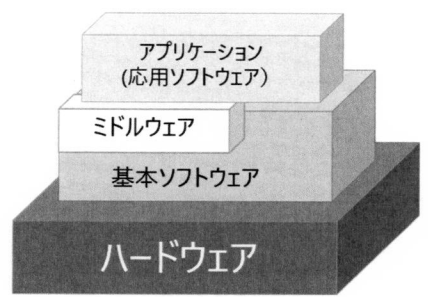

図4.1　OSの構成

4.3.2　OSの特徴

本項では Windows と Mac について説明する。

(1) Windows の特徴

・Microsoft（マイクロソフト）社が開発した OS（オペレーションシステム）やサービスである。
・最新版は「Windows 11」
・複数のメーカーが製造している。
・Windows のエディション（バージョンは同じ、機能が異なる）に Pro と Home がある。
・ワープロソフト：Microsoft Word、表計算ソフト：Microsoft Excel、プレゼンテーションソフト：Microsoft PowerPoint

(2) Mac の特徴

・Apple（アップル）社が開発したパソコンの総称
・最新版は「macOS」
・Apple 社でのみ製造し、Mac シリーズにのみ搭載されている。
・ワープロソフト：iWork、表計算ソフト：Numbers、プレゼンテーションソフト：Pages

(3) その他の特徴

・Windows はどちらかというと開発向けである。
・Windows はパソコンからタブレットまで利用可能である。
・Mac と iPhone 間の連携機能がある。
・Mac 上で Windows をインストールし利用できる。デュアルブートという。

【NOTE】パソコンを選ぶポイントは！

自分の取り巻く環境を考える。初心者の場合、わからないことを身近に説明してくれる環境があるOSが望ましい。
次に何が気になるか考えてみる。たとえば、デザインや操作性、そしてパソコンで何をしたいか、を考えてみよう。

4.3.3　OSの機能

コンピュータのOSはユーザとコンピュータ機器の架け橋と言える。OSのさまざまな機能のおかげで、一般に広く利用できるようになった。コンピュータを動作させるための、つまり処理を行わせるための命令群をプログラムという。そして、これらを記述することをプログラミングという。OSはプログラムの集まりである。人の作業をどのように処理していくかと考えつつ、その主な機能について見ていこう。

(1) 入出力管理

入力機器（マウス、キーボード、タッチパネル、マイクなど）や出力機器（モニタ、スピーカーなど）を管理する。こちらの機能がなければコンピュータとのやり取りはできない。

(2) ジョブ管理

人間がコンピュータを使って行う仕事の単位をジョブという。コンピュータがジョブを開始するとジョブをプロセスに分割し処理していく。

(3) タスク管理

アプリケーションはプロセス（タスク）に分割され処理される。プロセスはさらに細かくスレッドに分割されCPU（詳細は4.4.2参照）のコアに割り当てられ処理される。

1つのCPUにはコアという演算回路がある。「4.4.2-(5) CPUの並列処理：マルチプロセッサ」で詳しく説明する（図4.2）。

複数のタスクを同時に処理する仕組みをマルチタスクという（図4.3）。CPU（コア）は一度に1つしか処理できないため、複数のアプリケーションを少しずつ交互に実行する。あたかも同時に並行して動作しているように見えている。

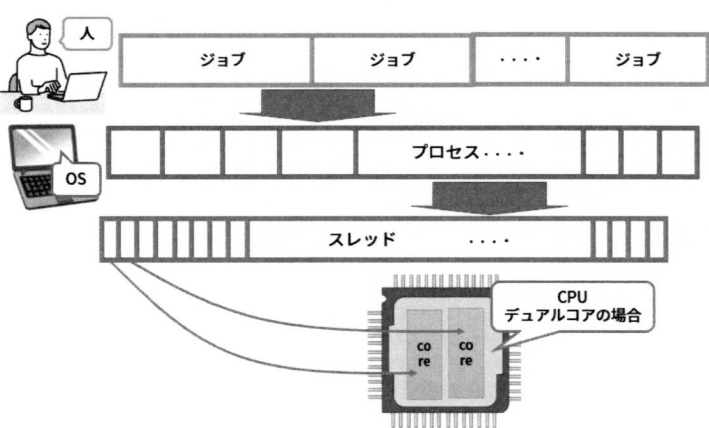

図4.2　ジョブ＆プロセス（タスク）＆スレッド

図4.3　マルチタスク

【memo】

・処理内容や環境の違いからジョブやスレッドをタスクと呼ぶこともある。
・タスクスケジューラとは、タスク（ジョブ）管理ツールのことであり、決められた時間や一定間隔でプログラムを実行することができる。

---

(4) メモリ管理

CPUがデータをやり取りする主記憶装置（メインメモリ）を効率よく利用するための機能である。

(5) データ管理

ファイルシステム（6.2.1参照）を用いてコンピュータ内のデータをファイルとフォルダにまとめ管理する。

(6) インタフェース管理

GUI (Graphical User Interface、グラフィカルユーザインタフェース) を提供している。CUI（【NOTE】参照）と比べると操作が直観的にわかりやすい。

(7) その他

運用管理、ネットワーク管理、障害管理を行う。

【NOTE】

(1) インタフェース
　インタフェースとは接点のことをいう。コンピュータに関係するインタフェースには次の4つがある。

・ハードウェアインタフェース（図4.4）
　I/Oインタフェース、入出力インタフェースとも言われる。
　ハードウェアとハードウェアをつなぐ端子などがある。
・ソフトウェアインタフェース
　プログラム同士でデータのやり取りをするための形式である。
・ユーザインタフェース (UI)
　コンピュータと人間の接点、コンピュータの画面に表示されているものなどがある。GUI（グラフィカルユーザインタフェース）ともいう。WindowsやMacパソコンの画面はGUIである。
・CUI（キャラクタユーザインタフェース、Character User Interface）（図4.5）
　キャラクタとは文字を意味している。CUIはウィンドウの背景色と文字色の2色のみの画面にキーボードだけを使った

文字の入力だけでコンピュータを操作するインタフェースである。

図4.4　入出力インタフェース

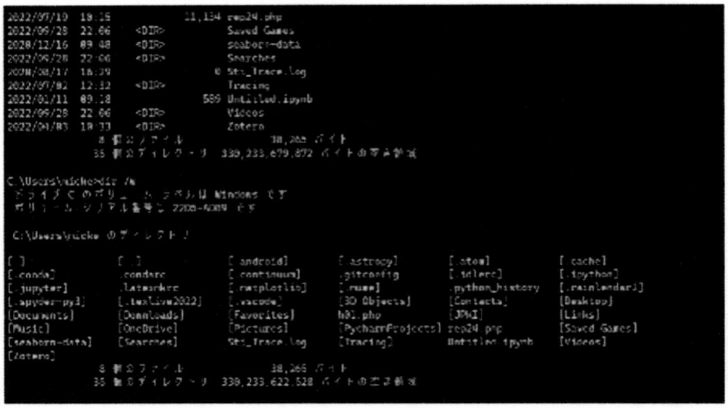

図4.5　CUI

(2) デバイス
　デバイスとは、パソコンやスマートフォンなどに接続して使う装置のことである。

[WIndows]
「スタート」右クリック→「デバイスマネージャ」から確認できる。

[Mac]
Finder を起動→「Finder」→「設定」→「サイドバー」から確認できる。

【チェック問題4-3】

問1　OSの機能の1つにタスク管理がある。タスクスケジューラはどのような役割があるのか簡単に説明せよ。

問2　OSとハードウェアの関係について簡単にまとめよ。
《キーワード》デバイスドライバ

【NOTE】BIOS（バイオス）とUEFI

パソコンの電源を入れると最初に起動するプログラムである。

あらかじめ、マザーボードに装着されているROM（記憶装置）に読み込まれている。UEFIという機能に対応したBIOS が主流となってきている。OSを起動する前にさまざまなハードウェアの管理や制御を行う。

4.3.4　タスク管理 ～マルチタスクで超高速作業～

コンピュータはあたかも複数の作業を同時並行で行っているように感じるのだが、実際は作業（プロセス）を複数のプロセスに分割し、超高速に切り替えながらCPUに処理を命令し処理している。同時並行に処理されているようにみえる。

シングルタスクの場合、1つのプロセスが終わるまで他のプロセスが待機することになる。

【実習4-1】OSを体感してみよう！

WindowsのタスクマネージャやMacのアクティビティモニタではプロセスの一覧やCPUとメモリの使用率、ネットワークの使用率を確認できる。

(1) [Windows] タスクマネージャの内容を見てみよう！

　タスクマネージャを起動する。

「スタート」右クリック→「タスクマネージャ」

① タスクマネージャ

　プロセスの一覧とCPU・メモリ・ディスク・ネットワークの使用率がわかる。

　該当するアプリケーションの動作がおかしくなったとき、そのアプリケーションをクリックし右上の「タスクを終了する」をクリックすると、該当するアプリケーションを終了することができる。

　アプリケーション名の横の数字はプロセス数である（図4.6）。

② タスクマネージャ　CPUのパフォーマンス

1. 左側面にあるメニューの上から3つ目をクリック

2. CPUをクリック

　CPUの名前や型番、使用率、動作周波数、コア数などがわかる。また、メモリのL1キャッシュ（一次メモリ）、L2キャッシュ（二次メモリ）、L3キャッシュ（三次メモリ）、の容量も確認できる。

　左の「メモリ」をクリックするとメモリの容量や使用中のメモリの容量や現在の使用率などがわかる（図4.7）。

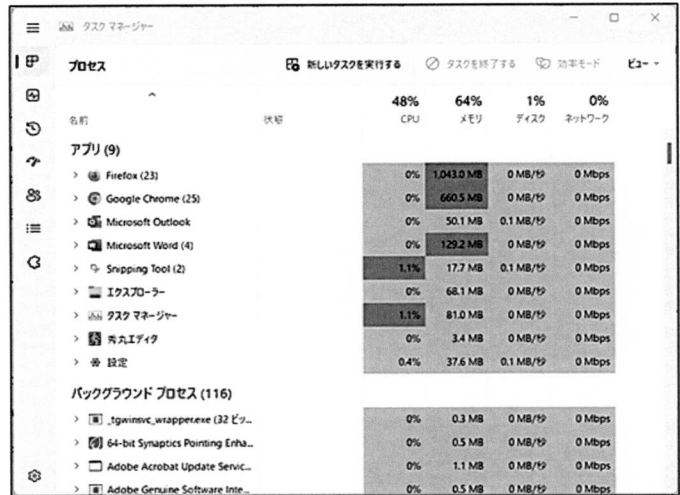

図4.6　[Windows] タスクマネージャ

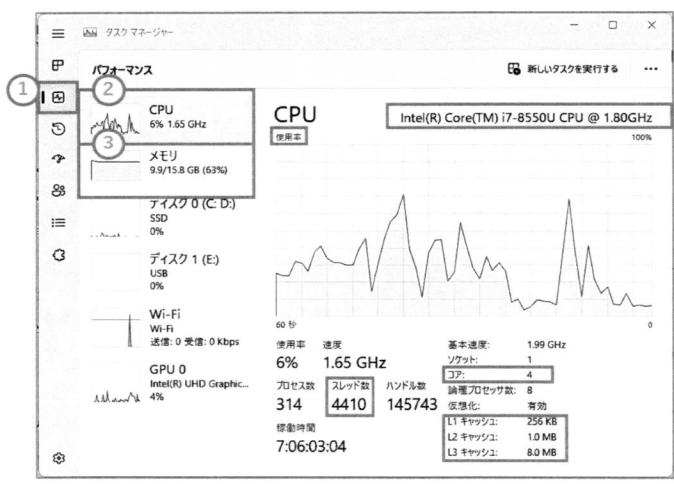

図4.7　[Windows] タスクマネージャ　CPU のパフォーマンス

(2) [Mac] アクティビティモニタを見てみよう！

アクティビティモニタを起動する（図4.8）。

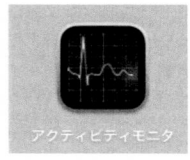

図4.8　アクティビティモニタのアイコン

アクティビティモニタでプロセスの一覧とCPU・メモリ・ディスク・ネットワークの使用

率を確認する（図4.9）。

① プロセスの一覧と各プロセスがCPUに占める割合、スレッドなどがわかる。PIDとは各プロセスのプロセスIDである。
② 右上の「メモリ」をクリックするとメモリの容量や、使用中のメモリの容量や現在の使用率などがわかる。

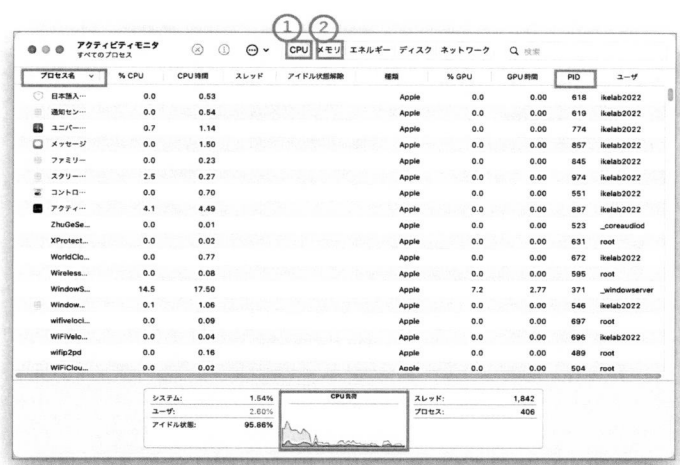

図4.9　[Mac] アクティビティマネージャCPU のパフォーマンス

4.4　コンピュータのハードウェア ～コンピュータを解剖～

　パソコンを購入するとき、パソコンのスペック（性能）を比較してみることは重要である。内部の機器とその役割を知ると難しいIT用語もわかりやすくなり、効率よく利用できるようになる。
　パソコンのハードウェアは人間にたとえるとわかりやすい。コンピュータは人間が作ったものであり、「人間」という機能の実現を目指し、「人間」の機能を分析し、コンピュータに投影し、「人間社会」をネットワークの社会に投影しつつある。
　まずコンピュータのハードウェアの五大装置から説明する（図4.10）。

4.4.1　コンピュータの五大装置

(1) 制御装置
　人間の頭脳にあたるCPU (Central Processing Unit) での役割である。プログラムを解読、各装置を制御する。

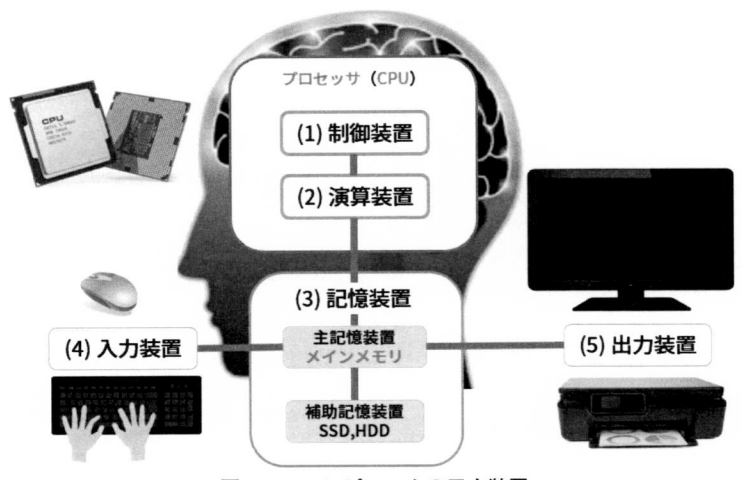

図4.10　コンピュータの五大装置

(2) 演算装置

制御装置と同じくCPUにて加減乗除など演算を行う。

(3) 記憶装置

プログラムやデータなどを記憶する。

主記憶装置（メインメモリ）：一次的にデータを保存する。電源が切れると記憶内容が消える。

補助記憶装置：長期的にデータを保存する。電源が切れても記憶内容が保持される。　外部に接続されている。

(4) 入力装置

キーボード、マウス、タッチパネルなど。

(5) 出力装置

モニタ、プリンタなど。

4.4.2　CPU (Computer Central Unit、中央処理装置)

CPU (Central Processing Unit、中央処理装置) は人間の脳に相当する部分、つまりコンピュータの頭脳である。パソコンの性能を判断するためには必須の知識である。

CPUは、コンピュータの中心となるものであり、パソコンの中にあるプログラムを動かす。別名としてプロセッサともいう。命令を読み込み実行する。制御装置、演算装置、一次的にデータを蓄積する記憶装置（レジスタ）から構成される。

CPUの性能が高いと動作が速くなるので、いろんな作業を快適にできる。高熱を発生するためCPUの上部に冷却ファン（図4.11）が取り付けられている。

【NOTE】熱暴走

　たまにパソコンからシャーと音が出ていたら、冷却ファン（図4.11）が最高速で動いているということである。高温になると熱暴走を起こす可能性もある。
　熱暴走の結果、異常な挙動になったり、フリーズしたり、電源が突然落ちたりする。その結果データが飛ぶ、つまりデータが消去されるなど大きな被害となるので、コンピュータを冷やすための工夫をしよう。

図4.11　CPUと冷却ファン

---

(1) CPUの種類

　パソコン向けのCPUとして、Intel（インテル）製とAMD（エー・エム・ディー）製のものがある。現在、インテル製ではCore iシリーズが、AMD製はRyzenシリーズが主流になっている（表4.1）。
　表4.1はCPUの型番が表している内容を示している。世代が同じ場合、性能の高さは次の様になることが多い。

Core i3 < Core i5 < Core i7 < Core i9
Ryzen 3 < Ryzen 5 < Ryzen 7 < Ryzen 9

　同じCPUのシリーズの場合（たとえば Core i5 の場合）、世代やプロセッサナンバーの数字の大きいほうが性能が良いことが多い。例外があるのでメーカーのサイトで確認する必要がある。
　自分のパソコンのCPUの型番は、4.3.4の【実習4-1】で行ったように、タスクマネージャ、またはアクティビティマネージャで確認することができる。

表4.1　CPUの型番

ブランド名	シリーズ名	世代	プロセッサーナンバー	タイプ
Core	i9	13	900	K
Ryzen	9	7	950	X

(2) CPUの処理

　コンピュータの五大装置のところで説明した制御装置、演算装置のほか、レジスタやクロックジェネレータなどがある（図4.12）。

　レジスタはCPU内にある記憶装置であり、コンピュータの記憶装置の中で最も高速である。

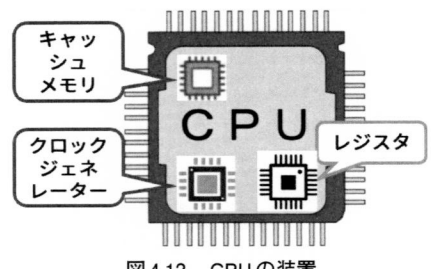

図4.12　CPUの装置

　クロックジェネレータは、コンピュータ内のマザーボード（4.4.2-(4)で説明）に装着している各装置の動作タイミングを合わせるクロックと呼ばれる信号を発生する装置である。

(3) 命令の記憶と実行

　主記憶装置（メインメモリ）にプログラムやデータが一時的に保存される。どこに保存されているかを、アドレスをつけて管理している。プログラムは、機械語の命令に変換され補助記憶装置に保存されている。プログラムを起動すると、補助記憶装置から主記憶装置にプログラムが読み込まれる。CPUは、主記憶装置に記憶された命令を取り出して実行する（図4.13）。

(4) マザーボードとクロック周波数

　マザーボード（図4.13）は非導電性（電気を通さない）のプラスチック板であり、CPUやメモリ、グラフィックボード電源などコンピュータの動作を行うためのさまざまな電子部品を取り付けたものである。電子部品は、銅やアルミ箔がプリントされたバスという電気信号の経路でつながり、データのやり取りが行われる。

　クロックと呼ばれる信号を用いて、複数の電子部品の回路のタイミングを合わせる（同期を取る）。クロック周波数とはクロック信号の振動数のことである。ここで、1秒間に振動する周期の

図4.13　マザーボードとメモリ増設（イメージ）

単位をHz（ヘルツ）で表す。クロック周波数が1GHzのCPUの場合、1秒間に10億回の発信が行われる。同じ構造のCPUの場合、クロック周波数が高いほどCPUの処理スピードも速い。しかし、消費電力と発熱量は高い。コンピュータの性能表（スペック表）にクロック周波数が記載されている。

【NOTE】

　1GHz…1秒間に 1,000,000,000Hz のクロックを処理する。

【memo】

　マザーボードに取り付けられているさまざまな電子部品をオーケストラ奏者と考えるとわかりやすい（図4.14）。指揮者が各パート全体をまとめることで同じ拍子で演奏し最大限の能力を引き出すことができ、素晴らしい演奏が完成する。指揮者の腕やメトロノームの振り子をクロック信号として、1秒間に何回振られるかをクロック周波数として考えるとわかりやすい。

マザーボードとオーケストラ

クロック周波数と
メトロノーム

図4.14　マザーボードとクロック周波数（イメージ）

(5) CPUの並列処理：マルチプロセッサ

1つのCPUにはコアという演算回路がある。1つのCPUに複数のコアがあるプロセッサのことをマルチコアプロセッサと言い、コアの数によって、デュアルコアやクアッドコア、ヘキサコアなどという（表4.2）。それぞれのコアに並行して処理を行わせることができ、コア数が多いほど処理効率が高くなる。同じコア数の場合、クロック周波数が大きいほうが性能が高い。

表4.2　マルチコアプロセッサ

コアの呼び方	コア数	コアの呼び方	コア数
デュアルコア	2	デカコア	10
クアッドコア	4	12コア	12
ヘキサコア	6	24コア	24

ただし、コア数が8つのCPUは4つのCPUの2倍より低い速度である。スペック表にはx2やx4といった表記がされている。多いほうが速い。スマートフォンではヘキサコア搭載のものが多いが、パソコンでは高いスペック（ハイエンド）のものになる。

ハイパースレッティングという、物理的にはコアが1つしかないがあたかも複数コア（論理コア）があるように処理をさせる方法もある。また、複数コアのうち1つのコアがフル稼働し他のコアに余裕があるとき、クロックアップさせ処理を早くするターボブーストという方法もある。

(6) 32ビットCPUと64ビットCPU

32ビットCPUと64ビットCPUがある。画像ソフトやゲームなど高速な描画機能が必要な場合は64ビットCPUにした方がよく、GPU (Graphics Processing Unit：画像処理するためのプロセッサ) も必要である（4.5-(2) 参照）。最近発売のパソコンはほとんど64ビットCPUである。

・32ビットCPU：最大4GBのメモリを扱うことが可能。
・64ビットCPU：最大18EB（18エクサバイト≒1800京バイト）のメモリを扱うことが可能。
2の64乗 = 18,446,744,073,709,551,616

32ビットCPUは64ビットCPUの命令を実行できない。Windowsでは、64ビットCPU搭載の場合、32ビットアプリケーションを動かせるように32ビットCPUライブラリが同梱されている。

【memo】CPUの消費電力

高性能なCPUは省電力化に対応していることが多く、バッテリー駆動時間が多い。

---

(7) マルチスレッド化

スレッド数とはCPUができる仕事の数のことであり、並列処理ができる単位である。
1つのコアあたり8スレッドの場合、最大で8つの仕事を同時に処理できる。スレッド数が多い

ほどCPUの処理効率が高くなる（図4.15）。

図4.15　4コア/8スレッドの例

【memo】

「4C/8T」とスペック表に記述されている場合、4コア／8スレッドのことである。

4.4.3　メモリ（記憶装置）

コンピュータは図4.16のメモリで構成されている。レジスタとキャッシュメモリはCPU内に存在する。

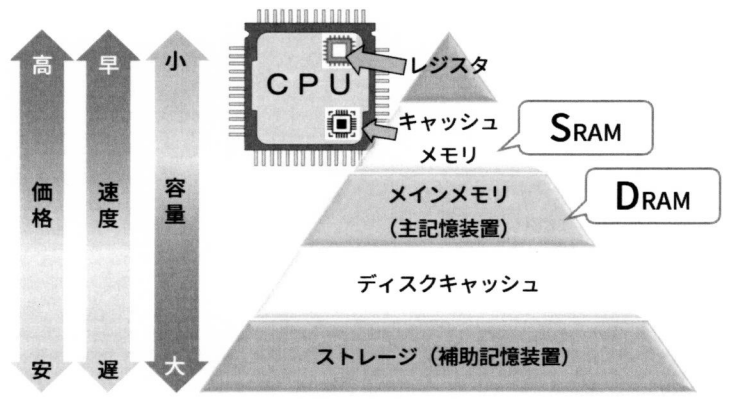

図4.16　コンピュータの記憶装置

性能を調べるときなどにはメインメモリ（主記憶装置）はRAM、ストレージはSSDやHDDで記載されている。「ストレージの空き領域が不足しています。」と表示されたときは、ストレージ（補助記憶装置）にファイルを保存しすぎてもうじき容量が不足する可能性がある、ということである。

メインメモリとストレージはどちらも記憶装置であり、データを保存する装置である。図4.17は記憶装置の速度と容量を比較した図である。

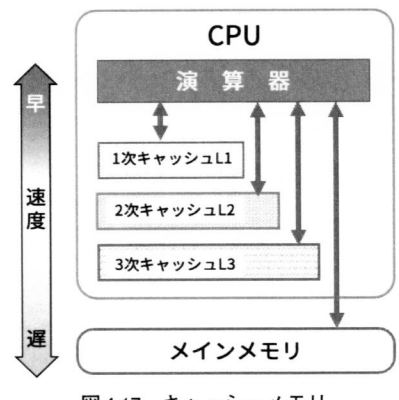

図4.17　キャッシュメモリ

(1) RAMとROM

RAMはRandom Access Memory、ROMは Read Only Memory の略である。

RAMは読み書き可能なメモリだが、電源が消えると記憶が消える揮発性であり、ROMは読むことはできるが書き込みはできないメモリである。記憶が消えない不揮発性の特徴を持ち、音楽CDやゲームソフト、映画などの格納に利用されている。

(2) メインメモリ（主記憶装置）

パソコンを選定する際「メモリ」と呼ばれているのはメインメモリのことであり、コンピュータ内で一時的にプログラムやデータを保存する記憶装置である。電源が切れると記憶内容が消える。これを揮発性メモリという。メモリ容量が大きいほど同時に複数のプログラムを効率よく動作させることができる。画像の加工などを行う場合は容量が大きいほうが良い。

メインメモリにはDRAM (Dynamic Random Access Memory)というメモリが使われている。キャッシュメモリに使われているSRAMより読み込み書き込み速度が低速である。また、時間とともに放電し記憶内容が消えていくため、定期的にリフレッシュを行い、内容の再書き込みを行う必要がある。

(3) キャッシュメモリ

キャッシュメモリとは、CPUでよく利用するデータを一時的に保存するCPU上のチップにあるメモリである。メインメモリよりデータの伝送速度が速いため、CPUはまずキャッシュメモリに保存されているデータにアクセスし、データがなかった場合メインメモリにアクセスし、速度の性能差を補う方法をとる（図4.17）。

CPUは演算に必要なデータがあるかどうかを、近いところにある1次キャッシュ (L1)、2次キャッシュ (L2)、3次キャッシュ (L3)の順にアクセスし、なければメインメモリにアクセスしデータを取り出す。3つとも搭載されているわけではない。キャッシュの容量が多いほど性能が良い。

SRAM (Static Random Access Memory)という高速なメモリが使われている。リフレッシュ

の必要がない揮発性メモリである。

【実習4-2】

パソコンのスペックのうち、プロセッサ（CPU）、クロック周波数、メモリ：実装RAM（メモリ）、システムの種類、キャッシュメモリを調べよう（図4.18、4.19）。

[Windows　その1]
① 「スタート」右クリック→「設定」
② Windows11の場合、メニュー「システム」⇒「バージョン情報」クリック、Windows10の場合、メニュー「バージョン情報」または「詳細情報」クリック

　クロック周波数として定格クロック周波数と最大クロック周波数2つの数値が記載されている場合がある。
　定格クロック周波数とは、CPUのメーカーが決めた安定して動作するクロック周波数のことである。
　最大クロック周波数とは、あらかじめ定格クロック周波数の数値を自動的に引き上げたときの上限の値である。

[Windows　その2]
「スタート」右クリック→「タスクマネージャ」
※参照「【実習4-1】タスクマネージャの内容を見てみよう！」

[Mac]
「Appleマーク」→「システム設定」→「一般」→「情報」→「システムレポート...」
→「ハードウェア」

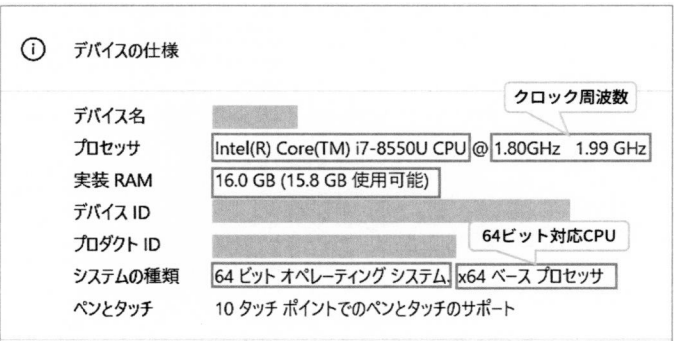

図4.18　【Windows】デバイスの仕様の確認

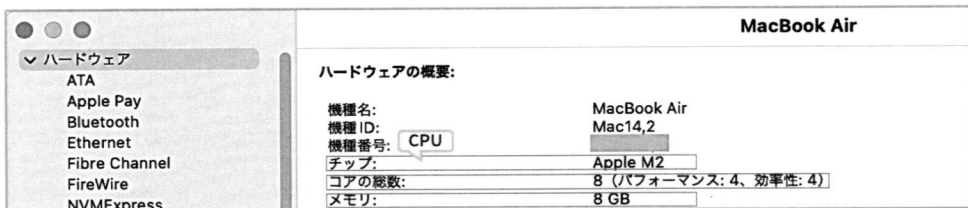

図4.19　【Mac】デバイスの仕様の確認

【NOTE】OSのエディション

同じWindowsのバージョンのうち、搭載されている機能が異なる。

《例》

Windows11 Home…個人対象

Windows11 Pro…業務用、ヘビーユーザ向け

4.4.4　ディスクキャッシュとストレージ（補助記憶装置）

ストレージはメインメモリを補助する記憶装置である。メインメモリが揮発性であり容量も少ないため、それを補う。ただし、速度の差が大きいため、間にディスクキャッシュという記憶装置を配置している（図4.20）。

図4.20　補助記憶装置

メインメモリの容量が足りなくなったとき、ストレージの一部をあたかもメインメモリのように使う手法がある。それを仮想記憶と呼ぶ。仮想記憶を使うと便利だが、仮想記憶とメインメモリの間の、スワッピングというやり取りが増えるとコンピュータの処理速度が低下する。これが起きないようなメモリ容量のパソコンを購入するのが良い。つまり、パソコンを酷使するかもしれない使い方をする予定であれば、メモリ容量の多いものを選ぼう。

ストレージには、パソコンやスマートフォンなどデバイスに搭載されているもの以外に、デバイスに接続して使用するもの、オンラインストレージなどのクラウドに存在するものがある。

・デバイスに接続して使用するもの：USBメモリ、外付けHDD、外付けSSD、SDカード、microSDカードなど。

・オンラインストレージ（クラウドストレージ）：インターネット上にあるストレージ。

　ストレージとしてSSD (Solid State Drive) とHDD (Hard Disk Drive) がある（図4.20）。大半のノートパソコンはSSDが搭載されているが、デスクトップパソコンや職場でのパソコンはHDD搭載のものも活躍している。

　SSDはメモリチップを用いて記憶する方式であり、歴史はHDDに比べ浅いが、性能が急激に上がっているため、一般的によく利用されるパソコンにはSSDのみ搭載したものが主流となっている。データを表示したり、保存する速度はHDDより速い。

　HDDは一枚以上の磁気ディスクの円盤が超高速で回転し読み取る方式である。大容量の製品が多く価格も安価である。SSDはデータ書き換えの上限があるため、頻繁に大容量のデータの書き換えを行う場合はHDDを利用したほうがよい。

4.5　モニタとグラフィックボード

　ノートパソコンで行う作業が、その画面の大きさでこと足りる場合であれば考慮する必要はない。しかし、モバイルでない環境で作業することがある場合、ノートパソコンに外付けモニタをつないで作業したほうが断然効率が良い。デスクトップパソコンであっても、モニタを2台使うデュアルモニタで作業をすることも可能である（図4.21）。

図4.21　デュアルモニタ

(1) モニタ

　モニタは画面サイズ、解像度、光沢の選択肢がある。モニタとPCを接続する入出力インターフェース（図4.4）として、HDMIケーブルを利用するのが一般的である。

① 画面サイズの選択

　ノートパソコンの場合、10から15インチが、外付けモニタの場合、22から23インチが主流である。アスペクト比（画面の縦横の比）が16：9（ワイド型）のものが一般的である。27インチ以上湾曲しているモニタを使うと一度に表示する情報量が多くなり作業効率が上がったり、動画やゲームなどをより楽しむことができる。

② 解像度の選択

4K、WQHDフルHDなど。解像度が大きいほうが一度に表示する情報量が増え、画像や文字が鮮明に表示される。

③ グレア（光沢）かノングレア（非光沢）か選択

仕様環境や、使用用途に依存する。グレアは画面の映り込みの影響が大きいが、映像の発色が良いため動画を鑑賞するなどによく利用されている。文書作成や画像制作、動画編集などで長時間利用する場合などには比較的まぶしさの少ないノングレアを利用するとよい。

(2) グラフィックボード

パソコンで、動画編集や3Dゲームを快適に使いたい場合や高精細な映像が必要な場合はグラフィックボード（略してグラボ、グラフィックカード、ビデオボードなどともいう）を用意しよう。このボードに搭載されているのがGPU (Graphics Procession Unit)であり、グラフィックス表示関係の頭脳である。

GPUはNVIDIA（エヌビディア）とAMDの2社が開発している。またグラフィックボードのメーカーは、ASUS（エイスース）、GIGABYTE（ギガバイト）、MSIなどがある。

GPUはCPUやマザーボードに内蔵されている場合もあるため、文書作成や簡単な動画などの作業にはそれほどは必要でない。しかし4Kや8Kなど解像度の高いモニタを利用する場合にはGPUが必要となることもあり、自分のパソコンのGPUが何であるかを調べる必要がある。

【実習4-3】 自分のパソコンのGPUを調べよう！

[Windows]

① GPUを調べる方法（図4.22）

タスクマネージャを起動する。

「スタート」右クリック→「タスクマネージャ」

② ディスプレイを調べる方法

「スタート」右クリック→「システム」→「ディスプレイ」→「ディスプレイの詳細設定」
ディスプレイの型番と利用しているGPUが表示される。

図4.22は1台のWindowsパソコンにGPUが2つ存在し、そのうちの1つを利用している例である。通常、GPU0にはCPUに内蔵されているGPUの状況が、GPU1はグラフィックボードのGPUであり、このボードに接続しているモニタの状況が表示される。

[Mac]

アクティビティモニタを起動する（図4.23）。

「Appleマーク」→「システム設定」→「一般」→「情報」→「システムレポート...」→「ハードウェア」→「グラフィックス/ディスプレイ」

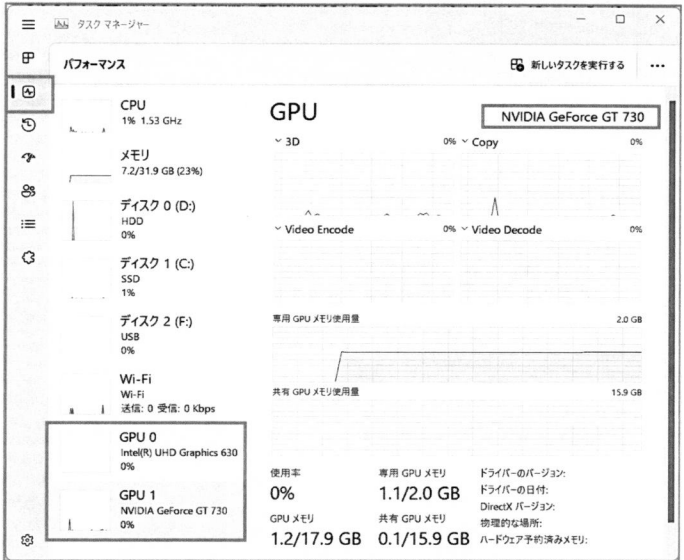

図4.22　タスクマネージャ　GPU

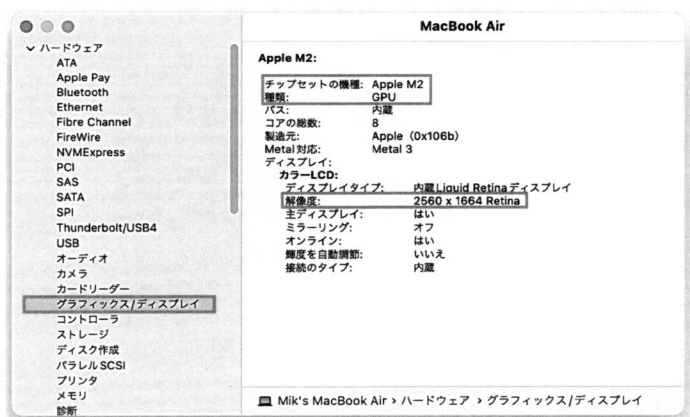

図4.23　アクティビティモニタ

【チェック問題4-4】

問1　コンピュータ（スマートフォンの場合）の五大装置について説明せよ。

問2　CPU、コア、スレッドの関係について説明せよ。

【memo】CPUの性能評価

　CPUの性能評価を1秒間に命令できる数で表す方法があり、MIPS (Million Instruction Per Second) という単位を使う。1MIPSは1秒間に100万回の命令を実行できる。1秒間に10億回の命令を処理できる単位をGIPS (Giga-IPS/billion Instructions Per Second) という（図4.24）。

　これらは時間が主な単位であるが、命令を主として考える平均命令時間、1命令を実行するのにかかる平均時間を算出することもある。1MIPSは1命令当たり1マイクロ秒であり、とても小さい値である (3.4.4 参照)。

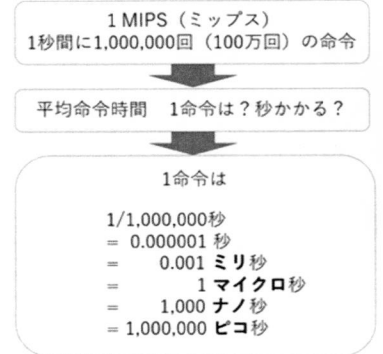

図4.24　CPUの性能評価

【チャレンジ】量子コンピュータ

パソコンは電気信号をコントロールし、0と1で表現している（3.4参照）。これはスーパーコンピュータでも同じである。量子コンピュータは、この電気信号の制御を量子の特性と利用して実現しようというものである。大きく「量子ゲート方式」と「量子アニーリング方式」に分類できる。量子ゲート方式は、量子の特性である"0と1の重ね合わせ"や"量子もつれ"を利用している。

そこで、チャレンジ問題として、

・量子コンピュータが実現するとどのような問題が解決できると期待されているか。具体例を2つ以上述べよ。

第5章

インターネットの仕組み
～世界と繋がるために～

ここではインターネットの仕組みを説明する。日本にインターネットが普及し始めてたった30年だが、劇的に進化し、ライフラインとなっている。短期間に発展した理由、現在の活用状況を知ることで、未来にどのように発展していくか考察してみよう。

5.1　インターネットの基礎 (1) 〜現在の流行りと過去〜

　我々はもはやインターネットを利用していると実感しないぐらい自然に利用している。自分の生活の一部というレベルを超えて体の一部と化している人も少なくない。さらにメタバース（2.4.6参照）が社会に浸透していくと、自分の生活環境がかなりの割合でインターネットの中に存在する世界となっていく可能性がある。

　このような流れの中、インターネットの仕組みを知る必要性がより高まってきているが、その必要性を感じている人はそれほど多くない。さほど知識がなくても利用できる家電製品と同じようにとらえられているが、技術レベルは別次元のものである。それがわかるのは、インターネットがらみの危険に遭遇したときであり、その距離はリアルな社会より圧倒的に身近である。それを認識すること、さらに、インターネットを主体的に利用するという意識を持つために、まずは技術知識を攻略することから始めよう。

5.1.1　ビッグデータ

　インターネットといえば、ネットワークの基礎知識から始まるのだが、まずは我々の生活に大きな影響を及ぼす部分から始めることとする。それはビッグデータである。ビッグデータとは、一言でいうと、超巨大なデータ群のことである。インターネットを通じて何らかの活動を行うことで莫大な量のデータがインターネットのどこかに蓄積されている。そして、ビッグデータから、データの傾向や関連性を見つけ、有益な情報を探し出す、といった流れの中で我々は生活を送っている。データを統計学や機械学習などを利用して分析し新たな知見や価値を明らかにする学問のことをデータサイエンス（3.2参照）という。

　「情報通信白書（平成29年版）」では「ビッグデータ利活用元年の到来」として、データの活用が経済成長やイノベーションの促進に資することが期待される、とされている [1]。

　ビッグデータが収集され活用が可能となったのは、図5.1の技術が進化発展し急速に普及しているといった背景がある。

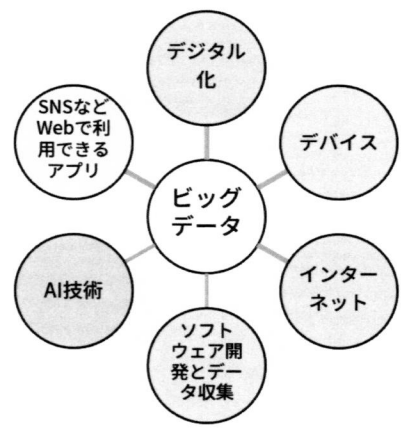

図5.1　ビッグデータを取り巻く技術

【NOTE】デバイス

・コンピュータなどの情報端末
 パソコン、スマートフォン、タブレット端末、スマート家電など
・スマート家電
 インターネットにつながり、外部から操作できたり、センサーで電源のオンオフが可能になっている家電製品
・情報端末の内部で利用されている装置
 CPU、メモリ、DVDディスクドライブ、ブルーレイディスクドライブなど
・情報端末に接続する周辺機器
 モニタ、キーボード、プリンタ、イヤホン、スピーカー、カメラ、スマート家電など

---

(1) ビッグデータの特徴

ビッグデータの特徴は5Vと呼ばれている（図5.2）。

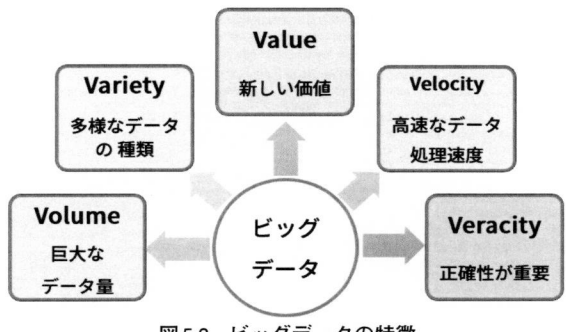

図5.2 ビッグデータの特徴

(2) ビッグデータの例

ビッグデータに収集されるデータの例を示す（図5.3）。

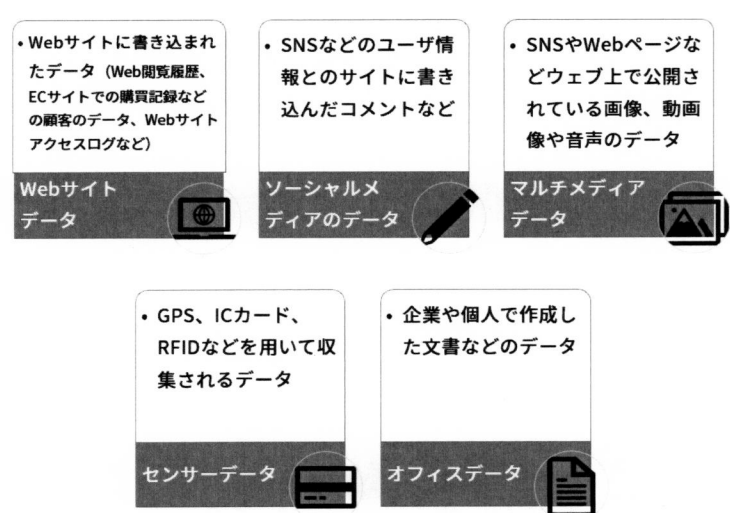

図5.3 ビッグデータに収集される主なデータ

このような特徴を持つデータを収集しているインターネット環境はどのような機器を用いてどのような仕組みになっているのか探っていこう。

【チェック問題5-1】
問　ビッグデータを用いた事例について調査し、概要を述べよ。その際、ビックデータの5V
の観点から評価せよ。

5.1.2　クラウドコンピューティングとは？

インターネットを利用する際「クラウド」という言葉が日常的に利用されているが、その意味を知ると驚く人が多い。「クラウド」とはCloud、「雲」のことで、情報技術の世界でのこの言葉は「クラウドコンピューティング」の略である（図5.4）。

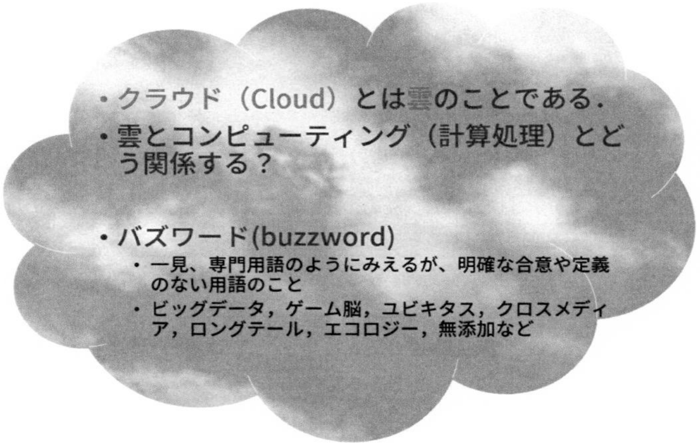

- クラウド（Cloud）とは雲のことである．
- 雲とコンピューティング（計算処理）とどう関係する？

- バズワード(buzzword)
  - 一見，専門用語のようにみえるが，明確な合意や定義のない用語のこと
  - ビッグデータ，ゲーム脳，ユビキタス，クロスメディア，ロングテール，エコロジー，無添加など

図5.4　クラウド

「クラウド」という言葉は、一見コンピュータの専門用語のように思われているが、明確な合意や定義のない用語、つまり「バズワード」である。インターネットを表現するとき、雲を描いたというきっかけで、いつの間にか「クラウド」という言葉とその技術がともに世界に広く浸透した、と言われている。

クラウドコンピューティングとは、利用者、つまりユーザであるクライアントがインターネットなどのネットワークを経由して、サーバーというコンピュータが提供するサービスをパソコンやスマートフォンなどのデバイスを使って利用する形態のことである。ここでサーバーとは、ユーザの要求に対してデータを提供するコンピュータやプログラムである。クラウドコンピューティングでは、一般的には、サーバーがどこにあるか意識することなく利用できる。

雲の中にはコンピューティングの仕組みであるハードウェアやソフトウェアなどの実体がある。また、クラウドコンピューティングによるサービスをクラウドサービスといい、クラウドサービスはアプリケーション（略称、アプリ）の管理、すなわち、インストールに始まりアプリケーション

の更新、アプリケーションなどを使って作成したファイルの管理などを行うサービスである（図5.5）。

図5.5　クラウドで行われる処理は何？

(1) データと情報

クラウドコンピューティングが普及する前は、企業などの組織では、自社（ユーザ）が管理するサーバーなどのコンピュータ機器やネットワークなどの環境、アプリケーションなどの設備を用意し利用していた。2010年以降、このようなシステムは「オンプレミス、on-premises」という言葉で呼ばれるようになった（図5.6 (b)）。

一方、個人のパソコンは1995年ぐらいからインターネットにつなぐことができるようになったが、ホームページを閲覧するだけで、ファイルなどは個人のパソコン内だけに保存していた。インターネットなどネットワークと接続しない、あるいは接続を切断し利用する方法をスタンドアロンという（図5.6 (a)）。

クラウドコンピューティングでは、個人のパソコン内のみならず、クラウドサービスを利用してクラウドにファイルを保存したり処理を行ったりする（図5.6 (c)）。クラウドコンピューティングにはパブリッククラウドとプライベートクラウドがある。パブリッククラウドは、不特定多数の人が利用する方法であり、通常「クラウド」と呼ばれている。プライベートクラウドでは、企業などの組織がクラウド環境を自社で利用する際、自社で用意する場合をオンプレミス型といい、クラウド事業者が用意する場合をホスティング型という。

また、レンタルサーバーを利用するホスティングサービスや、サーバーを設置する場所を貸し出すサービスを利用するハウジングサービスというものもある。サーバーなどを置くための環境、たとえばセキュリティや電源などを確保できるサービスである。

(2) インターネット利用の実態

インターネットを使っているとき、「どうやらサーバーというコンピュータがあるらしい、スマートフォンにアクセスするといろんなことができるけれど、どういう仕組みかはわからないし、子供も使っているし、仕組みを知らなくても使うことができているので知らなくても大丈夫」、と考える利用者もいるのではないだろうか。

たとえば、Web検索をしているとき、どこに保存されているデータなのかを全く意識することなく情報を収集し参照している。場合によっては出所がわからないこともあるが、そのデータが

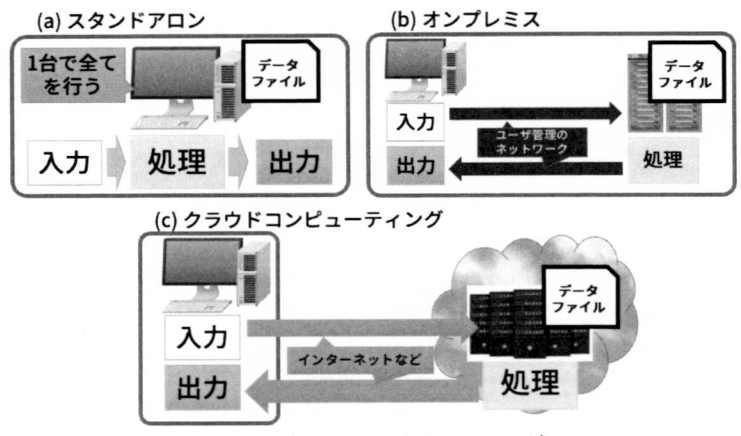

図5.6　パソコンでの処理のイメージ

真実であるかどうかも意識しないことが多い。図5.7のように、正しいサイトだと思っても実は正しくないサイトに誘導され、ログイン情報を抜き取られ、攻撃者が自分の知らぬ間に自分になりすましてログインし、悪意ある行為をしているかもしれない。最近チャットボットといって、自動会話プログラムが動作している場合もある。AI技術が用いられている場合、相手が人間かプログラムかますます判断しにくくなってきたようだ。

図5.7　なりすまし

　「インターネットになぜつながるかは知らないし、別に知らなくても利用することができる。個人の重要なデータがどこに存在するのか、SNSを利用してつぶやいた内容がどこにあるのか知らない」。自分のデータの管理は雲の中、つまり人任せとなっているといった問題がある。その問題は全く問題として意識されず、誰が管理していても気にならない。しかし、自分が作成したり、関係したりするデータがどのような仕組みでどこに保存されているか、どのように利用しているかは主体的に知っておく必要がある。知らぬ間に自分の情報が他人と共有され、場合によっては悪用もされる可能性がある。また、情報が利用できなくなる可能性はゼロではない。たとえば、何らかの障害が発生し、情報が消えたり、改ざんされたりする可能性がある。あるいは不測の事態が発生し、自分の情報が不特定多数の人たちに拡散される可能性すらある。

(3) クラウドコンピューティングでできること

　スマートフォンやパソコンで利用しているデータの大部分がクラウドサービスを用いて自動的にクラウドに保存されている。つまり、アプリ、SNS、メールを利用したり、自分が作成し保存したファイルはクラウドサービスによって管理されている。これらを利用した際、データとそのデータを保存するファイルは閲覧できることが多く、すべてアプリ提供者のサーバーに保存されるようになっている。最近ではパソコンの使い始めの設定でよく内容を確認せずに行うと、自分のスマートフォンやパソコンに保存せずクラウドに保存するような設定に誘導されることも少なくない。自分で作成したファイルは、使い始めから自分が意識することなくクラウドに保存される、ということである。

　クラウドがデータを保存しているので、不測の事態に遭遇したときなど簡単に復旧できる。しかし同時に、データが漏洩するなどセキュリティのリスクもあることを意識しておかねばならない。

　また、サーバーはその設置されている場所の法律に準じて運営されている。サーバーが海外の場合、データの扱いが利用している場所とは異なる場合があることを念頭に置いて利用しよう。

(4) クラウドと端末

　パソコンからクラウドにはルーター（詳しくは5.1.4を参照）を通じて接続する。昨今ではルーターやアクセスポイントの機能が備わった無線LANルーターを、企業や学校などの各部屋に設置することでネットワーク（5.1.3-(1)で説明）が構築されている（図5.8）。

図5.8　クラウドと端末のイメージ

(5) クラウドコンピューティングの技術の簡単な説明

　クラウドコンピューティングのサービスの種類としてIaaS、PaaS、SaaS、DaaSなどがある（図5.9）。

・IaaS（イアースあるいはアイアース、Infrastructure as a Service）
　インターネットを利用し、インフラであるネットワークやサーバー、ストレージなどの運用を提供する。Amazon Web Services (AWS) や Amazon EC2 などがある。
・PaaS（パース、Platform as a Service）
　ユーザがインターネットを利用してアプリケーションを開発するための土台であるプラット

フォームを提供する。Amazon Web Services (AWS) や Amazon S3、Google App Engine、Windows Azure などがある。IaaS に OS を加えたサービスである。

・SaaS（サース、またはサーズ、Software as a Service）
インターネットを経由してさまざまなソフトウェアを利用できるサービスを提供する。ソフトウェアをユーザのパソコンにインストールしたり、最新バージョンに更新したり、セキュリティ対策を講じたりする。ユーザはインターネット経由で、Web ブラウザなどを通じて、サーバーにインストールされたアプリケーションを利用するという形態になる。ユーザのパソコンには個々のアプリケーションをインストールする必要がないため、ソフトウェアのインストールや管理、アップグレードにかかる費用・手間が削減される。ただし、ソフトウェアの機能が限定される場合がある。Microsoft Office365、Google ドキュメント、スプレッドシート、スライド、Adobe ソフト、Dropbox のオンラインストレージやサイボウズのグループウェアなどがある。

・DaaS（ダース、Desktop as a Service）
ユーザのデスクトップ環境がクラウドに用意され、インターネットを通じてその仮想デスクトップを利用する。情報漏洩などのセキュリティ対策に有効である。Amazon WorkSpaces、Windows Virtual Desktop などがある。

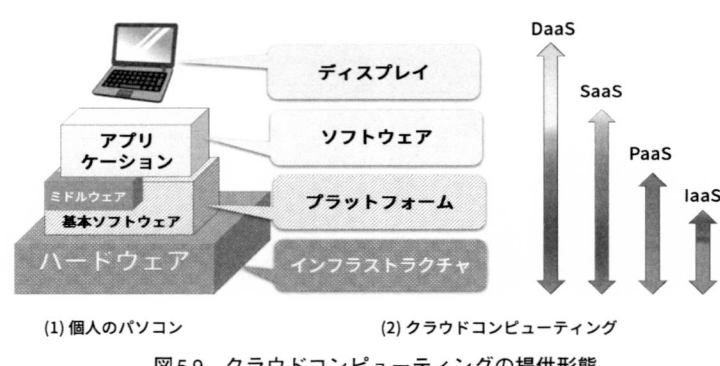

図5.9　クラウドコンピューティングの提供形態

【NOTE】

(1) アプリケーション（応用ソフトウェア）
　特定の目的を持ったソフトウェアであり、ソフトウェアに含めることができる。ソフトウェアはアプリケーションのほか、基本ソフトウェア (OS)、ファームウェア（ハードウェアを制御する）、ミドルウェア（ネットワーク、データベースなどを制御する）などがある。

(2) インフラ
　インフラストラクチャの略、生活の基盤。IT の場合、電気、ネットワーク、コンピュータなどのハードウェア環境とソフトウェア環境。

【チェック問題5-2】

問1　以下の用語について説明せよ。

・オンプレミス型

・ホスティング型

・ホスティングサービス

・ハウジングサービス

問2　クラウドコンピューティングのメリットとデメリットを以下の観点で述べよ。

＜＜観点＞＞

・利便性

・経済性

・安全性

5.1.3　ネットワークの発展

　1960年代から1970年代にかけて、汎用コンピュータ（メインフレーム、ホストコンピュータともいう）が企業で広く利用されていた。企業の基幹業務などの膨大なデータを計算処理する集中管理型の大型のコンピュータである。端末とメインフレームがネットワークで接続され、端末から中央コンピュータを利用する形態であり、現在も大量のデータを高速に計算する業務に利用されている。

　1980年代にワークステーションやパソコンが普及し始めたとき、まだスタンドアロンの形態、つまりネットワークには接続せず、それらのコンピュータ単体で利用されていた。1990年代になると、ネットワークの技術も進歩し、クライアントサーバー型のネットワークを利用した分散コンピューティングが普及し始め、2000年以降クラウドコンピューティングが広く浸透している。

(1) ネットワークとは？

　ネットワークとは、人やモノをつないで情報をやり取りするものである。情報技術の世界でのネットワークとは、複数のコンピュータ間を通信回線で接続し、データをやり取りするシステムである。

　ネットワークでつながれたコンピュータは、データを共有したり、プリンタなどの機器を共有できる。しかし、セキュリティ対策や障害対策が必須であるため、それらの知識を持つことは大変重要である。

　ネットワーク構成を図で表現する場合、コンピュータやハブ（スイッチングハブ）、ルーターをノードで、またそれらの機器がネットワークを経由して接続している状態をエッジで表現する図のことをネットワークトポロジーという（図5.10）（詳しくは5.1.3-(6)参照）。

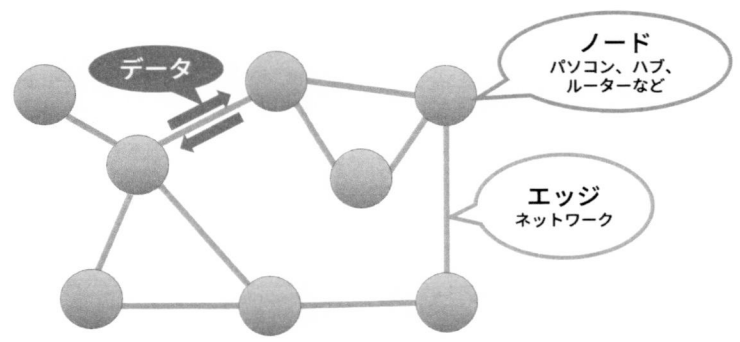

図5.10　ネットワークトポロジー

(2) ネットワークの種類

　ネットワークの種類として、LAN、WAN、インターネットの3つを挙げることができる（図5.11）。学校内や企業内だけでなく自宅でも複数のパソコンやモバイル機器を利用するためにLANを利用している場合がある。遠く離れたLAN同士を接続するネットワークをWANという。電気通信事業者（NTTコミュニケーションズ、KDDI、楽天コミュニケーションズ、携帯電話会社、電力会社など多数）が設置した通信回線を使ったネットワークである。WANどうしをつないだネットワークではインターネットを含む場合もある（図5.11、図5.12）。

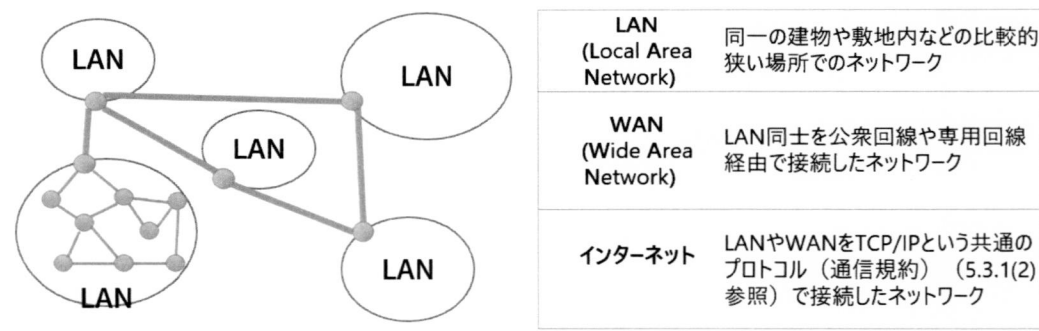

LAN (Local Area Network)	同一の建物や敷地内などの比較的狭い場所でのネットワーク
WAN (Wide Area Network)	LAN同士を公衆回線や専用回線経由で接続したネットワーク
インターネット	LANやWANをTCP/IPという共通のプロトコル（通信規約）（5.3.1(2)参照）で接続したネットワーク

図5.11　ネットワークの種類

　最近では、「ネット」というとインターネットを指すようになったが、それ以外のネットワークとして、専用線を利用するものも多くある。たとえば、全国銀行データ通信システム（全銀ネット）[5]は、専用線を利用することで強いセキュリティを保持できたり、他の公衆網の影響を受けにくくなったりするなどのメリットがある。また、輻輳（ふくそう、Congestion）、すなわち、アクセスが集中し混雑することで通信が遅延したりつながらなかったりする状態を回避することができる。

　LANにはケーブルを利用する有線LANと利用しない無線LANがある。社内や家庭内などでは無線LANを利用することが多い。LANを構成する機器として主にコンピュータ（クライアント、サーバー）、ネットワーク、ハブ、ルーターがある。

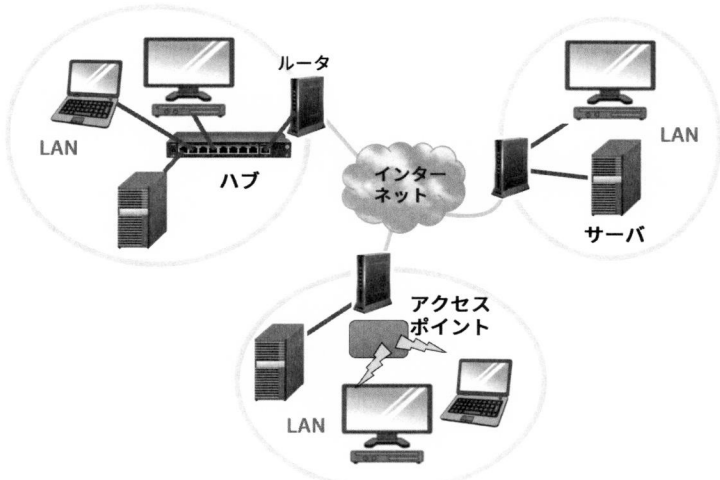

図5.12　WAN-LAN間接続のイメージ

(3) ネットワークでの機器の接続と通信方法

　LANにはピアツーピア型(P2P、peer to peer、PtoP)とクライアントサーバー型がある（図5.13）。

・ピアツーピア型
　パソコン同士を直接ケーブルで接続したLANであり、一方がクライアントのとき、一方はサーバーになるため、専用サーバーが不要である。ビットコイン（仮想通貨、暗号通貨）の技術的基盤として利用されている（2.4.3参照）[6]。
・クライアントサーバー型
　サーバーはサービスを提供する、クライアントはサービスを享受する側である。

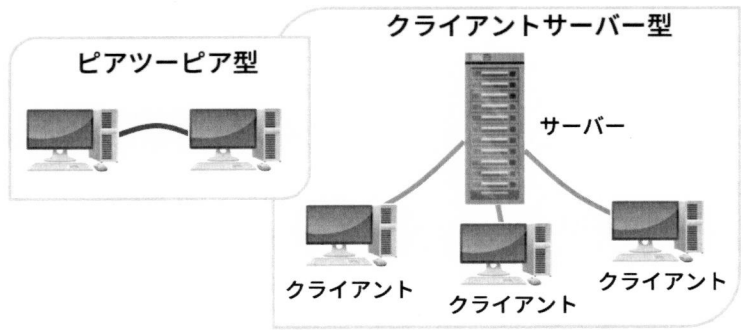

図5.13　ピアツーピア型とクライアントサーバー型の接続

(4) サーバーの形態

　クライアントのさまざまな要求に対してサーバーがサービスを提供する。提供できるサービスによってさまざまなサーバーの種類が存在する。サーバー仮想化といって1台のサーバー（物理サーバー）上で、複数のサーバー（論理サーバー）が動作するように構築する仕組みもある（図5.14）。

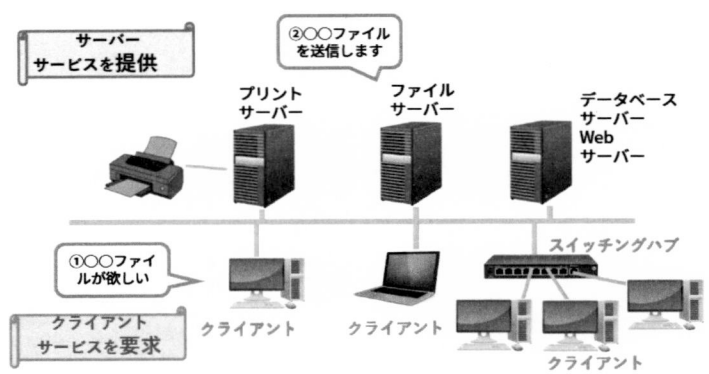

図5.14　サーバーの形態

(5) サーバーの種類

　ここではよく利用されるサーバーについて紹介する。

・Webサーバー：Webページを構成するファイルを保存したり、クライアントに表示したりする（図5.15）。
・メールサーバー：送信用サーバーと受信サーバーに分かれている。メールを送信したり受信したりする。
・ファイルサーバー：ファイルを保存したりや共有したりするなど、ファイルを管理するサーバーである。
・データベースサーバー：データベース管理システムが搭載されており、クライアントからのデータの保存や検索などのリクエストを処理する。また、データ管理を行う。

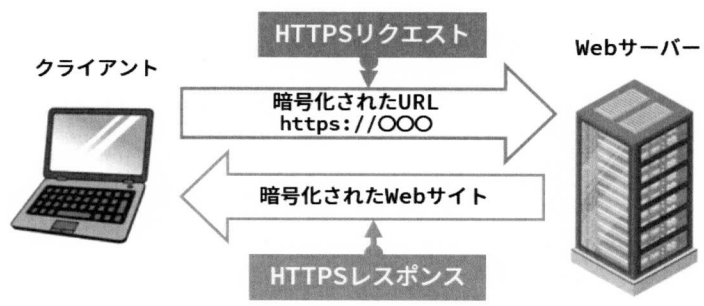

図5.15　Webサーバーとクライアント

【memo】

(1) XAMPP

　XAMPPというオープンソースソフトウェアをインストールすると、個人所有のパソコンをApache（アパッチ）という Webサーバーとして使うことが可能となる。コンピュータ言語PHPやデータベースシステムMySQLなどを使ったシステムを構築できる。

(2) オープンソースソフトウェア OSS

　ソースコードが公開されており、無償で使用でき、複製や改良などを行うことができるソフトウェアである。ただし、コンピュータ上のソフトウェアと同様に著作権保護の対象であり、使用上の制約や範囲などについては確認が必要である。"オープン"や"フリー"という言葉により、自由にOSSを用いた販売活動ができるわけではない。また、著作権侵害に関わるような機能を持つOSS（違法コピーなど）は、コンプライアンス違反になる場合があるため注意が必要である。

(3) ソースコード

　プログラム自体のこと。ソース、コード、プログラムということもある。また、プログラムが保存されているファイルをソースファイルということもある。

---

(6) LANの接続形態（ネットワークトポロジー）

　ネットワークの接続形態を抽象化しモデル化したものをネットワークトポロジーという。LANを構築する際、各コンピュータの接続形態として次の3つの形態がある（図3.40）。現在 (b) のスター型が主流である。

　ケーブルやパソコンなどの機器の接続を表したものを物理トポロジー、データの流れ方（IPアドレス、サーバーのホスト名など）を表したものを論理トポロジーという。

(a) リング型

　リング状に各コンピュータを接続する形態である。

(b) スター型

　ハブ（スイッチングハブ）に各コンピュータを接続する形態である。

(c) バス型

　1本のケーブルに各コンピュータを接続する形態である。

(7) ビットレート

ネットワークのデータの伝送速度の単位はbps (bits per second、ビット/秒) である。1秒間に何ビット送ることができるかをビットレートという。

【NOTE】

(1) トラフィック

ネットワーク上で単位時間に伝送されるデータ量のことをいう。道路で例えると、交通量のことである。「トラフィックが増える」と通信速度が低下する。つまり交通渋滞と同じように考えるとよい。「スループットが落ちている」と言うこともある。

(2) スループット

単位時間あたりのデータ転送量（通信回線の速度）のことをスループットという。家庭用のルーターなどでは「スループット：250Mbps」などと表記されている。表記されるスループットは理論値の場合があるが、理論値どおりのスループットを引き出すのは難しい。コンピュータの場合は、単位時間あたりに処理できる仕事の量（処理できる命令の数）をいう。

【チェック問題5-3】

問　以下のネットワーク機器の役割を比較して述べよ。
・ハブ
・ルーター

5.1.4　インターネットとは？

インターネットとは全世界のコンピュータネットワークどうしを相互に接続したグローバルネットワークのことをいう（図5.16）。複数のコンピュータとWebサーバーで構成されるLANを、ルーターを使ってインターネットを通じて他のネットワークであるLANと接続する。ルーターによって、データをあて先に正確に配送することができる。

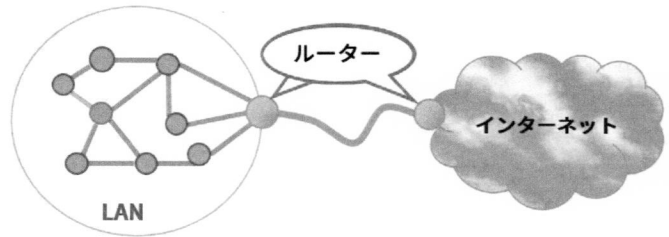

図5.16　ルーターとクラウド

(1) インターネットに接続する方法

インターネットは、さまざまな組織のLANやプロバイダー (ISP、Internet Service Provider) といわれるインターネット接続サービス事業者などを中心にネットワークが形成されている。個

人では、プロバイダーと契約し、インターネットに接続する。

　インターネットにはIPアドレスというネットワーク機器に割り当てられる番号があり、そちらを利用して情報を受送信する。

　光回線、携帯通信回線、ケーブルテレビ回線などを使いインターネットに接続する。個人でインターネットに情報通信機器を接続する際、回線事業者とプロバイダーに契約する必要がある。回線事業者がプロバイダーに対して光回線を借り受けサービス提供する方式もあり、光コラボ（光コラボレーション）と呼ばれている。

(2) インターネットと回線

　回線を利用する際、固定回線とモバイル回線の2つの方法がよく利用されている。そのほかケーブルテレビ回線、テザリングもある（図5.17）。

① 固定回線

・最も通信速度が速く安定した接続方法であり、通信量に上限がない場合が多く、大量の送受信が可能となっている。

・プロバイダーと家庭を光回線でつなぐ。FTTH(Fiber To The Home)という。

・光回線のケーブルを引く工事を行うと、部屋の壁面にある情報コンセントまで光ファイバーケーブルが設置される（図5.18）。

・回線光終端装置(ONU、Oprical Network Unit)という装置を使って、パソコンのデジタル信号と光信号を変換する。

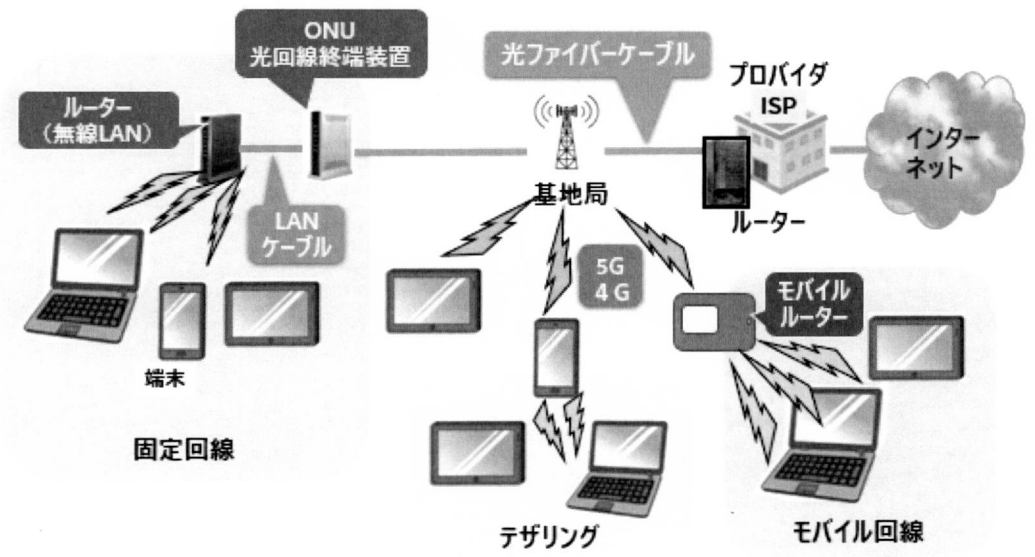

図5.17　インターネットに接続する方法（一例）

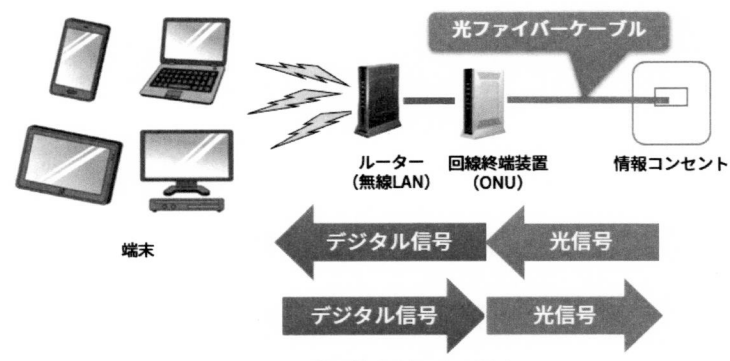

図5.18　光回線を利用する場合

> ## 【memo】プロバイダーなどと契約するとき
> ・サービス提供エリアかどうかを調べる必要がある。通信速度や付帯サービスも確認しておく必要がある。
> ・ルーター（無線LAN）を自分で用意する場合、その規格や、情報機器の接続可能台数、利用する部屋も考慮し選ぶ必要がある。
> ・利用する形態、たとえばオンライン会議やテレワークで利用する必要があるかどうか、なども考慮しよう。

② モバイル回線
モバイルルーターという持ち運びできるルーターを通じてインターネットに接続する。

③ ケーブルテレビ回線
放送局から家の近くの電柱の変換器まで光ファイバーケーブルが敷設されているが、変換器から家まで同軸ケーブルでの接続になるため、光回線より速度が低くなる。

(3) プロバイダーの役割と構成
① プロバイダーの役割
メールアドレスや、セキュリティ対策、ポータルサイトでのコンテンツを提供したり、ブロードバンド回線の付加サービス（IP電話、Wi-Fiルーターなど）を提供している。

② プロバイダーの構成
一次プロバイダー(Tier 1)、二次プロバイダー (Tier 2)、三次プロバイダー (Tier 3)から構成され、それぞれ階層化されている。日本ではインターネットイニシアティブ (IIJ)、NTTコミュニケーションズ、KDDI、ソフトバンクが一次プロバイダーになっている。

③ プロバイダーへの接続回線
光回線と電話回線、携帯電話網、ケーブルテレビ回線の4種類が挙げられる。光回線はNTT東日本、NTT西日本、KDDI、電力会社系がある。ケーブルテレビの一部の会社でも光回線を扱っている。

(4) IX (Internet Xchange)

一次プロバイダーはIX (Internet eXchange) とよばれる相互接続点のルーターに接続されている。IXとは、ホスティング事業者を接続する機能を持った事業者であり、次が代表的なIXである（図5.19）。

- ・NSPIXP：学術団体 WIDE プロジェクトが運営
- ・JPIX：日本インターネットエクスチェンジ株式会社
- ・JPNAP：インターネットマルチフィード株式会社

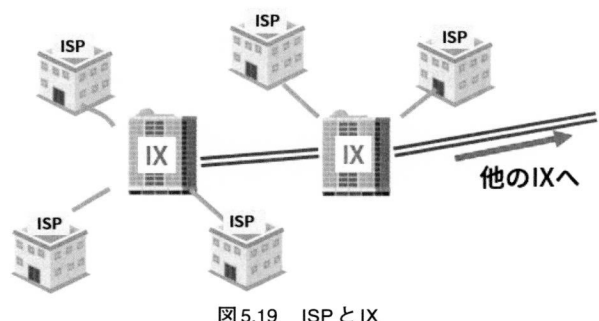

図5.19　ISP と IX

5.1.5　データセンター

データセンターとは、サーバーやネットワーク機器などのIT機器を収容する施設のことである。サーバーを利用するための高速な通信回線やコンピュータなどの機器を冷却する装置、大容量電源などの設備が用意され、サーバーの管理・運用が可能となっている。また、建物自体の管理も厳重なセキュリティや天災や火災などの対策もされている。

利用形態は主に「ハウジング」と「ホスティング」の2つがある。「ハウジング」とは、データセンター内に空間とラックを借り、自社のサーバーを設置する方式である。「ホスティング」は、空間とラックだけでなく、サーバーもレンタルする方式である。

【memo】 Google データセンター（図5.20）

Google（米）は2023年に日本とカナダを結ぶ海底ケーブルを、2024年に千葉県印西市にGoogleデータセンターを開設する予定である。海底ケーブル（図5.21）の歴史は、以下のとおりである。

1850年8月　イギリスがドーバー港からグリ・ネ岬の間に電信ケーブルを敷設してフランスに送信したのが最初である。
1866年　イギリスとアメリカを結ぶ大西洋横断ケーブルが敷設される。
1871年　長崎・上海間、長崎・ウラジオストク（ロシア）間をつなぐ海底電信ケーブルを使用、海底電信ケーブルを使用し通信を行ったのが国際通信の始まりである。
1990年代　海底ケーブルの電線が同軸ケーブルから光ファイバーに換装され、民間企業がケーブルを保有し保守を行っている。
[出典：KDDI MUSEUM（KDDIミュージアム）][7]

図5.20　データセンター
[出典：Google Data Center]

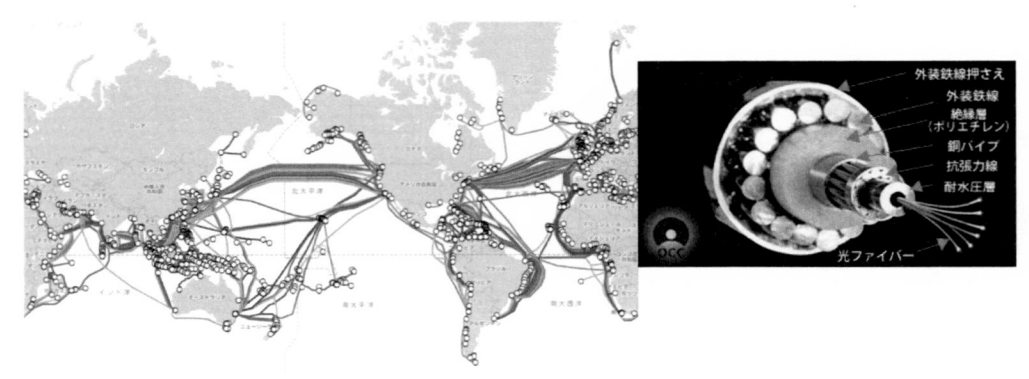

図5.21　海底ケーブルマップと光ファイバーケーブル
[出典：Submarine Cable Map][8][9]

5.1.6　インターネットとWebの歴史

　インターネットの爆発的発展は1990年代中半のWindows95が発売されインターネットに個人でも接続が可能になったころが始まりである。当時のWebページは学術の世界でのなごりから、少しの静止画像と文字だけで構成されるものだった。メールはヘッダと本文が別々に送られてくる可能性もあったので、本文の記述はきっちり書かなければならず、ヘッダは英文しか利用できなかった。一方で、携帯電話の黎明期でもあった。2020年代に入り、仮想世界と現実世界が融合するツールが生まれるほどの超大発展を遂げるなどと、当時は、予想できなかった。しかし何かが始まる、という予感だけはあった。

　インターネット黎明期からどのように発展してきたかを見てみよう。そしてこれからどのように発展していくかを想像してみてほしい（図5.22）。

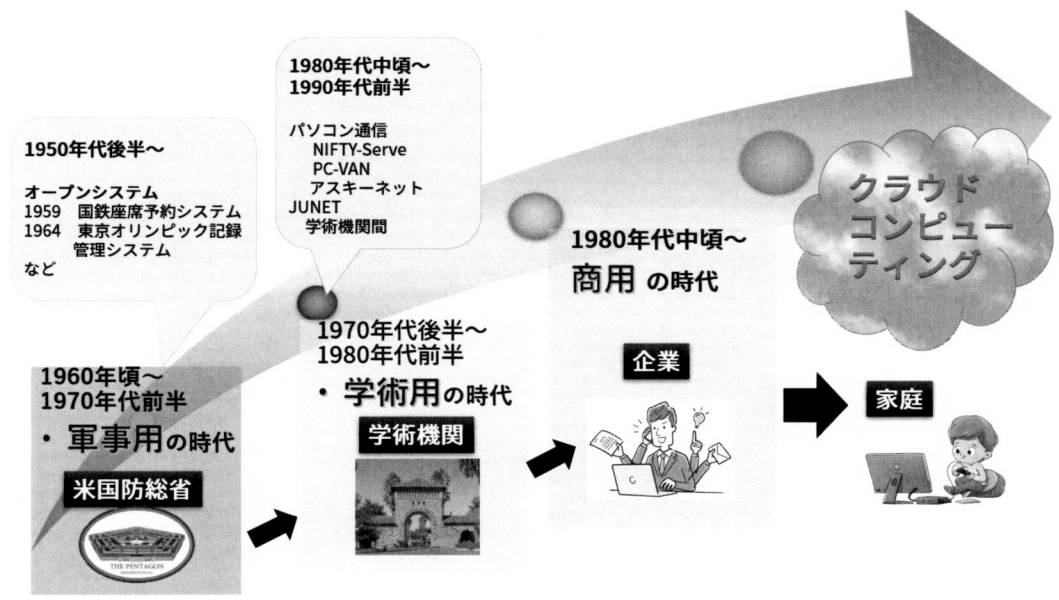

図5.22 インターネットの移り変わり

(1) 軍事用の時代（1960年頃〜1970年代前半）

インターネットの発祥は米国国防総省高等研究計画局 (ARPA：Advanced Research Project Agency) が軍事目的で開始したARPAnetであるとされている。

1957年（ソ連）世界初の人工衛星：スプートニクを打ち上げる。米国国防総省高等研究計画局 (ARPA：Advanced Research Project Agency) 設立

1965年（米）ベトナム戦争当時の軍事戦略用通信網テッド・ネルソン、ハイパーテキストの概念を生み出す。

1969年 ARPAnet（アーパネット）プロジェクト 全米4箇所をつなぐ（図5.23）

図5.23 AEPAnet プロジェクト

(2) 学術用の時代（1970年代後半〜1980年代）

日本のインターネットの始まりは1984年に開始したJUNETである。1988年からWIDEプロジェクトが開始、民間も参加したが、私的利用や商業利用は禁じられていた [10]。

1983年　TCP/IPがARPAnetの標準プロトコル（通信規約）（5.3.1-(2) 参照）となる。ファイル転送、遠隔操作 (Telnet) などの技術が確立する。

1984年〜1994年　JUNET(Japan University/Unix NETwork)、東京大学、東京工業大学、慶應義塾大学を電話回線で結ぶ。最終的には約700の機関を結ぶネットワークに成長する。

1987年　全米科学財団 (NSF) が運営する5台のスーパーコンピュータと各研究機関を結ぶネットワーク (NSFnet) が開通する。ARPAnetのTCP/IPを使って構築された、教育研究用のネットワークであり、最初は教育研究用のみ利用できた。インターネットの原型である。

1988年　WIDEプロジェクト（新しいコンピュータ環境の確立をめざす研究プロジェクト）が発足した。

1988年　IP接続によりインターネットに参加。

1989年　ティム・バーナーズ・リーらがHTTP、URL、HTMLを開発。

1990年　CERN（欧州素粒子物理学研究所）がWWWサーバーとWWWブラウザを開発した。

(3) 商用の時代（1980年代後半〜）

米国でインターネットの加入制限がなくなるとともに、商業利用が開始された。

1990年　ARPAnet解散。

1991年　商用インターネット協会 (CIX) の設立。NAP（ネットワーク・サービス・プロバイダー）の登場 ダイヤルアップ接続サービス開始される。ブラウザ ViolaWWW、Samba、Cello、lynx などが生まれる。

1992年　日本初 インターネットサービスプロバイダーが誕生。

1993年　ブラウザ モザイク NCSA Mosaic 1.0 が登場する。日本でも元郵政相（総務省）がインターネットの商業利用を認可し、商業利用が開始される。

1994年　ティム・バーナーズ・リーらによりWebに関する標準化組であるW3C (WWW Consortium) が設立される。Netscape社がブラウザNetscape Navigator 1.0をリリースする。

【memo】HTMLとCERNセルン（欧州原子核研究機構）

　1989年 CERNで膨大な量の研究資料を効率よく管理し利用する仕組みであるブラウザを作成、HTMLが生み出された（図5.24）。

　LHC(Large Hadron Collider 大型ハドロン衝突型加速器)（図5.24）。地下56m、全周 27km（直径：約8.6km）の円形加速器。スイスとフランスの国境地帯に位置する。大型ハドロン衝突型加速器 (LHC) を使って、荷電粒子（電荷 (+) を帯びた粒子）を加速し別の物体に衝突させたときに発生する衝突のエネルギーから生成された粒子を調べる。

　高エネルギー物理学におけるヨーロッパの中心的な研究拠点。欧州21ヶ国およびイスラエルが参加、出資して運営されている。日本はオブザーバー国になっている。

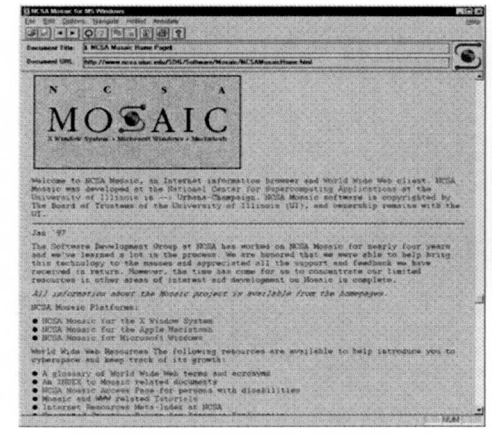 

図 5.24　ブラウザ「MOSAIC」[11] と CERN

5.2　インターネットの基礎 (2) 機器 〜ハードな裏方たち〜

インターネットを構成する機器として、サーバー、ルーター、ネット回線、ハブが挙げられる。
ここではそれらを簡単に説明していく。

5.2.1　サーバーとクライアント

サーバーとはサービスを提供するコンピュータである。サーバー OS（UNIX系OS、Windows
系OSなど）が利用されている。ネットワークを利用してサービスを行うためのさまざまなソフ
トウェアがインストールされている。

クライアントはサーバーにサービスを要求するコンピュータである。サーバーを利用するため
のソフトウェア、たとえばブラウザやメールソフトなどがインストールされている。

(1) サーバーの種類

物理サーバーと仮想サーバーの2タイプがある。物理サーバーとしてレンタルサーバーのよう
な共用で利用するサーバーと、専用で利用するサーバーがある。仮想サーバーは、1台のサーバー
で複数のサーバーが動作する仕組みを持つサーバーである。VPS (Virtual Private Server)やク
ラウドサーバーがある。

(2) サーバーのハードウェアの種類

クライアントと同じ構成である。が、サーバーはクライアントから送られてくる多くの要求に
対応するため、クライアントより性能が高いコンピュータである。ラックマウント型サーバーと
ブレード型サーバーがある（図5.25）。

131

(a) ラックマウント型サーバー

専用の棚（ラック）にコンピュータ（サーバー）を縦方向に設置したものであり、データセンターなどに設置されることが多い。

(b) ブレード型サーバー

ブレードと呼ばれる1枚の基板にCPUやメモリ、ハードディスクが実装されたものが、箱（シャーシ）に縦型に装着されるもので、その箱1つに電源やFANなどがついている形態である。「ブレード」と呼ばれる1枚の基板が必要な枚数接続されている。

図5.25　ラックマウント型サーバー（左）とブレード型サーバー（右）

(3) ルーター

ネットワーク間を相互に接続する機器であり、ネットワーク中でのデータが流れるルート（経路）を設定する。家庭用のものから法人用のものまでさまざまな大きさや処理速度を持つルーターがある。

5.2.2　ネット回線

サーバーでは有線LANが利用されているが、クライアントにおいては無線LANの利用が増加している。かつては有線LANのみであったが、IoTの社会到来で、四半世紀ぶりに無線帯域が増加するなど無線LANの環境が急速に充実してきている。

(1) 無線LAN

① 無線LANとは

無線LANとは、無線でルーターに接続されたLANのことであり、世界標準規格をIEEE 802.11という。LAN内でスマートフォン・タブレットにパソコンやゲーム機、カーナビ、カメラなどの機器同士を接続することができる。

「5G」「4G」といったモバイル通信がある。これらは携帯電話などの端末から携帯電話会社の基地局に接続し、インターネットに接続するための回線である。

無線LANで利用されている周波数帯は2.4GHz帯と5GHz帯（表5.1）に加え、新たに6GHz帯、5.2GHz帯の自動車内無線LANの認可が下りた（2022年9月）。道に一般道や信号機、複数

車線の道などがあるように、データが伝送されるさまざまな道があると考えよう。

表5.1　2.5GHz帯と5GHz帯

策定年	名称	規格名	最大通信速度	周波数帯		
				2.4GHz帯	5GHz帯	6GHz帯
2024年（予定）	Wi-Fi 7	IEEE 802.11be		46Gbps（予定）		
2022年	Wi-Fi 6E	IEEE 802.11ax	9.6Gbps	9.6Gbps		
2019年	Wi-Fi 6	IEEE 802.11ax	9.6Gbps	9.6Gbps		
2013年	Wi-Fi 5	IEEE 802.11ac	6.9Gbps		6.9Gbps	
2009年	Wi-Fi 4	IEEE 802.11n	600Mbps	600Mbps		
2010年	Wi-Fi 3	IEEE 802.11g	54Mbps	54Mbps		
1999年	Wi-Fi 2	IEEE 802.111a	54Mbps		54Mbps	
		IEEE 802.11b	11Mbps	11Mbps		

2.4GHz帯

　障害物に強く、遠くまで電波が届きやすいという特徴がある。使用している機器が多く、電子レンジやBluetoothなどにも使われているため電波が干渉し、通信速度が低下したり通信ができなくなったりすることがあり、不安定になりやすいというデメリットがある。

5GHz帯

　通信が早く、対応している機器が比較的少ないので、電波干渉されず通信が安定している。しかし障害物に弱いため電波が遠くまで届きにくく、屋外まで届かない可能性があるといった問題がある。

　また、無線規格によっては対応していない機器もあるので、利用できるか調べる必要がある。

6GHz帯、自動車内における5.2GHz帯

　無線LANの安定供給に向け、日本国内における「6GHz帯の無線LAN」と「自動車内における5.2GHz帯の無線LAN」の認可がおりた。つまり、総務省は、2022年9月2日付けで電波法施行規則等の一部を改正する省令（令和4年総務省令第59号）を公布および施行した。これにより、2022年9月2日より5.2GHz帯の自動車内無線LANおよび6GHz帯の無線LANを利用できるようなった。スマートフォンやARやVR、メタバース、ゲーム機、家電など、デバイスを複数接続しても、高速でかつ遅延の少ない通信が可能となる。Wi-Fi Allianceは6GHz帯のIEEE 802.11axをWi-Fi 6Eとして展開している（表5.1参照）。Wi-Fi 6Eに対応したスマートフォンなどの携帯端末が既に製品化されている。

② Wi-Fi

　Wi-Fi（ワイファイ）とは無線LAN規格IEEE 802.11の規格に準拠しているブランド名である。「IEEE 802.11a/IEEE 802.11b」を広くユーザに知ってもらうため、業界団体のWECAが名づけた。他社製品との互換性、つまり、メーカーや製品に関係なく利用可能であることが保証

された製品の場合、ロゴマークを製品パッケージなどに表示することができる。

【NOTE】
Wi-Fi Alliance（旧名称WECA）：無線LANの普及促進の業界団体
IEEE（アイトリプルイー）米国電気電子学会：通信技術の国際標準規格を作る組織

　Wi-Fi6では、複数のユーザが同時に通信可能となり、また、4K解像度の映像を快適に見ることが可能となった。Wi-Fi6の拡張版であるWi-Fi6Eでは、それまで長年使われてきた2.4GHz帯と5GHz帯の周波数帯に加え、新たに6GHz帯を使うことができるようになった。これにより、デバイスの混雑が少なく、安定した通信が可能となる。さらにWi-Fi5(IEEE 802.11ac)ではMU-MIMO（マルチユーザマイモ、Multiuser Multiple Input and Multiple Output）という技術が導入され、複数の端末で通信速度が変わることなく、同時に通信が可能となった[2][3]。これを拡張し、高速通信できるデバイスが最大同時接続数4台から8台可能となっている。

【NOTE】MIMO（マイモ、Multiple Input Multiple Output）
　複数の送信アンテナを使用して複数のデータを同時に伝送し、複数の受信アンテナで受信できる技術である。スループットが向上するといったメリットがある。

③ SSID(Service Set Identifier)
　無線LANを利用する際、接続できる無線LANのアクセスポイントの別名が自動的に検出される。そのアクセスポイントを識別するための名前である。アクセスポイント名とかESSID(Extended Service Set Identifier)などとも呼ばれる。電波の圏内にいる端末は自動的に検知し表示される。

【実習5-1】個人所有のパソコンとスマートフォンのSSIDを調べてみよう！
[Windows]
「スタート」右クリック→「ネットワーク接続」→「Wi-Fi」クリック
また、デバイスが存在する場所で利用できるネットワーク(SSID)を見てみよう。

(2) テザリング
　スマートフォンなどのデータ通信機能を持つモバイル機器を親機として、パソコンなどをWi-FiやBluetoothなどの無線接続、USBケーブルを用いた有線接続を用いてインターネットに接続する方法である（図5.26）。利用する際、モバイル機器がテザリングできる機種かどうか、データ通信量やバッテリー容量も確認する必要がある。また、通信キャリアで契約が必要である。屋外で手軽に利用するといったモバイルに向いている。特に、モバイル機器を車に搭載し各種サービス情報の配信を実現しているが、通信遅延に関して研究・開発中である[12]。

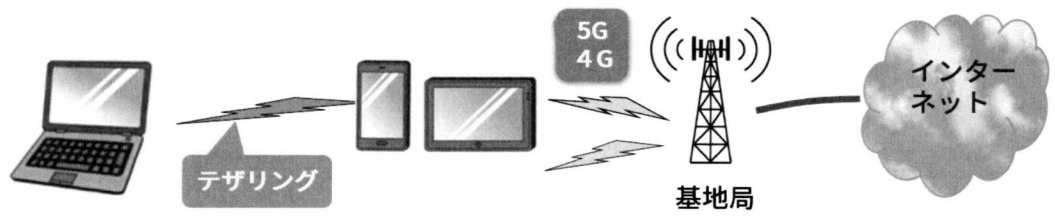

図5.26 テザリング

【実習5-2】無線LANのSSIDとプロトコル（5.3.1-(2)参照）、セキュリティを確認してみよう！

[Windows]（図5.27）

① 「スタート」右クリック→「ネットワーク接続」→「Wi-Fi」

② 接続しているLANのプロパティをクリックする。

[Mac]（図5.28）

「Appleマーク」 → 「システム設定」 → 「一般」 → 「情報」 → 「システムレポート...」
→ 「ネットワーク」 → 「Wi-Fi」

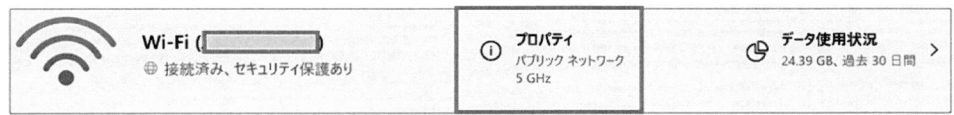

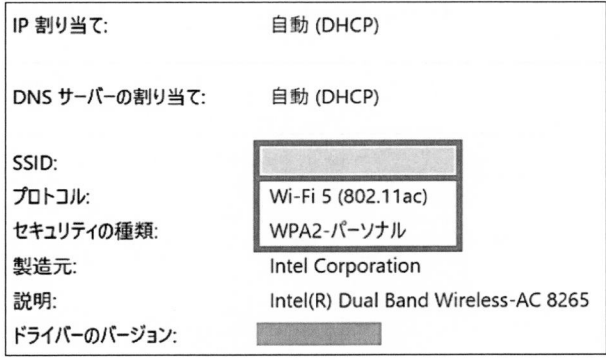

IP 割り当て:	自動 (DHCP)
DNS サーバーの割り当て:	自動 (DHCP)
SSID:	
プロトコル:	Wi-Fi 5 (802.11ac)
セキュリティの種類:	WPA2-パーソナル
製造元:	Intel Corporation
説明:	Intel(R) Dual Band Wireless-AC 8265
ドライバーのバージョン:	

図5.27 [Windows] Wi-Fiの情報

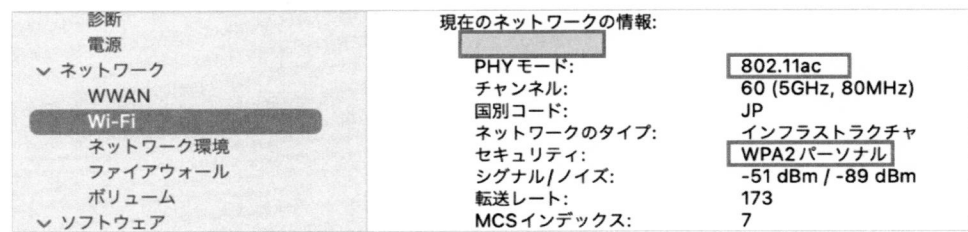

図5.28　[MAC] Wi-Fiの情報

(3) 無線LANと有線LAN

　有線LANと無線LANの通信速度に差がなくなってきており、身近にあるパソコンは無線LANでインターネットに接続し、大容量の動画も問題なく鑑賞することができている。では有線LANの役目は終わったのだろうか。実は現時点では、家庭でのインターネット接続時には回線終端装置と無線ルーターは有線LANで接続されている。また基幹ネットワークからWi-Fiアクセスポイントまで有線LANで接続されていることが多い。

　無線LANでは、5GHz帯の場合に壁や遮蔽物などで、また2.4GHz帯の場合、同じ周波数帯を利用する電化製品などの機器などがあると電波が干渉し速度が低下する可能性があるなど、通信が不安定になることがある。

　オンラインでの会合に影響することもあるので、LAN環境について把握することは大切である。

(4) 有線LANのメリットとデメリット

　有線LANはケーブルをLANポートにさすだけでよく、セキュリティに強く通信が安定しているといったメリットがある。しかし、ケーブルが長くなるほどケーブルに傷がつくなどの障害やノイズなどの問題がある。

(5) LANケーブルの規格

　表5.2はLANケーブルの規格であるカテゴリーである [13]。ケーブルは銅線でり、被覆にカテゴリーが印字されている。ケーブルにはデータの通信速度や伝送帯域、ノイズに対する性能に差がある。カテゴリーの数値が高いほど通信速度が速いが、使用する環境や機器に対して、最適な性能のカテゴリーを選ぶ必要がある。

【NOTE】伝送帯域

データを通信路で伝達するときの周波数の幅を示す。
単位はHz（ヘルツ）である。

表5.2　LANケーブルの規格

カテゴリー	通信速度 （Gbps）	伝送帯域 （MHz）	ノイズ 性能
CAT8	40	2000	◎
CAT7	10	600	◎
CAT6A	10	500	○
CAT6	1	250	×
CAT5e	1	100	×

(6) イーサネット

　有線LANを利用するときの通信規約としてイーサーネット (Ethernet) がある。IEEE（アイトリプルイー、米国電気電子学会）の有線LANの規格のうちの１つである。この規格はケーブルの差し込み口のポートの形状が統一されている（図5.29）。LANケーブルも規格の１つであり、イーサネットとLANケーブルはほぼ同じものを指す。

図5.29　LANケーブルとLANポート

① イーサネットの形状

　イーサネット規格のケーブルとして、同軸ケーブル、光ファイバー、ツイストペアケーブルがあるが、ほとんど光ファイバーとツイストペアケーブルが利用されている。

　光ファイバーケーブルの素材はガラスやプラスチックの繊維である。レーザーを使用して信号を光信号に変換している。ツイストペアケーブルは２本の銅線をより合わせたものでより対線ともいう（図5.30）。

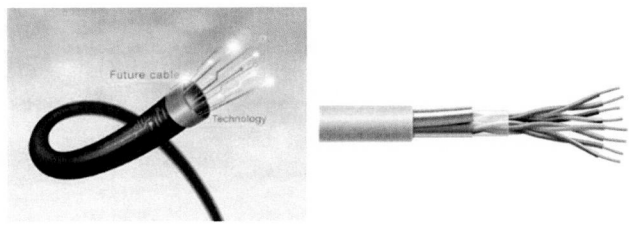

図5.30　光ファイバーケーブルとツイストペアケーブル

② イーサネットの伝送速度と規格

　企業や家庭では1000BASE-T というイーサネット規格のものがよく使用されている。これは、

最高通信速度1Gbpsのギガビットイーサネット規格の1つで、カテゴリーCAT5e以上のケーブル規格のUTPケーブル（シールドなしのより対線）を使用する。

　より高速の伝送速度である10ギガビットイーサネット規格として10GBASE-Tがある。最高通信速度は10Gbpsであり、CAT6e以上のUTPケーブルを利用する。イーサネットの規格に合ったケーブルが必要である。

(7) VPN

　VPN (Virtual Private Network)は、インターネット上に仮想の専用線を設定する仕組みである。2点間でのトンネルのような閉じられた仮想通信路であり余計な経路を通らない。拠点のLAN間を接続する拠点間VPNとPCやスマートフォンから拠点のLANに接続するリモートアクセスVPNなどがある。リモートアクセスVPNはどこからでもVPNを張ることができる（図5.31）。

　VPNを利用することで、個人情報を盗み見されたりデータが改ざんされたりするといったセキュリティリスクが軽減する。

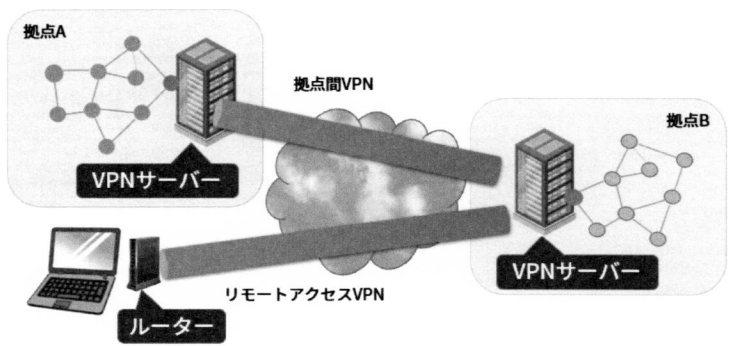

図5.31　VPNサーバー

(8) インターネットの通信速度

　インターネットの機器などに示されている通信速度は、ベストエフォート型とよばれ、最大限の速度を示している。最大の結果を得られるよう努力することをいい、通信の品質や速度、セキュリティなどを保証していない。実際の通信速度は回線の混雑度や使用している機器の性能、通信回線の種類、OSの設定などに依存する（図5.32）。

　通信速度を保証するものとしてギャランティ型の回線接続サービスがあるが、設備のコストが高いため、通常はより安価なベストエフォート型が普及している。

アップロードとダウンロード

　上り（アップロード）は文書ファイルや画像ファイルなどをアップロードする方向であり、下り（ダウンロード）はデータをダウンロードする方向である。動画ファイルの再生やWebページの閲覧を行うこともダウンロードに含む（図5.33）。

　通常は下りの通信速度が重要である。しかし、オンラインゲームなど大容量のデータを送信す

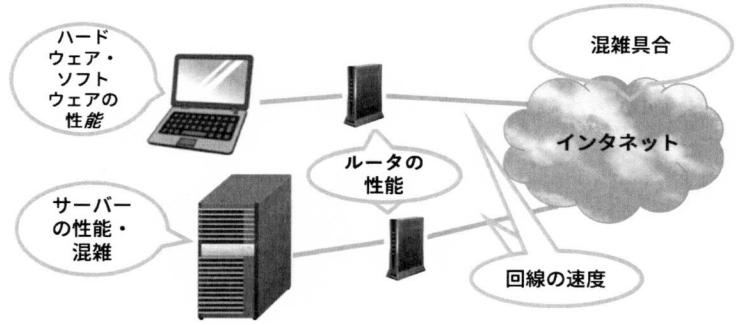

図5.32　通信速度への影響

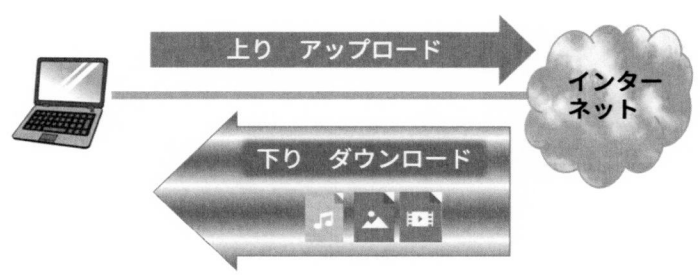

図5.33　上りと下り

る機会が多い場合は上りの通信速度も重要である。

【実習5-3】インターネット通信状況を見てみよう！

[Windows]

① 「スタート」右クリック→メニュー「タスクマネージャ」クリック（図5.34）

② 左側面にあるメニューの上から3つ目クリック

③ Wi-Fi クリック

[Mac]

アクティビティモニタを起動し、右上の「ネットワーク」クリック（図5.35）

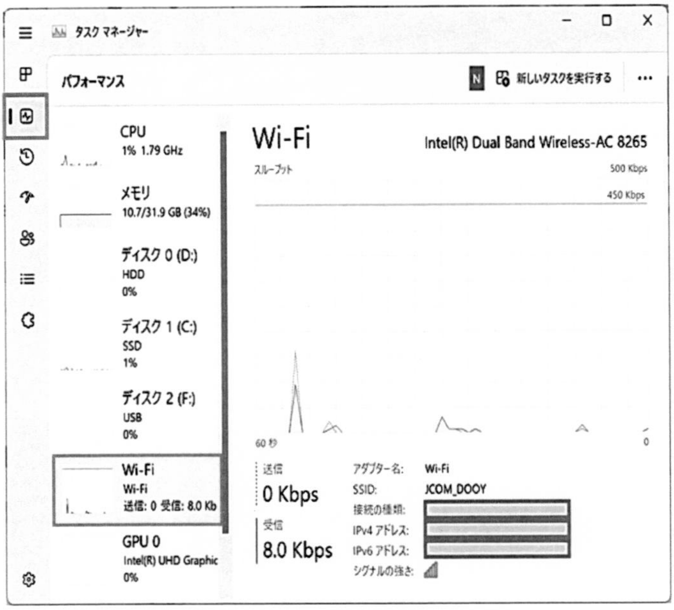

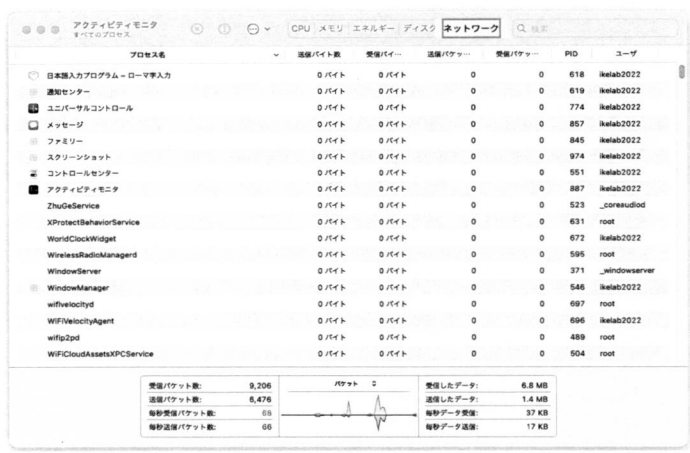

図5.34　[Windows] タスクマネージャ　Wi-Fi

図5.35　[Mac] アクティビティモニタ　ネットワーク

5.2.3　スイッチングハブ

　スイッチングハブとは、有線LANで接続されているネットワークにおいて複数の機器を接続する中継装置であり、通信データを制御している。すべてのパソコンに同じデータを送るのでなく、送り先を振り分けて送信する（図5.36）。

図5.36　スイッチングハブ

5.2.4　5G

　5Gとは「5th Generation（第5世代移動通信システム）」の略称であり、2020年からスタートした。

(1) 5Gの特徴

・超高速

　複数（最大128本）のアンテナを利用した「Massive MIMO（マッシブ マイモ）」技術を使い、端末専用の電波を割り当てることができる。

　ビームフォーミングとビーム追従機能を用いて障害物や電波の減衰を減らし、遠方へ電波を届けることができる。

　最高伝送速度の理論値は10Gbps（将来的には20Gbpsに到達予定）である。

　消費電力を低減できる。

・超低遅延

　1ミリ秒程度の遅延。利用者が遅延（タイムラグ）を意識することなく、リアルタイムに遠隔地のロボット等を操作・制御できる。

・多数同時接続

　100万台/km²の接続機器数。スマホ、PCをはじめ、身の回りのあらゆる機器がネットに接続できる。

(2) 5G利用により可能になること（図5.37）

　・高精細な映像をストレスなく鑑賞できる。

　・VRやAR、MRなどのコンテンツが利用可能となる。

　・タイムラグなくオンラインゲームを楽しむことができる。

　・スマートオフィス（どこでもオフィス）が実現可能となる。

　・車の自動運転技術が向上する。

　・スマートショップ、遠隔医療、スマートホームが実現する。

　・ロボットや家電製品などを遠隔操作できる。

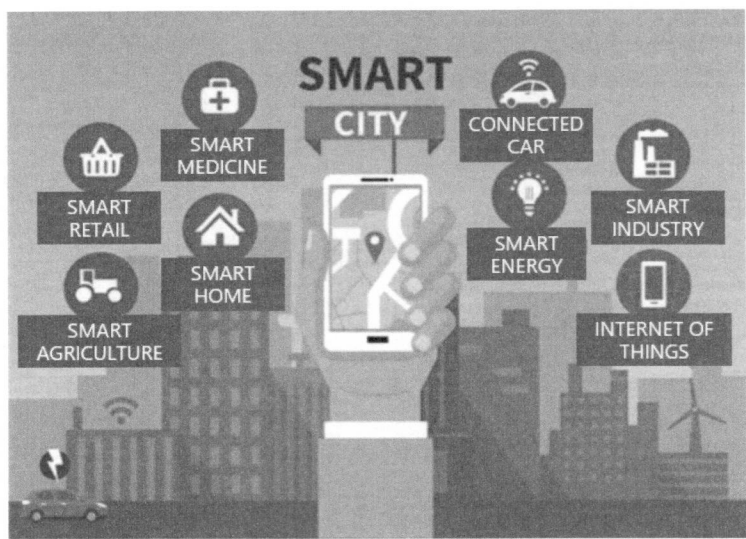

図5.37　5G利用により可能になること

(3) 5Gのデメリット

・2020年よりサービスが開始されたが、現在5G可能なエリアの拡大中である。4G/5G利用エリアを判別する機能を用いて利用可能となっている。

・5G対応のスマートフォンが必要である。

・5Gが必要な身近なサービスやコンテンツなどが少ない。

・4Gでも十分な利用環境であり、世間のニーズが少ない。

(4) ローカル5G

　国は通信キャリアだけでなく一般の事業者に5Gの仕様を認めた。事業者の会社の建物内や敷地内などの限定したエリアで、自ら5Gシステムを構築し利用する方法である。

　農業や漁業などの一次産業（遠隔監視、自動化、可視化）、工場（作業員の負荷軽減）、医療（遠隔診療など）、インフラ（自動運転、車体検査業務、線路の巡視業務）、働き方改革による遠隔強調作業、観光など、防犯・防災などでの実証実験が行われている。

(5) 移動通信システムの進化

　通信規格において、第1世代ではアナログ方式だったが自動車電話やショルダーフォンなどがあったが、ほとんどが業務用であった。第2世代ではデジタル方式となり、小型化した携帯電話を使ってWebページ閲覧やメールなど一般ユーザでも使えるインターネットサービスが利用可能となった。NTTドコモの「iモード」や、DDIセルラー（現KDDI沖縄セルラー電話）の「EZweb」などがある。第3世代では、国際規格に準拠した。2000年代前半、赤外線通信、ワンセグ放送などがあった。スマートフォン黎明期である。第4世代では、より高速通信が可能となり、動画配信サービスや音楽などのコンテンツを受信することができるようになった（図5.38）[3]。

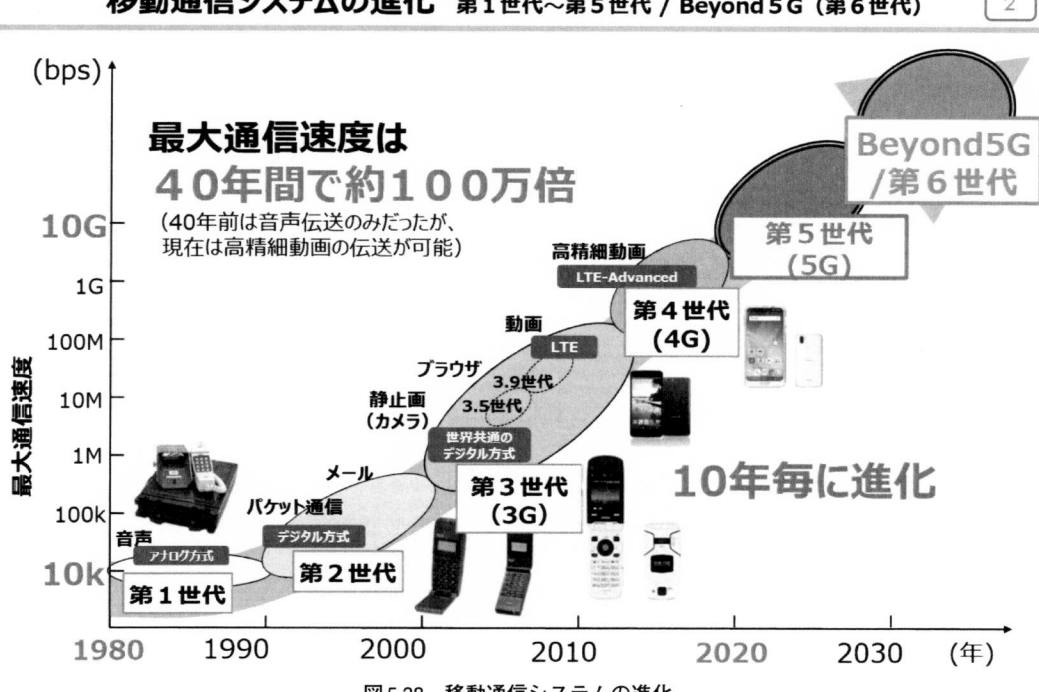

図5.38　移動通信システムの進化

5.2.5　5GとWi-Fi

(1) 回線の違い

　5Gはインターネット接続ができる回線であり、現在スマートフォンなどで利用されている。一方、Wi-Fiはルーターと通信する方法であり、ルーターを介して機器をインターネットと接続する。

　5Gが普及すると、直接インターネット回線に接続する、ということになる。

(2) 通信速度の違い

　5Gの理論値の最大速度は10Gbpsであり、2時間の映画が3秒でダウンロードできる、といったスピードである。実測値は2.0Gbps～4.1Gbpsである。光回線を利用したWi-Fiに比べると10倍となっているが、ゲームや8K放送を利用するには十分な状態である。

(3) 通信距離と通信の安定性の違い

　5Gは広範囲（数十メートルから数百メートル）に接続可能であるが、Wi-Fiは数十メートル程度である。また、5Gは端末の移動に伴った安定した通信が安定しており遮蔽物にも強い。Wi-Fiは電波干渉により通信が不安定になることがある。

(4) その他の違い

　5GはセキュリティにおいてSIM認証が使えるため、端末を限定するなどセキュリティ対策が取りやすい。一方、Wi-Fiは制限が難しい。5Gは工事が不要である。また、テザリングでWi-Fi接続ができる。

【チャレンジ】

5GとWi-Fiはともに無線であり、どちらも技術の進化が激しい。
これらがどのように日常に普及し、どのように利用できるようになるか将来を予測してみよう。

5.3　インターネットの基礎 (3) 仕組み 〜なぜ伝わるの？〜

5.3.1　WWW (World Wide Web)

　WWWはWorld Wide Webワールド ワイド ウェブの略名である。インターネットが広まり始めたころ、インターネットは単にWeb（ウェブ）と呼ばれていた。昨今では「ネット」といえばインターネットを閲覧するという意味で使われている。本来ならインターネットはコンピュータネットワーク自体を指す言葉であり、インターネットのアプリケーションがWebページを表示し、それを閲覧するものである。ホームページという言葉も本来Web（ウェブ）ブラウザを起動した際に表示されるWeb（ウェブ）ページのことを指すものであった。日常用語での用語の誤用だったのが日常化し定着した。

　ところで、ウェブ（Web）という言葉もいつの間にか浸透しているが、ウェブとは蜘蛛の巣のことであり、WWWは「世界に張り巡らされた蜘蛛の巣」という意味である。WebサイトのURLにwwwと記述されているが、これはWWWの名残である（図5.39）。

図5.39　Web、ウェブ

(1) 分散ネットワーク

　インターネットはコンピュータネットワーク同士を地球規模で相互に接続したものである。米国防総省が、核攻撃で部分的に破壊されても全体が停止することのないコンピュータネットワークを開発する過程で生まれた。

インターネットにおいて、全体を管理するコンピュータがなく複数のコンピュータに処理を分散させる分散型ネットワークで構成されている。

(2) プロトコル

TCP/IPというインターネットで標準的に使われるプロトコル、つまりインターネットを通じてコンピュータ間で通信をするための手順や規格が決められている。

たとえば、手紙を送るとき、日本内だけでも日本郵便での手紙の送り方だけでなく、宅配業者独自の方法があり、プロトコルが異なる（図5.40）。

図5.40　郵便配達のプロトコル（手順）

インターネットは世界共通のプロトコルを利用するため、全世界に普及することになった。このプロトコルは、インターネット通信技術の標準化を行っている団体であるIETF (Internet Engineering Task Force) がRFC (Request for Comments) で管理している。

5.3.2　通信経路（ルート）

図5.41ではLANのひとまとまりをノードとし、LAN間を接続しているインターネットをエッジで示している。この図では、ノードAからノードEにデータを送信する通信経路（ルート）を示している。ここで、ノード間の距離は考えない。

ノードAからノードEにデータを送信するルートは次の4通りが考えられる。

- A⇒B⇒D⇒E
- A⇒B⇒C⇒D⇒E
- A⇒B⇒H⇒F⇒E
- A⇒B⇒H⇒G⇒F⇒E

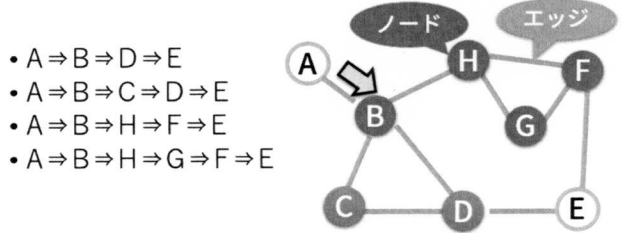

図5.41　通信ルート（例）

インターネットは分散システムであるため、一部のLANが通信不能になった場合、伝送可能な別のルートを探索し利用する。

ノードDが故障した場合、まだ通信可能なルートが2つある（図5.42 (a)）。ノードBとノードH間が通信不能になった場合、まだ通信可能なルートが2つある（図5.42 (b)）。

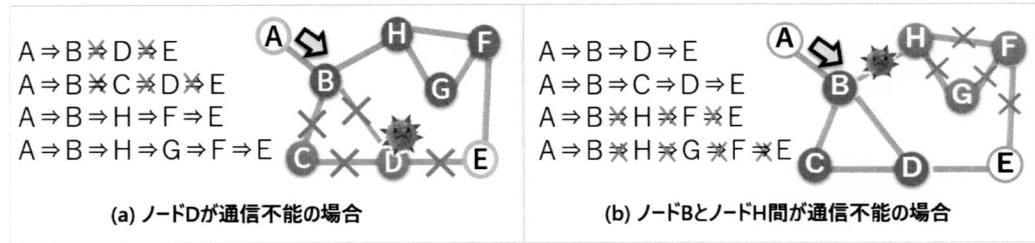

(a) ノードDが通信不能の場合　**(b) ノードBとノードH間が通信不能の場合**

図5.42　通信ルート

5.3.3　TCP/IPとデータの流れ

データは一定の大きさのパケットに分割され伝送される（図5.43）。分割するデータ量やそれぞれのパケットに付加する情報はプロトコルによって異なる。データをパケットに分割することで、1つのデータがネットワークを占有することを避けることができる。パケットにヘッダーなどが追加されることで宛先にデータが届くとともに元のデータに戻ることができる。

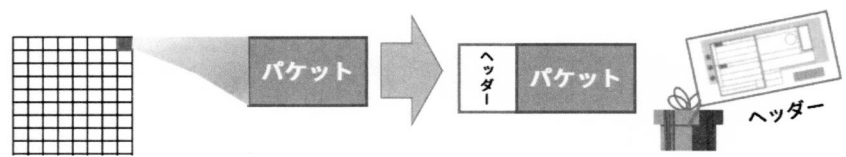

図5.43　パケットに分割

ヘッダーの主な情報は次の通りある。宅急便を同じ宛先に複数個送付するときに貼るタグに似ている。

・ポート番号（送信先、送信元）
・IPアドレス（送信先、送信元）
・MACアドレス（送信先、送信元）
・FSC(Frame Check Sequence)…通信途中での誤り検知に利用

5.3.4　IPアドレスとは？

IPとはインターネットプロトコル(Internet Protocol)の略である。IPアドレスとはルーターやコンピュータなどのネットワークへの接続ポイントに割り当てられるアドレスである。ネットワーク上の住所を示す数値であり、世界で唯一無二のものである。

IPv4(Internet Protocol version 4)とIPv6(Internet Protocol version 6)がある。インターネットでデータを送信するとき、IPアドレス以外にポート番号とMACアドレスが必要になる。

IPアドレス (IPv4)は8ビットの数字が4つ並んでいる32ビットの数値である。8ビットずつ10進数に変換しドットでつないだもので表す（図5.44）。

2の32乗=4,294,967,296(約43億個) のIPアドレス割り当てが可能である。

URLやメールアドレスは、ユーザが扱いやすい文字列とIPアドレスを1対1で対応付けられて

32bit

	8bit	8bit	8bit	8bit
2進数	11001000	10101010	01000110	00010000
10進数	200 ．	170 ．	70 ．	16

図5.44　IPアドレス (IPv4) の例

いる。たとえばhttps://www.mext.go.jp/は、このホームページが存在するWebサーバーのIPアドレスに変換される。

　IPアドレスは、IANAという組織が管理している。その配下に地域別の管理組織 (RIR) があり各地域のIPアドレスを管理している（図5.45）。

　　APNIC：アジア・太平洋、ARIN：北米、
　　RIPENCC：欧州、LACNIC：中南米、AfriNIC：アフリカ

　APNICの JPNIC一般社団法人 日本ネットワークインフォメーションセンターが指定事業者にIPアドレスを分配（割り振り）する。さらに、指定事業者がエンドユーザにIPアドレスを分配（割り当て）する。プロバイダーは、あらかじめIPアドレスをJPNICにまとめて申請し、年間維持料を支払っている。ユーザがアクセスポイントに接続しているときだけIPアドレスを貸し出す方式をとっている。

　2021年4月にIPv4アドレスがアジア太平洋地域で枯渇したため、現在、IPv4とIPv6が共存している（図5.46）。

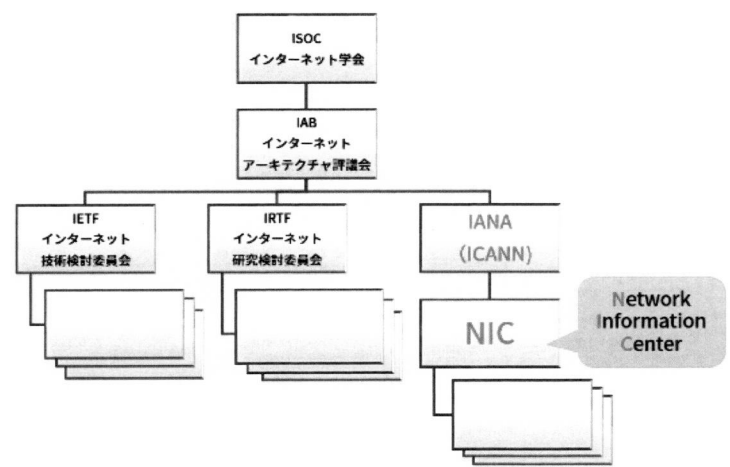

図5.45　IPアドレスの管理

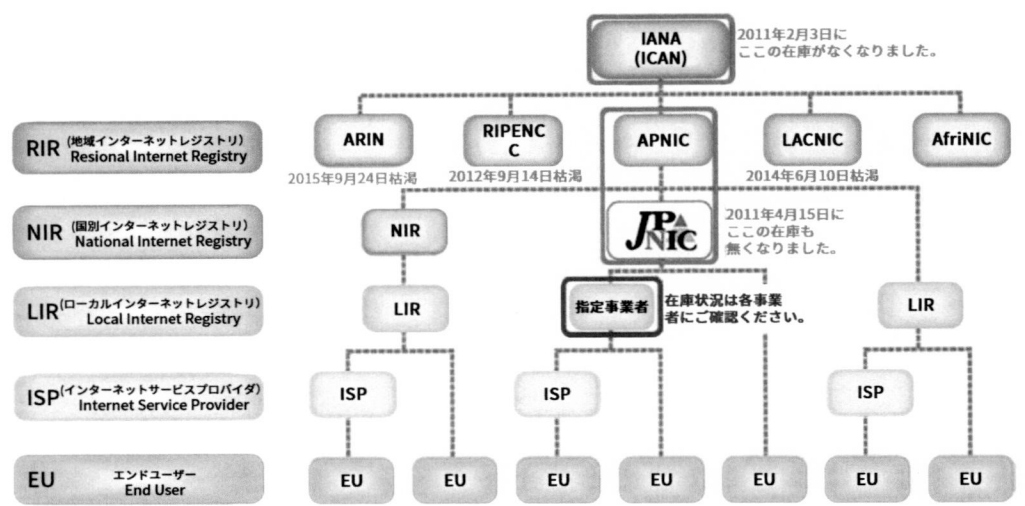

図5.46　IPアドレスの管理とIPv4枯渇
[出典：IPv4アドレスの在庫枯渇に関して][15]

5.3.5　ポート番号

インターネットを利用するために用いるアプリケーションごとに情報の出入り口が違っており、ポート番号で管理されている。ポート番号とは、同じコンピュータ内で動作する複数のソフトウェアのどれが通信するかを指定するための番号である。65,536個（16ビット）の入り口を決めることができる（図5.47）。

入り口の番号と出口側の番号は別であり、開いているか閉まっているかをそれぞれ決める。たとえばホームページのポート番号について、アクセス側（受信側）はサーバーのポート143を常に開けているが、送信側のホームページをアクセスする側のポートは閉じていて、アクセスするとき一時的に開くような仕組みになっている。よく使われるポート番号は図5.47のとおりである。

ポート番号	プロトコル名	用途
20	FTP	ファイル送信（データ本体）
25	SMTP	メール送信
110	POP3	メール受信（メールサーバーからメールをダウンロード）
143	IMAP4	メール受信（メールサーバーにメールを保存したままメール内容を確認する）
80	HTTP	Webページへのアクセス
443	HTTPS	セキュリティ強化（SSLで保護）されたWebページへのアクセス
53	DNS	IPアドレス検索

図5.47　ウェルノウンポート（よく使われるポート番号）

5.3.6　MACアドレス

　MACアドレス (Media Access Controlアドレス) は物理アドレス (Physical Address) ともいう。パソコンに搭載されているネットワークに接続するための装置ネットワークカード (NIC) (図5.48) ごとに割り当てられており、世界で唯一無二の数値である。NICのROM (Read Only Memory：読み出し専用メモリ) に、工場出荷時に書き込まれる48ビットの数値である。

図5.48　NICネットワークインフォメーションカード

　1台のパソコンの中にNICが複数ある場合が多く、それぞれにMACアドレスが付加されている。有線LAN、無線LANのどちらも利用できるパソコンの場合、それぞれで利用するNICにMACアドレスが付加されている（図5.49）。

　MACアドレスの前半の24ビットのうち市販されている機器は「00」で始まり、残り22ビットはベンダID (OUI (Organization Unique Identifier)) である。IEEEが管理するメーカーに割り当てられたコードである（図5.49）。

　後半の24ビットが固有製造番号であり、各メーカーがネットワーク機器1台ごとに割り当てたコードである。いずれも16進数で表現される。

市販されている機器は　00		ベンダID（IEEEが管理）	固有製造番号
0	0	24ビット（8ビット数値3個）	24ビット（8ビット数値3個）

図5.49　MACアドレス

5.3.7　プライベートIPアドレス、グローバルIPアドレス(IPv4)

　IPアドレス (IPv4) にはプライベートIPアドレスとグローバルIPアドレスがある（図5.50）。

(1) プライベートIPアドレス
　LANなどの独立したネットワークの範囲内でLANを管理している組織が自由に決められる。

(2) グローバルIPアドレス
　世界で管理されておりDNSサーバーでドメイン名（《例》mext.go.jp）と関連付けが行われる。

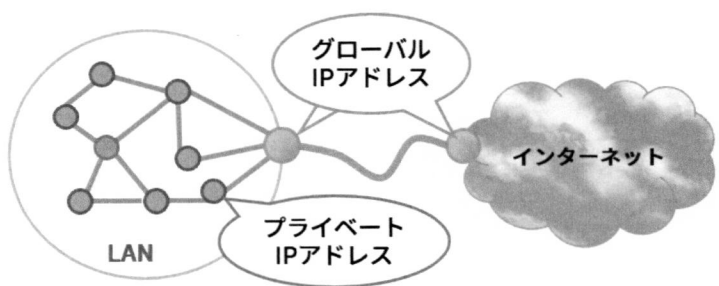

図5.50　プライベートIPアドレスとグローバルIPアドレス

　関連付けは通常ルーターで行われ、NAT(Network Address Translation)やNAPTという機能で変換する。NATは1つのプライベートIPアドレスを、NAPTは複数のプライベートIPアドレスを1つのグローバルIPアドレスに変換する。NAPTにより1つのグローバルIPアドレスに複数のコンピュータが同時にインターネットにアクセスできる。

　ルーターはルーティングテーブル（経路表）を参照し、最適な経路を見つけ、パケットを送信する(図5.51)。また、ファイアウォール（7.11.1参照）の役割を持つ。

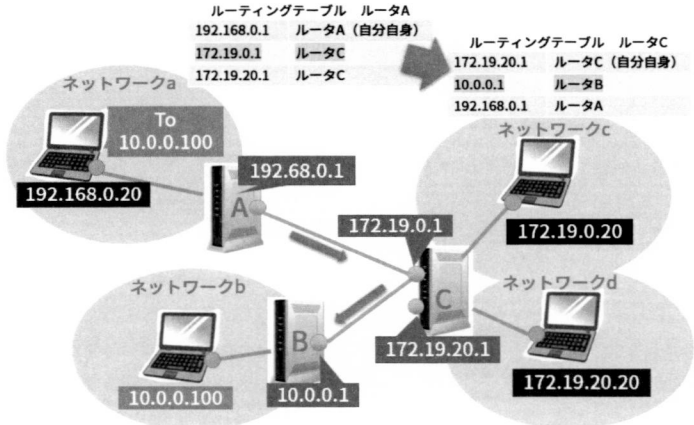

図5.51　ルーティング

5.3.8　IPバージョン6 (IPv6)

　IPv4は32ビットであり、2の32乗個、つまり、約43億個のIPアドレスを割り当てることができた。しかし、インターネットが急激に普及したため、IPアドレスが足りなくなり、在庫が枯渇した。現在、128ビットのIPv6が並行利用されている。

　IPv6アドレスは、16進数で表記された数値を16ビット単位8ブロックにコロン（:）で区切って表記する。

　《例》　3ae3:90a0:bd05:01d2:288a:1fc0:0001:10ee

IPv4

2の32乗＝4,294,967,296 (約43億) 個

IPv6

2の128乗＝340,282,366,920,938,463,463,374,607,431,768,211,456

（約340澗（かん））個

IPv4の 43億×43億×43億×43億倍

1人あたり10の28乗個のアドレスを割り当てることができる。

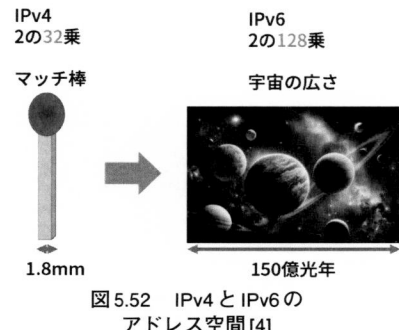

**図5.52　IPv4 と IPv6 の
アドレス空間[4]**

IPv6を利用することで、回線が混雑しても速度が低下しない安定した通信が可能となっている。

IPv4と互換性がないので、IPv4にしか対応していないサイトにはアクセスできないが、IPv4 over IPv6という技術が利用できる場合、アクセスできるようになる。

5.3.9 ドメイン名

Webページを閲覧する際、ブラウザにURL(Uniform Resource Locator)を入力する。これは、インターネットにおける情報の「住所」を示す。

httpsで始まっているが、Webページを見るときのプロトコル、つまり通信手段である。SSL/TLSという暗号化術を用いたHTTPS(Hyper Text Transfer Protocol over SSL/TLS)という通信を行うプロトコルを使っている。

ドメイン名の前のホスト名は、このWebサイトのディレクトリやファイルが保存されているサーバーの名前である。www となっているものが多い。

ドメイン名の後にディレクトリ名（フォルダ名）やファイル名を記載する。スラッシュ（/）で区切られていて、ディレクトリやファイルの構造を示している。図5.53では「a_menu」というディレクトリの中に「a001.html」というファイルがあり、そのファイルがブラウザに表示されている、ということである。

ホスト名＋ドメイン名をFQDN(Fully Qualified Domain Name 完全修飾ドメイン名)と呼ぶ。ドメインは汎用トップレベルドメインと国別トップレベルドメインがある。

図 5.53　URL の各部の名前

(1) gTLD (Generic Top Level Domain) 汎用トップレベルドメイン

インターネットが普及し始めたころは米国組織の企業などのサイトのドメインであった。最近は特に決まっていない。

.com：company や Commercial など
.net：network
.org：organization

ただし、sTLD (sponsored TLD) において、スポンサー付きの TLD は関係者のみ登録できる。たとえば.museum、.aero、.coop などがある。

(2) ccTLD (Country Code Top Level Domain) 国別トップレベルドメイン

全世界の国や地域を 2 文字のアルファベットが使用されている。日本では .jp が割り当てられており、自由に利用できる汎用 JP ドメイン名である。都道府県型 JP ドメイン名や、属性型・地域型 JP ドメイン名もある。

.ac.jp：大学など
.co.jp：企業
.go.jp：政府機関
.ne.jp：ネットワークサービス
.or.jp：企業以外の法人組織

トップレベルドメイン以外、日本では（株）日本レジストリサービス (JPRS) が管理している。JPRS が、インターネットの国別トップレベルドメインを楽しく学べる「世界ドメイン紀行」を公開している [16]。

(3) 名前解決

ドメイン名は人間にとって利用しやすいものであるが、コンピュータでは IP アドレスが利用される。ドメイン名を IP アドレスに変換することを名前解決といい、DNS(Domain Name System) サーバーで行われる（図 5.54）。

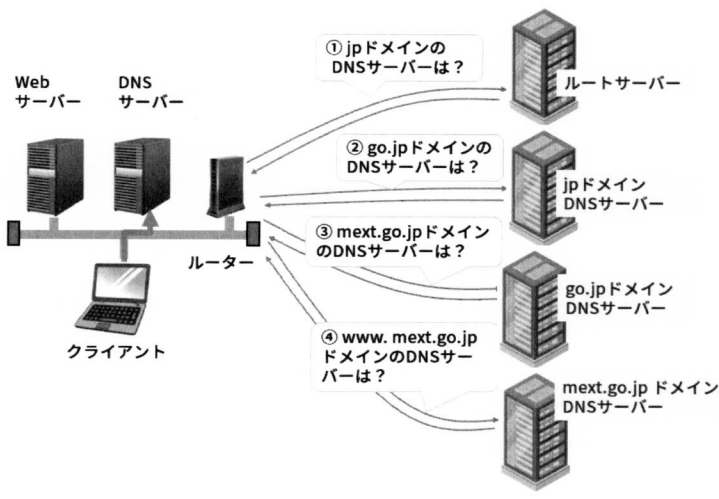

図5.54　名前解決

・DNSサーバーへ問い合わせる順序（図5.54）

　mext.go.jpの名前解決をする場合、まず、一番近いDSNサーバーに問い合わせる。要求された ドメイン名のIPアドレスがわかっている場合、その情報を返す。わかっていない場合、外部の DNSサーバーに問い合わせる。

　① ルートサーバー、② jp ドメインDNSサーバー、③ go.jp ドメインDNSサーバー、④ mext.ac.jp ドメインDNSサーバーの順に問い合わせる。

・ルートサーバーは世界で13登録されている

　日本では東京のWIDEプロジェクトが管理している（図5.55）。

　ホスト名やホスト名の別名をDNSサーバーに設定すると、自由なホスト名を作ることができる。

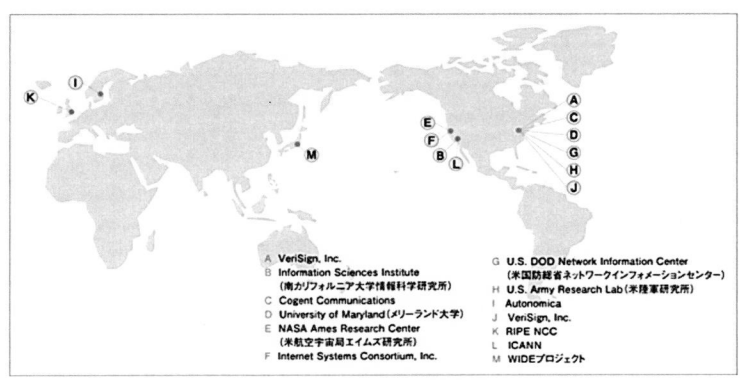

図5.55　各ルートサーバーの運用組織と所在地 [17]

・国際化ドメイン名

　従来のドメイン名で使用されているアルファベット、数字、ハイフンに加え、そのラベルに漢字やひらがな、アラビア文字などのASCII以外の文字を使えるようにする。

アクセスできる日本語JPドメイン名 - 見つけた日本語!JP
https://日本語.jp/case/accessible/

　全て全角で入力するとPunycode（ピュニコード）により7bit ASCIIからなるドメイン名に変換する。

> **【memo】日本語JPドメイン名のPunycode変換・逆変換**[18]
>
> 「日本語ドメイン名 EXAMPLE.jp」
> → 「xn--example-6q4fyliikhk162btq3b2zd4y2o.jp」

5.3.10　DHCP(Dynamic Host Configuration Protocol)サーバー

　LAN内のコンピュータに、プライベートIPアドレス（IPv4アドレス）などネットワーク利用に必要な設定を、他のコンピュータと重複しないように自動で割り当てるプロトコルである。DHCPサーバーで行われる。

【実習5-4】DHCPに関する情報、IPアドレス、MACアドレスなどを確認してみよう！

[Windows]
① 「スタート」右クリック→「ネットワーク接続」→「Wi-Fi」
② 接続しているLANのプロパティをクリック

図5.56　インターネットの情報 [Windows]

[Mac]
① 「アップルメニュー」→「システム設定」→「Wi-Fi」→「詳細…」
② 「TCP/IP」

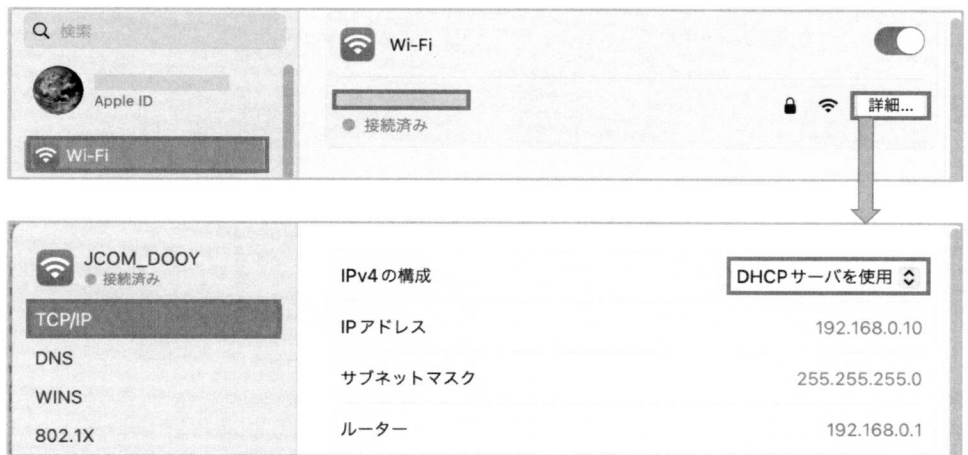

図 5.57　インターネットの情報 [Mac]

5.4　インターネットの利用

5.4.1　クッキー (Cookie)

　ユーザがブラウザを使ってWebサイトを閲覧したとき、ユーザがそのWebページのCookie を受け入れる場合、ユーザのCookie をパソコンやスマートフォンなどのデバイスとサーバーに一時的に書き込み保存する（図5.58）。再度同じドメインのWebサイトを閲覧したとき、Cookie がサーバーとユーザのデバイスから読み込まれデータが更新される仕組みである（図5.58、5.59）。

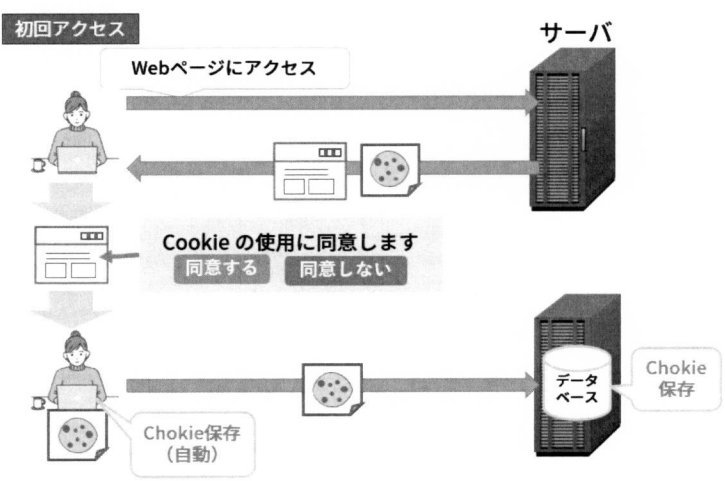

図 5.58　Cookie の仕組み（初回アクセス）

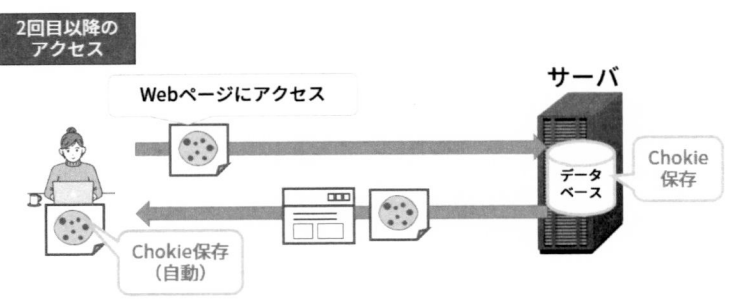

図5.59　Cookieの仕組み（2回目以降）

ほのぼのIT教室

いろいろネットで調べてみたけれどどれも今一つ納得がいきません。

ネットサーフィンしたんだね。何をググったんだい？

よくわかりませんが、ネットサーフィンてなんですか～

いつの間にか使われなくなったパスワードだ。

"「お気に入り」に保存"、もなくなったし、"All rights reserved" 記述も減りつつあるし。

Cookieがなんとか、言っている表示がでているサイトが多くなったんですが、クッキーって何ですか～
食べるクッキーと違うことはばっちりわかってますよ。(￣ー￣)v

くいしんぼうの君にしては・・・
いやくいしんぼうだからクッキー🍪が気になったんだな。

クッキーは会員証と考えるとわかりやすいよ。
会員証を発行してもらうときいろんな情報を店舗の書類やサイトに記入するよね。
その会員証には会員番号もついていて、買い物をするたびに見せる代わりに、その会員番号をもとに情報を調べ、いろんな情報を更新するんだよ。店舗に訪れた回数とか。何をしただとか。

わかりました～もう10時のおやつの時間。。。。クッキーたべたいです～

(1) Cookieとは何か？

　Cookieはテキストファイルであり、ID、パスワード、メールアドレス、閲覧履歴、訪問回数、情報のIDなどのテキストデータであり、ブラウザに紐づいて保存される。とても容量の小さいファイルである。

(2) Cookie の管理場所

・ブラウザ側

　Cookie はブラウザに紐づいているため、異なるデバイスで同じ Web サイトにアクセスすると、ブラウザ単位で自動的に Cookie が作成されたり更新されたりする。また、同じブラウザで別のドメインの Web サイトの Cookie は別に管理される。

　ブラウザ側の Cookie は自分で削除しないと残ったままになる。履歴が保存されないように設定することができ、その設定情報も保存される。

　共有パソコンの場合（たとえば空港などでの利用）、Cookie が残る仕組みになっている可能性があり、不正ログインされるリスクが発生する。

・サーバー側

　サーバーに用意したデータベースに保存される。

(3) Cookie 使用例

・ブラウザ側

　ショッピングサイトにアクセスしたとき、2 回目以降からユーザの名前が表示されたり、カートに入れていた情報が自動的に表示される。

　前回、購入した商品の関連情報、購入しなかった商品などがインターネット広告として Webページの一部に自動的に表示される。

・サーバー側

　リターゲティング広告を配信したり、Cookie の内容から行動履歴データを得ることでアトリビューション分析を行う。

【memo】

(1) リターゲティング広告（検索連動広告）
　一度 Web サイトにアクセスしたことがあるユーザが再度アクセスしたとき広告を配信する。HTML にリターゲティングタグを追加し、Cookie が作成される。たとえば、Google 広告、Yahoo 広告などがある。

(2) コンバージョン（マーケティング用語）
　ユーザや Web サイトの訪問者が、商品・サービスの購入や、会員登録、資料請求など利益につながるアクションをとることをいう。

(3) アトリビューション分析（マーケティング用語）
　ユーザがコンバージョンに至るまでにとった履歴などから貢献度を測ることをいう。たとえば、広告がクリックされ、商品やサービスが購入された場合、その顧客が購入に至るまでにどのような広告を見てきたかなど、広告表示数やクリック数などを調査し分析することをいう。

---

(4) Cookie の発行元

　Web サイトに広告が存在する場合、Web サイト発信元の Cookie (1st Party Cookie) と各広告の広告配信業者の Cookie (3rd Party Cookie) が作成され、各サーバーに保存される。

　閲覧履歴や IP アドレスが Cookie を発行したサーバーにデータが保存される可能性があり、不正利用のリスクがある。

【実習5-5】ブラウザに保存されているCookieを見てみよう！

[Google Chrome]
右上のドットが縦に3つ並んだボタンをクリック→「設定」→「プライバシーとセキュリティ」
→「Cookieと他のサイトデータ」→「すべてのCookieとサイトデータと権限を表示」

[Safari]
タブバー「環境設定」→「プライバシー」タブ→「Webサイトデータを管理...」

【memo】Cookieを削除したい場合

[Google Chrome]
　右上のドットが縦に3つ並んだボタンクリック→「設定」→「プライバシーとセキュリティ」→「閲覧データの削除」
→「Cookieと他のサイトデータ」をチェック→「データを消去」

[Safari]
　タブバー「設定」→「プライバシー」タブ→「Webサイトデータを管理...」→「削除」

5.4.2　検索エンジンとSEOとデジタルマーケティング

　身近なお店の情報から役所のお知らせまで、インターネットを通じてあらゆる情報が得られる
昨今、自分がインターネットを通じてデジタルマーケティングを行うこともそれほど関係のない
遠い話ではない。デジタルマーケティングとは、インターネットやIT技術を利用したマーケティ
ング手法である。

　デジタルマーケティングでは、インターネットで情報を得る仕組みは必須の知識となるが、通
常の利用でも検索結果がどのように得られるかについては知るべきである。たとえば、インター
ネットを検索していて仕組みが変わったように感じることがある。検索結果の表示順序を決める
アルゴリズムが随時アップデートされている。入力されたキーワードに最適なリストを表示する
ために常時改善を行っている。

(1) 検索エンジン(Search Engine)とは

　検索の際、キーワードを検索窓（テキストボックス）に入力すると、世界中のWebページの中
から、キーワードに関連するWebページを検索し、検索結果のリストが表示される。このシス
テムを検索エンジンという。かつては手動で情報収集と分類を行うディレクトリ型のサービスが
いくつかあり、そのうちの1つがYahoo! であった。しかし、Webサイトが手動では追いつかな
いほど大量となったため、現在ほとんどロボット型である。そして、検索の仕組みは日々進化し
続けている。

　図5.60は日本と世界の検索エンジンの市場シェアを示している。日本はGoogleが第1のシェ
アであり、次いでYahoo! が第2のシェアとなっている。Yahoo! はGoogleの検索技術を利用
しているが、検索結果の表示とともに、Yahoo! ショッピングやYahoo! 天気・災害、Yahoo!

地図などさまざまなサービスが表示される。世界ではGoogleのシェアが市場を席巻している状況にある。

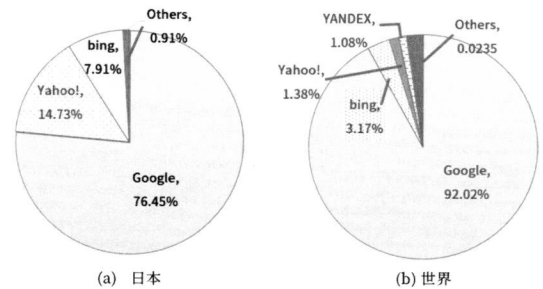

図5.60　検索エンジンの市場シェア（2021/12〜2022/11）
出典：StatCounter Global Stats から作成 [21]

【チェック問題5-4】

問　GoogleとYahoo! それぞれに同じキーワードを入力し、検索結果を比較せよ。

---

(2) 検索の仕組み（Google検索）

　検索エンジンでは、クローラーというソフトウェアが世界中のWebサイトを巡回し情報を収集する。「這い回る」という意味のCrawl（クロール）という言葉がもとであり、ボット(bot)やロボット(robot)やスパイダー(spider)とも呼ばれる。検索エンジンごとに用意されている（表5.3）。

表5.3　クローラーの種類

検索エンジン	クローラー
Google	Googlebot
Yahoo!	Yahoo! Slurp
Bing	Bingbot

検索エンジンの処理は次のとおりである。

① クローリング：クローラーがWebページの情報を定期的に収集（クロール）する。
② インデクシング：クローラーが収集されたHTMLのタグやCSS、JavaScript、画像、PDFファイル、文字情報などを記録し解析したあと、データベースに登録する。インデックスと呼んでいる。
③ ランキング：データベースに基づきランク付けを行い、評価の高い順に検索結果として表示する。

　Googleは自然言語処理技術MUM(Multitask United Model、マルチタスク統合モデル) を用いて分析する (2022年)。2019年に導入されたBERT(Bidirectional Encoder Representations from Transformers)に比べ1000倍の処理能力を持つとされており、次の特徴を持つ。

・検索の意味を推測し生成できる。
・テキスト（文字列）だけでなく画像を含めた情報を扱うことができる。
・75の言語を含めた情報を対象とした検索を行うことができる。

> 【NOTE】自然言語処理NLP (Natural Language Processing)
>
> 　人が話したり書いたりする言葉の意味の処理・分析を行う。形態素解析、構文解析、意味解析、文脈解析の処理が行われる。

(3) Webページ検索品質評価ガイドライン（Google検索）[22]

　GoogleはWebページの検索品質評価ガイドラインとして、「E-E-A-T」という基準に従ってランキングを行っている。このガイドラインは2022年12月、「E-A-T」に新たにEという基準である経験が追加された（図5.61）。

図5.61　Google 検索品質評価ガイドライン「E-E-A-T」

　このガイドラインにより、YMYL(Your Money or Your Life)、つまり、ユーザの生活に大きな影響を与える金融、法律、医療、時事、人権問題、ショッピングなどのWebサイトに対して特に重視されている。
　Webサイト制作者は次を考慮したサイト作りが必要とされている。

・正確性の高い情報
・一次情報の掲載
・高品質なコンテンツ
・常に最新の状態の情報の掲載。

【チェック問題5-5】
問　一次情報とはどのような情報か説明せよ。

---

(4) SEOとデジタルマーケティング

　SEOは検索エンジン最適化 (Search Engine Optimization)のことであり、ウェブポジショニングとも呼ばれる。ユーザが検索エンジンを利用してキーワードを入力し検索したとき、Webサイトを、目立つ場所に表示させる。つまり、検索エンジンに対してWebサイトの内容をアピールすることができ、ユーザに対しても的確な情報を提供できるようにする。

　Webサイトの表示回数が増えると、Webサイトへのアクセスが増えるなど集客力が高まる。そして、Webサイトのコンバージョン（問い合わせや購入など）達成につながる。認知度を拡大できる、一方で、広告費を削減することができる。

【memo】

サーチエンジンマーケテイング (SEM、Search Engine Marketing)（図5.62）

図5.62　検索エンジンマーケティングが関係するWeb技術要素

　SEM (Search Engine Marketing)は検索エンジンマーケティングのことであり、Webサイトを訪れるユーザを増やすためのマーケティング手法である。SEOやリスティング広告（検索連動型広告）がある。

　リスティング広告とは、検索結果の上位の表示される広告枠のことである（図5.63）。企業などの組織がマーケティングの優位性のため、SEOを行う。

【チェック問題5-6】

問1　ランディングページ最適化について説明し、SEOとの違いについて説明せよ。

問2　インターネットによる以下の広告手法を比較し、説明せよ。

・リスティング広告

・リターゲティング広告

問3　インターネットによるマーケティングに関して、以下の2つを用いてどのように活用されているか、述べよ。

・CVR(Conversion Rate)

・CTR(Crick Through Rate)

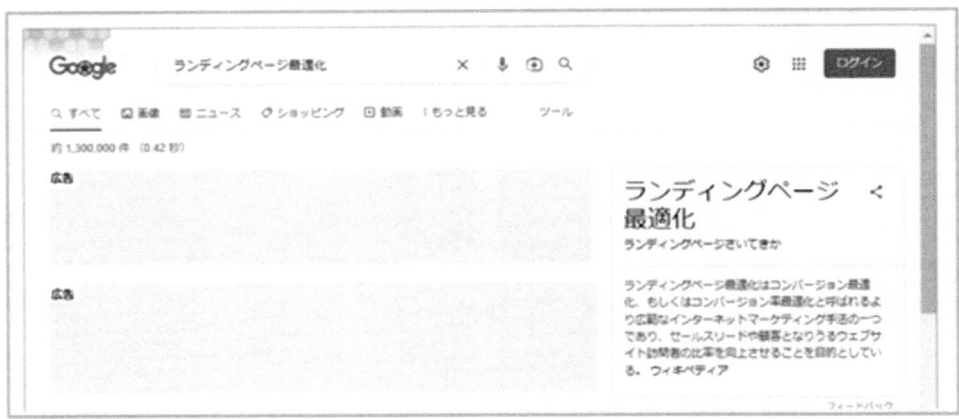

図 5.63　リスティング広告

第**6**章

情報の整理

インターネットに関わる技術の発展とともに、専門の知識がなくても簡単にさまざまなサービスを利用することができている。また、コンピュータを使って入力したデータや、SNSに保存したデータがどこにあるかを意識することなく利用できる。インターネットやスマートフォンなどの機器や、アプリの性能を全面的に信頼して利用しているのだ。しかし、実際はさまざまなリスクとともに成り立っている。

本章では、自分が発信したもの、保存しているものがどうなっているのかを、実習「簡単なWebページ作成」を通じて体感する。同時に、インターネットやコンピュータの仕組みの理解を深める。

6.1　ファイルとフォルダ〜簡単な情報整理〜

　自分の所有物がどこにあるかはわかっているが、それがソフトウェアといったものになると、「多分このあたりにある」といった適当な状態になってしまう。最初に作った場所に永遠に存在すると思っている。あるいはいつの間にかなくなっているとも思っている。つまり人間の記憶と同じように考えがちである。しかも作った場所を確認しないため、次にコンピュータにアクセスしたとき、場所が不明になることは多い。アプリや機器が管理してくれていると思っている。クラウドか、自分のパソコンの中のストレージに存在するのかは最低限知っておく必要があるだろう。

6.1.1　ファイルとは？

　私たちがよく利用しているパソコンとしてWindowsやMacがあるが、それらはOS自体やそれに関係する各種データをファイルに記録し、フォルダにまとめて管理している（図6.1）。ファイルとは、データを記録する媒体（入れ物）である（ただし、すべてのコンピュータがファイルを用いて情報の管理をしているわけではない）。Microsoft WordやMicrosoft Excelのファイル、静止画像データファイル、動画像のファイル、プログラムのファイル、OSのファイルなど多くの種類のデータを保存するファイルがある。たとえば、インターネットでWebページを見る場合、1ページに少なくとも1つのファイルが使われる。表示されている画像のファイルも存在する。

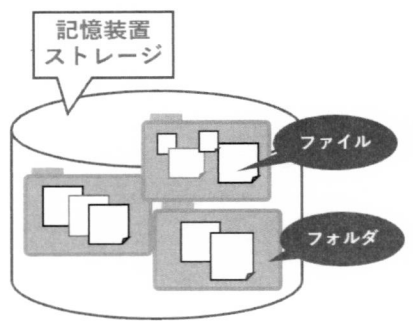

図6.1　ファイルとフォルダ

6.1.2　フォルダとは？

　いろいろなものを整理するとき、使用する目的や種類ごとに棚や箱などにまとめるが、それと同じように、コンピュータのファイルもまとめて保存する。その棚や箱のようにファイルを1つのグループにまとめる場所をフォルダという。プログラミングをするときディレクトリという言葉があるが、ファイル整理の考え方としてはフォルダと同じと考えてよい。

　たとえば、ものを整理するように、コンピュータのファイルも整理し収納する。

・本を教科書、雑誌、マンガなどに分類して本箱に並べる。
・引っ越しのとき、種類別に段ボールに詰め、引っ越し先でそれぞれの部屋へ運ぶ。

ほのぼのIT教室

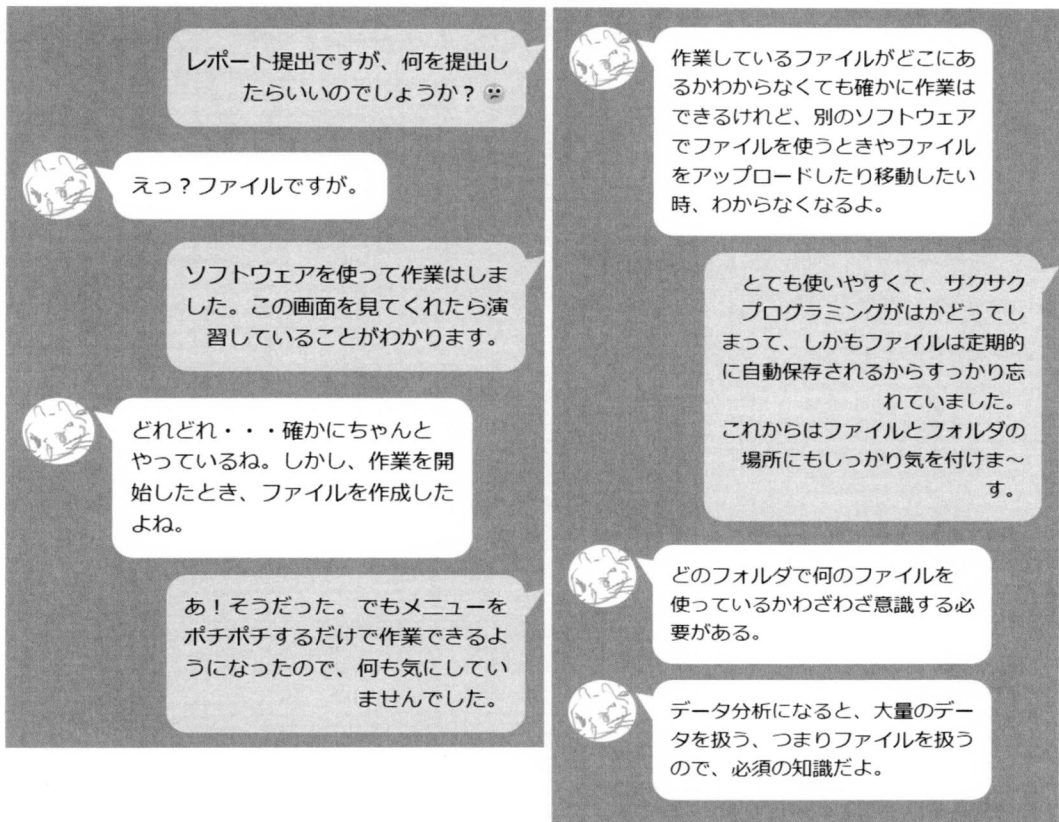

6.1.3 ファイル名やフォルダ名の命名

　パソコンを使って文書を作成したり、画像を保存するときファイル名を付けて保存する。ファイル名のつけ方には次の制限がある。Windowsのほうが使えない文字が多い。さらにプログラミング言語によっても異なる命名規則がある。ここではOS別にファイル名やフォルダ名で使うことができない文字や使わない方がいい文字を挙げている。

(1) 使わない方がいい文字、使えない文字

[Windows]

安心して使える半角記号

　・-（マイナス）、_（アンダースコア、アンダーバー）、@（アットマーク）

使わない方がいい文字

　・半角スペース、全角スペース

　・半角記号

　・～（チルダ）、#、%、&、{、}、.（ピリオド）

　・先頭文字が.（ピリオド）

・機種依存文字

使うことができない文字

　　・半角記号：¥（円マーク）、/（スラッシュ）、:（コロン）、*（アスタリスク、アステリスク）、?（クエスチョンマーク）、"（ダブルクォーテーション、ダブルクォート）、>（不等号）、<（不等号）、|（バーティカルバー、縦棒）|

　　・予約語：AUX、COM0 ～ COM9、CON、LPT0 ～ LPT9、NUL、PRN

[Mac]

使うことができない文字

　　・半角記号

　　・先頭文字が .（ピリオド）、:（コロン）

【チェック問題6-1】

問1　ファイル名やフォルダ名にスペースを含めない方がいい理由を述べよ。

問2　機種依存文字について次のキーワードを含めて簡単に説明し例を挙げよ。

《キーワード》文字化け

---

(2) ファイル名やフォルダ名の命名のコツ

　ファイル名やフォルダ名を付けるときルールを作ると、ファイルやフォルダを探す手間を省くことができ便利である。また、他の人たちとファイルやフォルダを共有する場合、誰でも内容がわかるような名前を付けると利用しやすくなる。次はおすすめの例である。

　・作った年月日を含める。
　　《例》情報_20230401
　・名前にスペースを含めないようにする。
　　全角スペースの代わりに -（半角ハイフン）や _（半角アンダーバー）を使おう。
　・順番がある場合、先頭に連番を付けると見やすい。
　　《例》01_入門、02_初級、03_中級
　・名前を長くしない。
　　名前の文字長は256桁まで、パス名（6.2.2参照）の長さは260桁までに制限されていることが一般的である。

6.1.4　拡張子（かくちょうし）

　ファイル名の最後に付与された、ピリオドとその後ろについている英数字の文字列（1文字以上の文字の列）を拡張子という。拡張子はファイルの種類を表す（表6.1）。

　Windows のエクスプローラやMac の Finder でファイル名を見ると拡張子が表示されてない場合が多い。これは初期状態では拡張子は表示されないような設定になっているためである。エ

クスプローラやFinderで表示されたファイル名をダブルクリックすると、ファイルを閲覧できるアプリケーションが起動するようにあらかじめ設定されているものもあり、このアプリケーションを変更することもできる。

表6.1　拡張子の例

拡張子	説　明
.docx	Microsoft Word ファイル（Word 文書）
.doc	Microsoft Wordファイル（Word 97-2003 文書）
.xlsx	Microsoft Excel ファイル（Excelブック）
.xls	Microsoft Excel ファイル（Excel 97-2003 ブック）
.pdf	電子文書
.jpg、.gif、.png、.svg	画像ファイル
.html、.htm	HTMLファイル

　ファイルの種類はアイコンで確認できるので拡張子は必要ない、と感じるかもしれないが、案外利用する場面が多いので、拡張子を表示しておこう。

【実習6-1】拡張子を表示しよう！

[Windows]

1. 「エクスプローラ」を起動する。
2. メニュー「表示」をクリックする。
3. [Windows11]の場合、一番下に表示されている「表示」をクリックする。
4. 「ファイル名拡張子」をチェックする。

(a)　Windows10の場合　　　　　(b)　Windows11の場合

図6.2　[Windows] ファイル名拡張子の指定

[Mac]

1. 「Finder」を起動する。
2. メニューバーの「Finder」をクリックする。
3. 「環境設定...」または「設定...」をクリックする。
4. 「詳細」タブをクリックする。

5. ［すべてのファイル名拡張子を表示］をチェックする。

6.2　データ管理

　パソコンのアプリケーションを利用しファイルを保存するとき、いつの間にかどこかのサーバーに保存されていることもある。そして、目の前のパソコンの中に保存されていると思い込んでいるかもしれない。しかし、自分の所有物であるファイルの存在する場所、つまりストレージがどれかは知っておくべきである。個人情報が入っているファイルだった場合、保存した場所が不明であれば、セキュリティ的にも極めて危険である。また、データ分析やプログラミングを行うときなどファイルやフォルダの知識がなければ全く処理できない。

6.2.1　ファイルシステム

　ファイルやフォルダの管理を行うのがファイルシステムである。ファイルシステムは、OSの種類やバージョンによって管理方法が異なる。

Windows：エクスプローラー
Mac：Finder ファインダー

　ファイルシステムはツリー構造でファイルやフォルダを管理する（図6.3）。ツリー構造を木構造とか階層構造ともいう。フォルダ構造ではフォルダの上下関係を「親」や「子」と呼び、「親」は1つだが複数の「子」を持つことができる[1]。

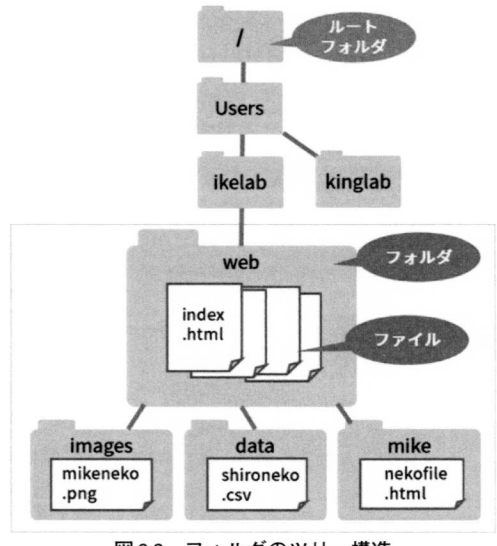

図6.3　フォルダのツリー構造

　ツリー構造において、全てが保存されているツリー構造の最上位のフォルダをルートフォルダといい「/」（スラッシュ）または「\」（バックスラッシュ）、「¥」で表す。そのフォルダにフォルダやファイルを保存していく。どんどん広がっていき、下に向かって枝が伸びていっているような形になる。

　同じ階層ではファイル名とフォルダ名は一意でなければならない。また、ある時点で注目しているフォルダをカレントフォルダという。ルートフォルダは変わらないが、カレントフォルダは変わっていく。ルートもカレントも英語の意味を考えるとその役割がわかる。

【memo】

(1) ファイルシステムとセキュリティ問題
　ファイルシステムが脆弱であると、マルウェアのターゲットになる（7.4参照）。使用しているパソコンのOSは脆弱性対策された最新のものを使う必要がある。
　また、クラウドでの運用が一般的になることにより、ファイル管理はクラウド上で行うことが多くなってきている。クラウド上のファイルを安全に管理できるように研究、開発が進んでいる [2][3]。

(2) バイナリツリー
　すべてのノードの保つ子への数が最大2つの場合バイナリツリー（二分木、二進木）という。「バイナリ」とは「二進数の」「2つの」という意味を持つ（図6.4）。

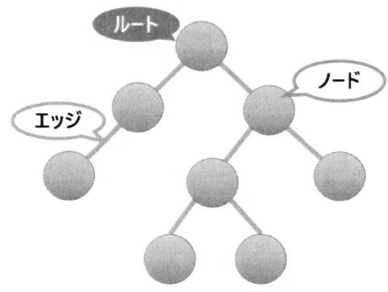

図6.4　バイナリツリー（二分木、二進木）

6.2.2　パス

　パス(Path)は、ファイルやフォルダの位置を示す。ファイルを指定する時場所（パス）が必要な場合、その場所である「パス」とファイルを合わせた名前、パス名を指定する。Webページを作成したり、アプリをインストールするときなど、パス名が必要になることがある。また、ホームページのURLの一部にも利用されるなど、パスを見かけたり利用したりする機会は意外と多い。

　パスはフォルダやファイルを「/」（スラッシュ）または「¥」で区切りを表す。パスの表し方として2通りある。絶対パスと相対パスである。

(1) 絶対パス（フルパス）

　ルートを基点として目的とするフォルダまたはファイルまでのパスを絶対パス（フルパス）と

いう。図6.3のファイル「index.html」と「mikeneko.png」のパス名は次の通りである。

/Users/ikelab/web/index.html

/Users/ikelab/web/images/mikeneko.png

(2) 相対パス

　ファイルのあるフォルダを基点として目的のフォルダにあるファイルのパスを相対パスという。図6.5は図6.3の点線部分のファイル階層構造を抜き出したものであり、あるWebサイトのフォルダとファイルの図である。

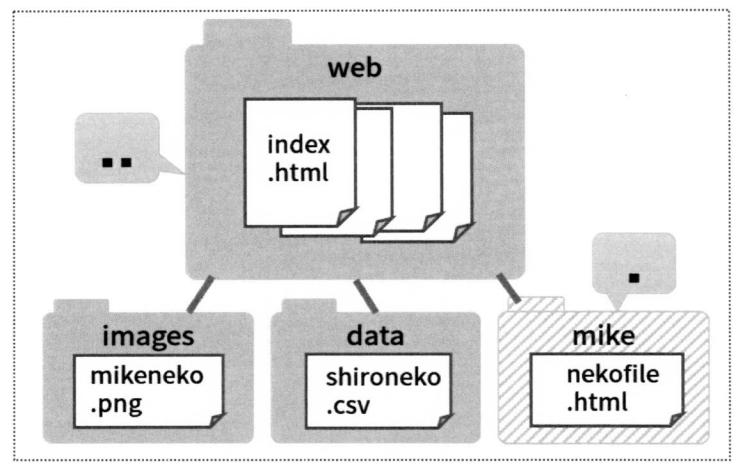

図6.5　ファイルの階層構造（一部）

例1：フォルダ「mike」の「nekofile.html」から「mikeneko.png」を参照する場合（図6.5）

　フォルダ「images」にあるファイル「mikeneko.png」を参照する場合のパスは、「../images/mikeneko.png」になる。「..」は親フォルダを示している。ファイル「nekofile.html」があるフォルダ「mike」の親フォルダ「web」にあるフォルダ「images」のファイル「mikeneko.png」となる。

例2：フォルダ「web」の「index.html」から「shironeko.csv」を参照する場合（図6.5）

　フォルダ「web」にあるフォルダ「data」のファイル「shironeko.csv」を参照する場合のパス名は、「./data/shironeko.csv」である。「./」は基点とするフォルダを示す。

　ファイル「index.html」が存在するフォルダ「.」にあるフォルダ「data」のファイル「shironeko.csv」となる。

(3) 相対パスのメリットと注意すべき点

　相対パスのメリットとして、ソフトウェアなどを作成する際、フォルダを移動してもプログラム

を修正する必要がなくそのまま動作することが挙げられる。フォルダ「web」の直下にあるファイル、「index.html」のプログラムに相対パス名を書くことで、フォルダ「web」直下のファイル構造を別の場所、たとえば、図6.3のフォルダ「kinglab」に移動させてもファイルのパス名の修正の必要がない。

ただし、直下の全てのファイルをまとめて移動するのでなく、一部のフォルダやファイルを移動させるとファイル参照ができなかったり、リンク切れを起こす可能性があるので、フォルダやファイルの移動時には注意が必要である。

【チェック問題6-2】

問1 図6.3において、次の絶対パスを確認してみよう。

「nekofile.html」の絶対パス名は？

「shironeko.csv」の絶対パス名は？

問2 図6.5において、フォルダ「web」の「index.html」のプログラムを基点とした場合、次のファイルの相対パスを確認してみよう。

フォルダ「mike」の「nekofile.html」の相対パス名は？

「mikeneko.png」の相対パス名は？

【実習6-2】フォルダやファイルのパス名を確認してみよう！

[Windows]
① エクスプローラを起動する
② パス名を知りたいフォルダまたはファイル名を右クリックする。
③ メニュー「プロパティ」をクリックする。
④ 「ファイルの場所」がパス名である。

[Mac]
① Finderを起動する。
② メニュー「表示」→「パスバーを表示」
③ ファイル名をクリックするとウィンドウ下部にファイルのパスが表示される。
④ 正確なパス名を知りたい場合、ファイル名をクリックし、[option] + [command] + [C] を押したあと、「テキストエディット」に張り付けを行うと、パス名がわかる。

【NOTE】オンラインストレージ

クラウドストレージともいう。インターネット上でファイルを共有するサービスである。

6.2.3　バックアップ

ほのぼのIT教室

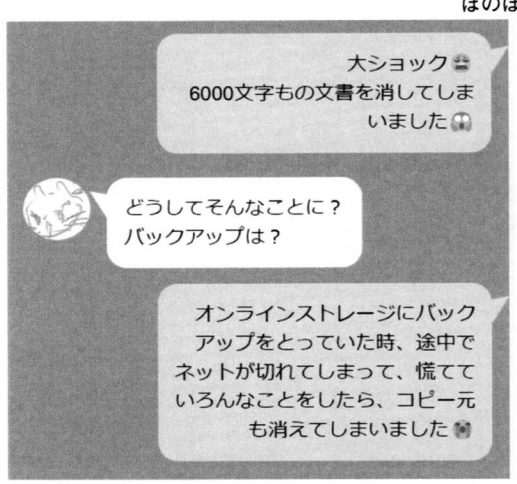
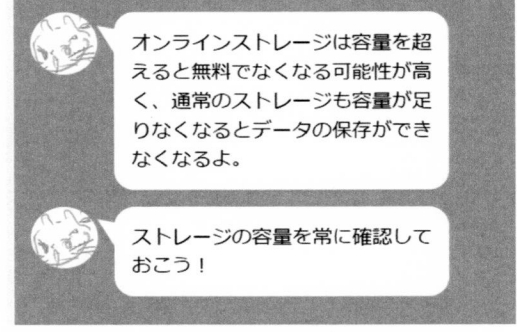

　パソコンを入手したとき、コンピュータは完璧だ、と思い込んでしまうかもしれない。しかし、家電製品に保証期間があるように、パソコンもその一部が壊れるなど、リスクを考えて利用することは必須である。一方、どんなに慎重に操作していても、誤操作などでファイルやフォルダなどがゴッソリ消える可能性がある。また、外的要因も手伝って、ファイルが破壊されたり、記憶している機器が故障したりすることも珍しくない。こんなとき、データのコピーを取っておく、つまりバックアップを取ることは最重要である。

(1) バックアップ先

　バックアップは、同じコンピュータの別のフォルダ、デバイスに接続して利用するストレージ（外付けSSDやHDD、USBメモリ、光ディスク（CD、DVD、Blu-rayディスクなど））に取る方法や、オンラインストレージに保存する方法がある。バックアップ先をどこにするかはセキュリティや容量、ツールの選定なども含め慎重に考える必要がある。

(2) ストレージ容量不足

デバイス内部のストレージ容量が不足した場合、次の状態になる。

- ・データの保存ができない。
- ・デバイスの動作が遅くなる。
- ・動作が異常になる。

次の対処法が可能である。

- ・自分が保存した不要なデータを削除する。デスクトップのアイコンを削除する。

・表示したWebページのデータ（閲覧履歴）は、コンピュータに一時的に保存される機能（キャッシュ）により、コンピュータ内に一時的なファイルが蓄積される。このファイルを削除する。
・アプリケーションをアンインストールする。
・外付けSSDやHDDなどにファイルを移動する。

(3) ストレージの空き容量を確認する方法
ファイルシステムを利用してデバイスの空き容量を確認する方法は次の通りである。

① [Windows]
エクスプローラの左のフォルダ一覧のうち、「PC」（場合によっては別の名前になっている）のフォルダをクリックすると右側に図6.6のような「デバイスとドライブ」が表示される。また、ネットワーク上の他のストレージに接続し、ドライブ名を割り振っている場合「ネットワークの場所」が表示される。

また、デバイス名と割り振られたドライブ名、インジケータによる記憶領域の全容量と空き容量が表示される。接続したデバイスにアクセスできない場合は表示されない。たまに動作が不安定であるといった相談を受けるときこちらを見ると、通常青色であるインジケータが赤色になっている。ディスク容量がもうすぐ不足することが確認できる。この場合、不要なファイルを削除し、空き容量を増やしておく必要がある。

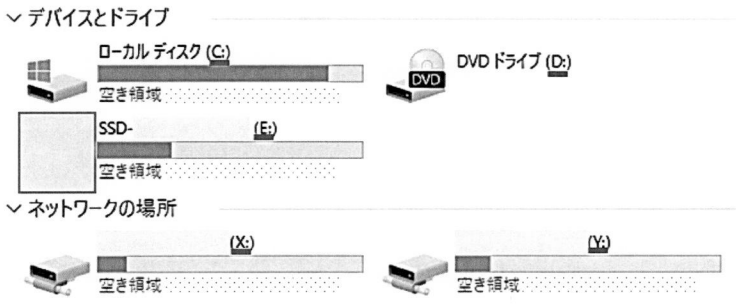

図6.6　Windowsの「デバイスとドライブ」例

Windowsパソコンでパス名の先頭に「C:」がついている場合を「Cドライブ」という。通常必ず「Cドライブ」が存在する。ストレージ（補助記憶装置）に「C」という文字が割り当てられている。Windows では、Windowsシステム本体のファイルを「Cドライブ」に格納している。

図6.6ではパソコンに「Cドライブ」が、補助記憶装置のDVDに「Dドライブ」、SSDに「Eドライブ」が割り当てられている。現在DVDにはインジケータの表示がないため利用されていないことがわかる。またネットワーク上のストレージに接続し、それぞれ「Xドライブ」と「Yドライブ」が割り振られていることがわかる。

パス名の途中に「OneDrive」のフォルダが存在する場合がある。「OneDrive」とは、Microsoft社が管理するオンラインストレージであり、サーバーにフォルダ「OneDrive」以下が保存されており、自分のパソコンの中に存在しない。

「スタート」右クリック→「システム」→「記憶域」でも「Cドライブ」で保存されているファイルの種類ごとの容量や「OneDrive」にバックアップされている容量が確認できる。

② [Mac]
《macOS Ventura 13》
　(a)「アップルメニュー」→「システム設定」
　(b) サイドバー「一般」→「ストレージ」

図6.7　[mac]ストレージの状況

(c) 外部ストレージを接続しているとき、図6.7のウィンドウの右上に「すべてのボリューム」ボタンが表示されるのでクリックする。図6.8は外部ストレージのUSBディスク（USBメモリ）の情報が新たに表示された例である。

図6.8　[mac]ストレージの状況　複数ボリュームの場合

《macOS Monterey 12》
　(a)「アップルメニュー」→「このMacについて」
　(b)「ストレージ」→「管理」

【NOTE】データのバックアップ

データのバックアップは、システムの規模に限らず重要な課題である。特に、未曾有の災害に対応できるようなシステムが、さまざま分野で研究、開発されている。データを分散管理するのも1つの方法である[4]。

6.3　コンピュータとプログラミングになじむ方法

コンピュータとプログラミングになじむ方法として、ここではHTMLを用いた簡単なWebページ作成を行ってみよう。もはや私たちの大半は朝起きて夜寝るまでインターネット利用に始まりインターネット利用に終わる日々を過ごしている。Webページを閲覧しSNSに書き込む。ブログやコミュニケーションツールなどで自分の意見や作品を、また、自分の作成した動画もいとも簡単に投稿できる。ショッピングサイトやフリマアプリを利用して商品の売買、余暇を楽しむゲームなど、もはや日常の世界がかなりの割合でインターネットの中に構成されたも同然になっている。しかもそこは世界と直結している。

黎明期のWebコンテンツはテキストと容量の少ない画像で構成されていた（図5.24）が、2000年ごろからブロードバンド（大容量通信可能なインターネット接続回線）が普及し、大容量の動画を配信できるまで進化した。「大容量」「低遅延」「多数同時接続」可能なサービスがインターネット上で可能となった。またさまざまなビジネスが展開されている。

現在CMS(Contents Management System：コンテンツ管理システム)というソフトウェアを用いると、専門知識がなくても簡単にWebサイト作成や構築、運営ができる。しかし、CMS導入時や、カスタマイズするときには、インターネットの知識やWebページ作成の基本知識などが必要になってくる。専門知識といっても、他のプログラミング言語をマスターすることと比べるとそれほど難しいものではない（図6.9）。

図6.9　Webページ作成のための技術イメージ

【NOTE】

(1) ワードプレス (WordPress)
　 CMS において世界で広く使われている CMS である。オープンソースソフトウェアである。

(2) カスタマイズ
　 パソコンなどで、使用者の必要に応じてシステムやプログラムの設定、機能に変更を加えること。

　入門レベルでの HTML を用いた Web ページ作成を学ぶことは、コンピュータのファイル操作、各種ファイルの種類、ファイル構成などの扱い方、また、インターネットの知識や仕組みも体感することができる最強の方法である。HTML 言語を用いた Web ページ作成は、C 言語や Python などのプログラミングほどのエラーは出ないが、意図する Web ページを表示できることが、ある意味それらの知識が正しいかどうか、の解答となる。つまり、次の知識の確認になる。

・パソコンのフォルダやファイルの扱い方を学ぶことができているか？
・インターネットに関する知識（セキュリティを含む）について、身近なホームページを作成することで理解を深めることができたか？
・プログラム作成時に『エラー体験』をすることで、「ものづくり」の本質が把握できているか？

　また、HTML を用いた Web ページ作成の仕組みを知ると、サーバーにアップロードすることで簡単に世界に公開でき、セキュリティの意識を高めることができる。さらに、美しい静止画像や動画を表示するにあたり画像作成を含めた画像の取り扱い方の知識を得るとともに、次なるステップとして著作権などの知識を高めることになる。
　このような「ものづくり」に付随する技術を高め、実際にものづくりを体験するとともに、ある程度の規模のサイトをつくるための企画、構築、テスト、運営などの情報システム構築手順やプロジェクトマネージメントの理解につながっていく。そしてハードウェアの知識も逃すことができない。なにより、自分の知識や知恵、意見などがすぐに世界に広まる、ということの責任感が生まれる。
　ここでは、簡単なホームページを作成しながら、今まで学んだ内容を Web ページという「ものづくり」とともに再度確認していこう。これには、パソコンに最初から用意されているアプリケーションを使うだけでできる。新たに用意したほうがいい作業効率のよくなるコードエディタである「Visual Studio Code(VScode)」（Microsoft が提供している無料（フリーソフトウェア）のコードエディタ）をダウンロードしインストールする方法も説明する。新しいパソコンにアプリケーションをインストールする、というのが特別なことであると意識する人もいるかもしれないが、スマートフォンにアプリをインストールするといった意識と同じでよく、特別なことではない。むしろ、いろんなアプリケーションをインストールして利用する方法が普通であることを知っておこう。

ほのぼのIT教室

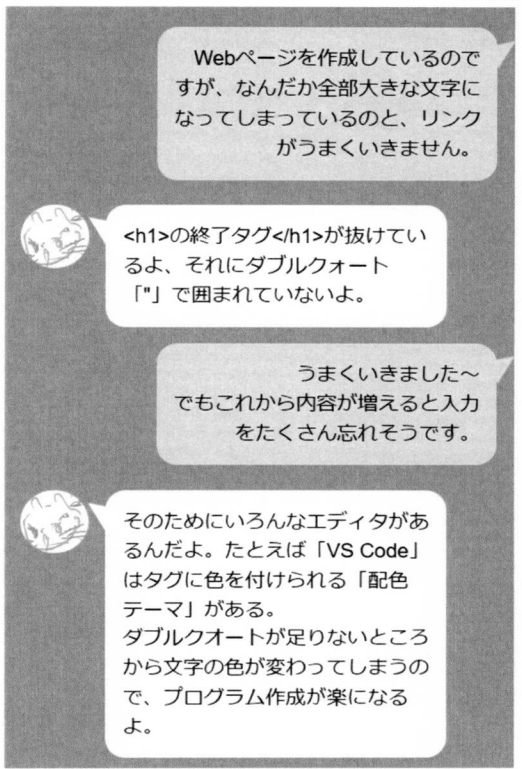
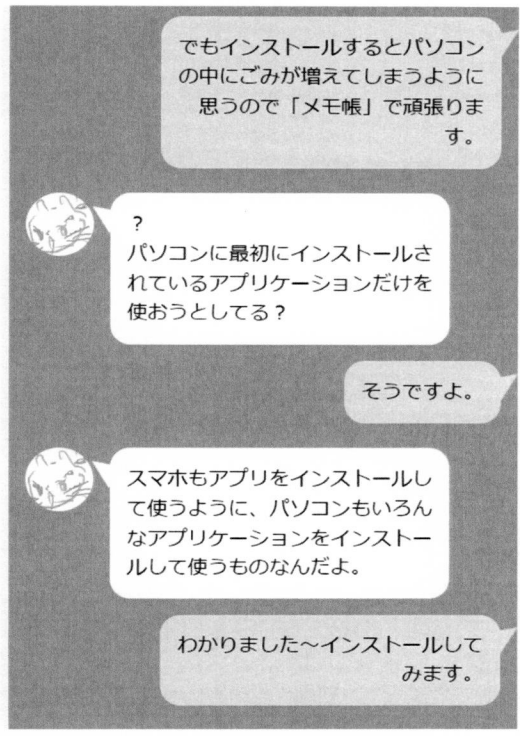

【NOTE】「Webページ」、「Webサイト」、「サイト」と「ホームページ」

・「Webページ」
　1ページごとのページ本体、WebサーバーにアップロードするとURLで表示できる。
・「Webサイト」と「サイト」は同じ
　「Webページ」の意味を持つ集まり。
・「ホームページ」
　「Webサイト」の先頭ページ、つまり、トップページ。

6.3.1　簡単なWebページ作成のための基本知識

　Webページの内容、すなわち、テキスト（文字）や画像、動画などWebページ上のデータをWebコンテンツと呼ぶ。Webページは次の技術で成り立っている（図6.10）。

(1) HTML (HyperText Markup Language)

　HTMLはWebページを表示するための言語である。文書構造を定義するタグを用いて記述する。Webページは、HTML言語をベースとして、CSS、PHP、ASP、JSP、JavaScriptなど多数の言語を追加し作成することができる。

図6.10　Webページを構成する基本の技術

【NOTE】

(1) HTML
　HTMLは、"HyperText"、"Markup"、"Language"の単語から成る略語である。それぞれの意味を以下に示しておく。
・Text（テキスト）
　文字列、つまり、一文字以上の文字列。
・HyperText（ハイパーテキスト）
　テキストに機能が付加されたものである。普通のテキストはクリックしても何も動作しないが、Webページのリンク
のテキストをクリックすると次のアクションが行われる。
・Markup
　テキストなどに何らかの形式でマーク（目印）を付けること。Webページ作成では、タグのこと（6.3.4参照）。
・Language
　コンピュータ言語のこと。

(2) マークアップエンジニア
　Webデザイナーが作成したWebデザインを、マークアップ言語、つまり制作のための言語などを用いてWebサイト
のプログラム制作を行うエンジニア。

---

(2) CSS(Cascading Style Sheets)

　HTML言語に文字の大きさやフォント指定、色、背景や文章の配置などを行うための言語であ
りスタイルシートとも呼ぶ。HTML言語にもこれらの機能があるが、主には見出しや段落などと
いった文書構造を記述し、CSSで文字の形は配置、色などの各種装飾を加えるものである。【実習
6-3-2】で体験してみよう。

(3) プログラミング言語：JavaScript　JS、PHP、その他

　JavaScriptはWebページの一部に動きをつけるプログラミング言語である。例として、現在
時刻の表示、地図（Google Mapなど）、アニメーションなどがある。【実習6-3-4】で体験して
みよう。また、PHPはサーバーサイドでデータを操作するオープンソースソフトウェアである。
PHPとデータベースMySQLなどを用いて構築されたWebサービスが多数存在する（Facebook、
Wikipedia、ぐるなび、ココナラ、WordPressなど）。

(4) Webコンテンツの公開

　Webコンテンツを公開するために用意したWebサーバーにFTPクライアントというソフトウェアを利用してファイルをアップロードするだけで公開することができる。

　Webサーバーを個人で用意するには、レンタルサーバーを借り、作成したWebコンテンツをアップロードし公開する方法、レンタルサーバーが用意しているWordPress（オープンソースのCMSコンテンツ管理システム）といったCMSをインストールし利用する方法がある。また、ブラウザに直接入力し作成し保存するだけで公開できる方法もある。

　Webコンテンツを公開する場合、次に注意しよう。

・知的財産権が侵害されていない。
・画像や動画ファイルが適切なサイズである。サイズが大きい場合は小さく圧縮したほうがWebサイトの表示が軽快になる。
・セキュリティ対策を講じている。HTTPS化（常時SSL化）している。

【NOTE】FTPクライアント

FTPサーバーに接続し、ファイルを送信（アップロード）、受信（ダウンロード）するアプリケーションである。

6.3.2　Webページ作成準備【実習】

　ここでは、Webページ作成について進めていく。いきなりWebページ作成となって戸惑っているかもしれない。Webページ作成は、情報を表現したり保存したりする今までの技術や知識の確認でもある。Webページ作成のために必要なソフトウェアはエディタとブラウザである。

エディタ

　プログラム作成のためのソフトウェアをエディタと呼ぶ。Windowsの場合「メモ帳」、Macの場合「テキストエディット」などWindowsやMacにデフォルトで用意されているアプリケーションを使ってもよい。またVisual Studio Codeなどのエディタをインストールし利用する方法もある。プログラミングを行う際には、このようなエディタを利用するほうが便利である。また、統合開発環境 (IDE) といったソフトウェアを利用する方法もある。

ブラウザ

　WindowsやMacなどで利用できるブラウザ（Webページ）を表示するソフトウェアである。よく利用されるブラウザとしてGoogle Chrome、Firefox、Safari、Microsoft Edgeなどがある。

(1) あらかじめ準備しておくこと：フォルダの作成

　図6.5のフォルダ構成図を参考に次の順にフォルダを作成していこう。

1. エクスプローラやFinderなどのファイルシステムを起動し、拡張子の表示を行っておく。
2. Webページ作成で利用するフォルダを作成する。
   半角英文字で、フォルダを作成する。ここではフォルダ名を「web」と決めておく。
3. フォルダ「web」の下にフォルダ「images」を作成する。
4. ファイルシステムを使ってフォルダ「web」と「images」ができていることを確認する。

ほのぼのIT教室

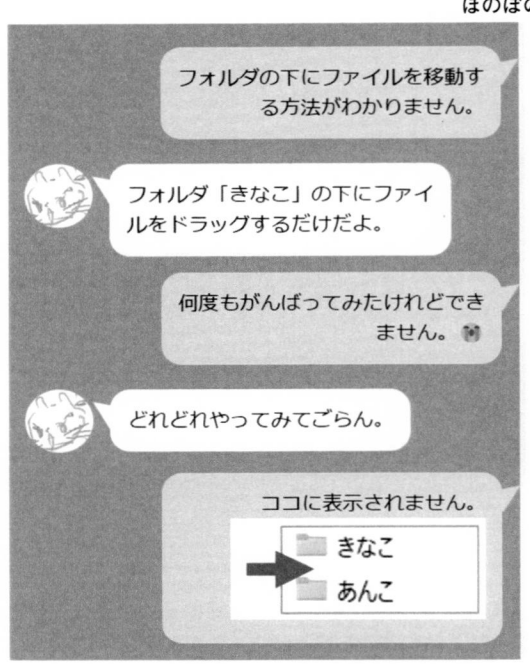
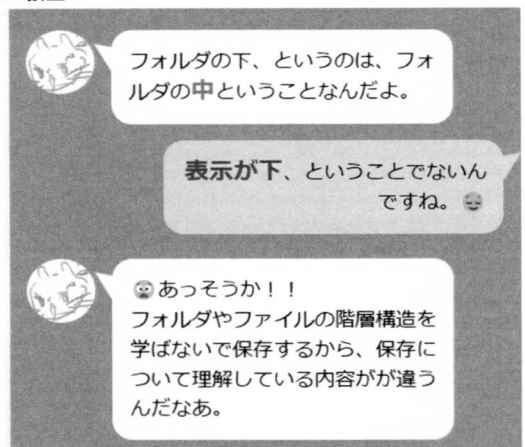

(2) あらかじめ準備しておくこと：エディタ「Visual Studio Code」と拡張機能のインストール

本書のAppendixを参考にインストールする。

6.3.3　Webページ作成の手順

エディタを用いてプログラムを作成し、ブラウザに表示する。

(1) エディタでプログラムを作成する。

1. エディタである「Visual Studio Code」（メモ帳やサクラエディタ、ATOMなどその他のエディタなどでもよい）を起動する。
2. プログラムを作成後、拡張子を「.html」のファイルとし保存する。日本語のファイル名は極力使わない。

本書では「6.3.4」を参考にプログラムを入力する。

【NOTE】index.html

ソースファイルの拡張子を .html とする。Web サーバーの設定でどの名前をトップページにするか決めることができるが、慣例として、index.html や index.php などの名前の Web ページが設定されている。

---

(2) ブラウザでHTMLファイルを表示する。

「エクスプローラ」を起動し、作成した HTML ファイル名をダブルクリックする。標準として指定しているブラウザが起動し、指定した HTML ファイルの Web ページが表示される（図6.11）。

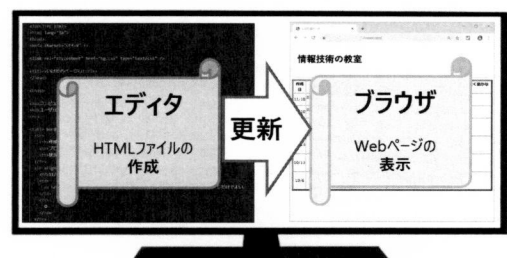

図6.11　Web ページ作業イメージ

(3) エディタでプログラムを修正する。

1. 内容を確認し、修正したいところがあれば、エディタでプログラムを修正し、保存する。

2. ブラウザに修正前の Web ページが表示されている場合はブラウザを更新する。更新する方法として次がある。

　・ブラウザの更新ボタンをクリックする。
　・「F5」キーを押す。
　・「Ctrl」キーを押しながらRキーを押す。

6.3.4　HTML言語の基本

HTML プログラムを作成する際に用いる標準仕様「HTML Living standard」について説明する。表6.2にHTML プログラム例を示す。以下のプログラムは【実習6-3】で実際に作成し、Web ページとして表示する。

表6.2　HTML言語の構文例と説明

	HTMLプログラム	説　　明
	`<!DOCTYPE html>`	文書タイプ宣言をする。
	`<html lang="ja">`	htmlデータであることを示すために全体を`<html>`と`</html>`の間に記述する。jaはjapaneseの略、日本語のHTMLであることを記述する。
ヘッダー部	`<head>`	`<head>`と`</head>`の間に Webページの情報を記述する。
	`<meta charset="UTF-8" >`	文書の文字コード UTF-8 を指定する。
	`<title>らくらく情報技術</title>`	`<title>`と`</title>`の間にWebページのタイトル（ここでは「らくらく情報技術」）を記述する。Webページのタイトルはブラウザのタイトルバーに表示され、ブックマークを追加するときに表示される。
	`</head>`	
ボディ部	`<body>`	`<body>`と`</body>`の間に本文を記述する。
	`<h1>情報技術まとめサイト</h1>`	`<h1>`と`</h1>` の間に見出しを記述する。

	`<p>`
	情報技術のまとめサイトです。
	`</p>`
		`<p>`と`</p>`の間に1つの段落の内容を記述する。

	`<ul>`
	`<li>技術1</li>`
	`<li>技術2</li>`
	`<li>技術3</li>`
	`</ul>`
		`<ul>`と`</ul>`の間に箇条書きを記述する。`<li>`と`</li>`の間に箇条書きのリストを記述する。

	`<img src="images/mikeneko.png" width="200px">`	表示したい画像ファイル（パス名が必要な場合パス名も加える）と、画像の表示幅を200pxに設定する。（0：ゼロ）
	` `	改行する。
	`<h2>レポート</h2>`	`<h2>`と`</h2>` の間に見出しを記述する。
	`<ol>`	`<ol>`と`</ol>`の間に箇条書き（番号付き）を記述する。
	`<li>`	`<li>`と`</li>`の間に箇条書きのリスト（番号付き）を記述する。
	`<a href="ITreport.html">` レポート1`</a>`	`<a href="HTMLファイル名">`と`</a>`の間にリンクする文字列を記述する。
	`</li>`	
	`<li>その他</li>`	
	`</ol>`	
	`</body>`	
	`</html>`	

(1) タグ

　タグと呼ばれる <> で囲まれた命令を使って記述する。

　タグのコードルールは次の通りである。

・タグは必ず半角文字でなければならない。

・基本的にタグ中の大文字小文字は同じである。

　

　　例外：GET、POST

・終了タグは「<」の直後に「/」（スラッシュ）が入る。終了タグを持つタグと持たないタグがある。

　《例》　</html>、なお
 は終了タグを持たない。

・タグには <!DOCTYPE html> </html> 内で1つだけ使うものと、いくつでも使えるものがある。

　1つだけ使うタグ、必ず記述：<title> <meta> <head> <body> など。

　使用回数に制限のないタグ：<h1></h1>、<h2></h2>、
 など。本書では使用頻度の高いタグを紹介する。

・オプションの値は通常 color="red" のようにとダブルクォートを用いる。

　空白を含まない場合は color=red でもよい。

(2) Webページの構造

　Webページを作成するために必要なタグと表6.2に示すとおり、先頭に文書タイプ宣言とHTMLタグを記述する。ファイルの最後にHTMLの終了タグを記述する。次にヘッダー部（<head> で囲まれた部分）とボディ部（<body> で囲まれた部分）を記述する。ボディ部にWebページの内容を記述する。

　表6.2のHTMLプログラムをブラウザ（ここではGoogle Chrome）で表示すると図6.12のように表示される。

(3) Webページのアップロード

　WebページをWebサーバーのWebページ公開フォルダにファイルをアップロードすると、1つのHTMLファイル、つまりWebページに1つのURLが割り当てられる。

　図6.5のフォルダ「web」直下のファイルとフォルダを公開フォルダにアップロードすると、トップページindex.htmlが表示される。公開フォルダのURLが「https://○○○.jp」の場合、フォルダ「mike」のURLは「https://○○○.jp/mike/nekofile.html」となる。たったこれだけの作業で、自分の作成したWebページが世界に公開されることになる。

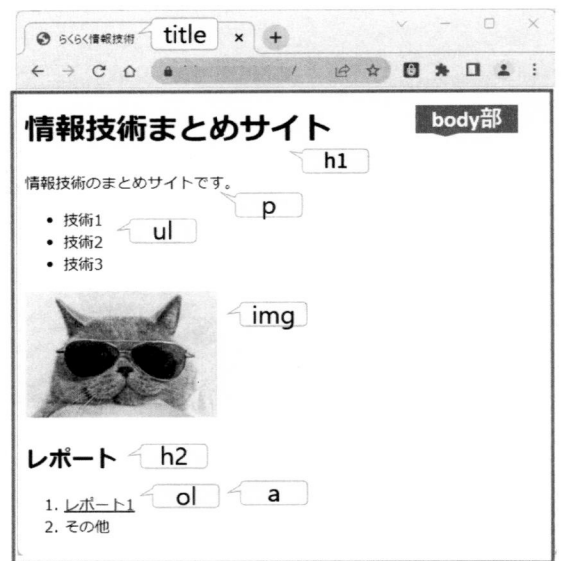

図 6.12　Web ページ、タグと関連付け
（ブラウザ：Google Chrome）

【実習 6-3】簡単な HTML プログラムを作成する。

【実習 6-3-1】

　今まで学んだことをまとめて表示するトップページを作ろう。

　ファイル名を「 index.html 」 とする。

　次の手順に従って HTML プログラムを作成する。

1．エディタを起動する。

2．ファイルの新規作成をし、表 6.2 の「HTML プログラム」を入力する。画像を貼り付ける
タグ a で記述したリンク先の「ITreport.html」 は【実習 6-3-3】で作成する。

3．画像ファイル「mikeneko.png」を用意する。

4．見出しと箇条書きを使って内容を追加する。

5．ファイルを保存する。

6．エクスプローラに表示されている「index.html」をダブルクリックするとブラウザが表示
され、作成した Web ページが確認できる（図 6.12）。

【実習 6-3-2】

CSS を使って作成したトップページの文字に色を付けてみよう。

1．ヘッダ部の任意のところに次を記述する。

```
<style>
 .col1{
    color : #ff0000 ;
}
</style>
```

2. 1. の設定をもとに、見出しに色を付けてみる。他の見出しや段落にも色をつけることができる。次は、タグh1に色を付けた例である。

```
<h1 class="col1">情報技術まとめ</h1>
```

【実習6-3-3】
　レポートのページを作ろう。ファイル名「ITreport.html」とする。
　画像を表示するタグを利用する。ここでは自分で画像ファイルを作成し、保存後、HTMLに画像ファイルを表示し、画像タイプの説明をするWebページを作成する。

① 画像ファイルを作成し、フォルダ「web」のフォルダ「images」に保存する。

[Windows]
1.「スタート」→「ペイント」
2.「ファイル」→「画像のプロパティ」画像の幅と高さをそれぞれ500px（ピクセル）までの大きさに設定しておく。描画時にキャンバスの四隅と真ん中の白丸をドラッグすると大きさを変えることができる。ウィンドウの下の方に大きさとデータ量が表示されている。
3. 適当に絵を描く。
4.「名前を付けて保存」を行う。画像の形式をbmp形式、png形式、jpg形式、gif形式の順に指定し、フォルダ「images」に保存する。《例》 momo.bmp、momo.png

②「index.html」を開いたあと「ITreport.html」として「名前を付けて保存」を行う。
③「ITreport.html」を修正する。
④ 次の画像を表示するスクリプト（プログラムコードのこと）を適当な場所に追加する。画像の横幅を400px（ピクセル）としている。

```
<img src="画像ファイル名" width=400px>
```

⑤ トップページ「index html」に、ページへ遷移するリンクを追加する。

```
<a href="index.html">トップページへ</a>
```

⑥ トップページのファイルにも、トップページからレポートページ「ITreport.html」へページ遷移するリンク「レポートページへ」を追加する。

```
<a href="ITreport.html">レポートページへ</a>
```

⑦ その他、自分で調べたタグなどを追加してみる。
⑧ レポートを作成するにあたり参考にした文献を箇条書きタグ「ol」を使って記述する。

【実習6-3-4】
　JavaScriptの簡単なスクリプトを追加する。
　次のファイルの修正時間を表示するプログラムを、ボディ部のどこでもいいので追加してみよう。

```
<script>
document.write("last modification : ",
        document.lastModified);
</script>
```

第7章

ネットワーク
セキュリティ、ウイルス
～世の中、善人
ばかりじゃない～

インターネットはもはや日常生活の世界と同じ世界が仮想的に展開している。日常生活であるから、光の部分と影の部分がともに存在する。しかし、日常生活であるから、それらをあまり意識しない。

家や建物の戸締りをするように、インターネットの陰の部分にもフォーカスを当て対策をとらなければならない。それは家の戸締りよりはるかに多い知識とノウハウが必要であり、しかも無意識で生活することができないのだ。

自分の資産でもあるデータを守るためにもしっかり防御の武器を学ぼう。

7.1　インターネットの現状

『ほのぼのIT教室』

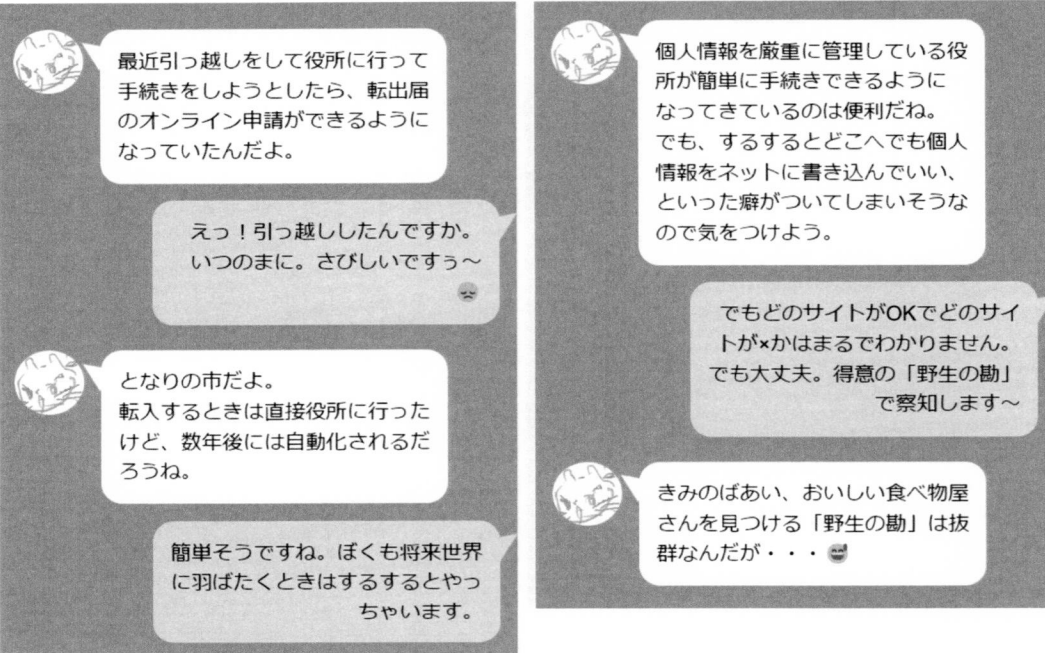

　インターネットはその黎明期には考えられないぐらい社会に浸透してきた。同時に、現実社会で起こっている問題がインターネットの世界にも起こるようになってきている。想像以上に大胆かつ巧妙に仕組まれた複雑な問題が次から次へと発生している。まさにインターネットの功罪というところである。

　我々の生活の根底部分である役所や銀行の手続きがとても簡単にできるようになった。このような重要なことが気軽にできるということは一方で何でも「気軽にできる」を「安全にできる」と解釈してしまい、実は重大な問題がいとも簡単に身近に起きる可能性を持つことに気づくことができなくなっている。

　あるいは、今まではうやむやで済んだことが明確な文字データとしてはっきりと、また、紙の劣化で消滅することが永遠に残る時代になってしまった。自分のなにげない言葉が思わぬ大きな問題になったり、いつの間にか世界中に発信、拡散されることもある。また、よく読まずにサイトのリンクをクリックしたら落とし穴だった、などといった事態も数多く発生している。

　しかし一番問題なのは、「問題が発生していてもそれが問題なのかわからない、自分の個人情報はたいしたものでないから大丈夫、会社の情報が漏洩しても自分には問題はない。」と考えてしまうところである。実はインターネットは自ら興味がある対象を選びやすいため、現実世界でも興味が向き難い「予防」について知識を付ける機会を得ることが難しい。現実世界よりインターネットの世界のほうがはるかに身近に問題が発生しているということを認識しなければならない。「大問題になり自分に危害がおよんではじめて意識する」といった状況になる前に、積極的に、イ

ンターネットの基礎知識やセキュリティ対策の知識を持ち対策を取ることはとても重要である。また、次から次へと新しい問題が発生しているので、継続的に気を付けておかなければならない。

7.2 情報セキュリティとは

7.2.1 情報セキュリティに関する定義

　「情報セキュリティ」とは、インターネットを利用時に発生するリスクに対して情報資産である価値のある情報の安全を守ることである。情報資産を入手しようとしたり破損させようとするといった脅威が情報セキュリティリスクである。脅威として、金銭など情報資源の取得、相手を陥れる、危害を加える、破壊活動といったものがある（詳細は7.3節以降参照）。

　情報セキュリティマネジメントシステム (ISMS：Information Security Management System) の国際規格である「JIS Q 27.000」において、情報の「機密性 (Confidentiality)」、「完全性 (Integrity)」、「可用性 (Availability)」を確保・管理するための要件として、この3つの要素を維持することと定義されている。3つの頭文字を取り、「情報セキュリティのCIA」と呼ばれることもある。真正性、責任追及性、否認防止および信頼性のような特性を維持することを含めてもよい、とされている（図7.1）。

図7.1 情報セキュリティイメージ

7.2.2 情報セキュリティのCIA

　「情報セキュリティのCIA」について少し詳しく説明する（図7.2）。

(1) 機密性 (Confidentiality)
　許可されたものだけが情報にアクセスできることである。
　サーバーに不正侵入され情報漏洩したり、ネットワークの途中でデータが盗聴されたりする場合、機密性が失われたことになる。
　アクセス制御、アカウント管理、データの暗号化などの対策を取ることで、情報漏洩や情報の破損の可能性を低くすることができる。

(2) 完全性 (Integrity)

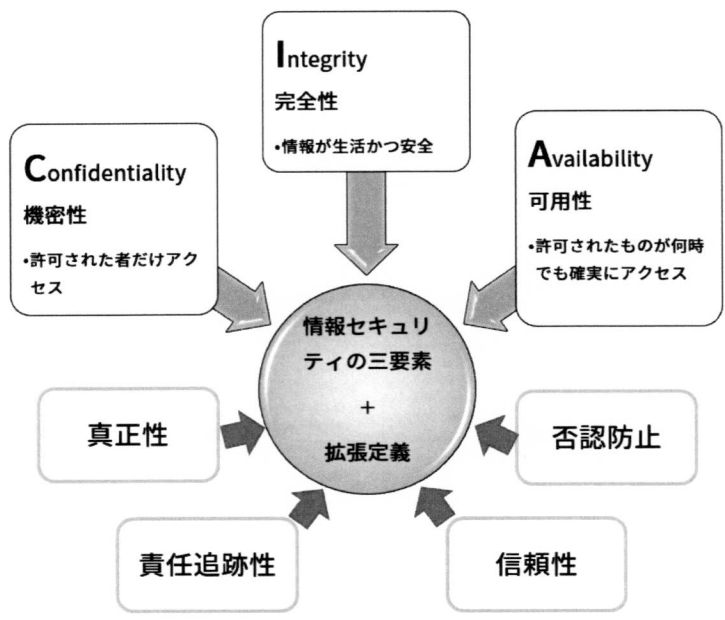

図7.2　情報セキュリティのCIAと拡張定義

　データが改ざんされていないこと、つまり、情報とその処理方法が正確かつ完全であることを
保護することである。
　Webページが改ざんされ公開された場合、完全性が失われたことになる。
　バックアップ・復旧、悪意のあるコードの侵入を禁止するための対策として電子署名がある。

(3) 可用性 (Availability)

　許可された者が必要なときにサービスを利用できること、アクセスが確実に可能であることで
ある。
　情報システムがDos攻撃（7.9参照）を受け処理ができなくなったり、情報システムに関する
通信ケーブルが切断されたりしたとき、可用性が失われたことになる。
　モニタリングやDos攻撃防御、適切な応答時間の維持などがあげられ、サーバーの冗長化（最
低限必要な量より多めに設備を用意）、UPS（無転電電源装置）の配備、クラウドサービスの利用
などといった対策がある。

7.2.3　情報セキュリティの拡張定義

　「情報セキュリティのCIA」の拡張定義として、真正性 (Authenticity)、責任追及性
(Accountability)、信頼性 (Reliability)、否認防止 (Non-Repudiation)がある（図7.2）。

(1) 真正性 (Authenticity)

　対象とする情報に対してアクセスする利用者やシステムが間違っていないかどうかを認証でき
ることである。「なりすまし」を防止できる。対策としてデジタル署名や二段階認証、二要素認証

などがある。

(2) 責任追及性 (Accountability)

対象とする情報へ誰がどのような手順でアクセスしたかを追跡できることである。対策として、ログイン履歴やアクセスログ、操作ログなどを収集し保存することで対策ができる。

(3) 信頼性 (Reliability)

情報システムの処理が意図した通りに動作するかどうかの特性である。情報システムの不具合やバグにより、データが改ざんされたり消去されたりしないようにシステム構築することで対策ができる。

(4) 否認防止 (Non-Repudiation)

問題が発生したとき、その原因に関わる人や対象から該当の行動を否定されないようにするためのタイムスタンプやデジタル署名、ログイン履歴やアクセスログ、操作ログを収集し保存することで対策ができる。

【チェック問題7-1】
問 「情報セキュリティのCIA」について、それぞれを脅かす攻撃の具体的な例と考えられる対策を調べよう。

7.3 ネットの脅威とは

さまざまな脅威がネットの中にあるが、脅威が自分の至近距離で発生しそうになっているにもかかわらず、気づかなかったり問題視していなかったりする場面が多くあり、それは現実の日常生活より危険な状態にある。ともすれば、自分の生命や財産が脅かされる場面もある。そこで、まずどのようなことが脅威なのかを知っておく必要がある。

一方、多くの企業などにおいては、情報資産のセキュリティ対策について、総合的、体系的かつ具体的に「セキュリティポリシー」として取りまとめている（図7.3）。どのような情報資産をどのような脅威からどのようにして守るのか、について基本的な考え方を示し、情報セキュリティを確保するための体制、組織および運用を含めた規程である。組織全体で定めた「情報セキュリティ基本方針」と「情報セキュリティ対策基準」の2つの文書からなる。また、部門ごとに「情報セキュリティ実施手順」が決められている。外部には非公開である。

近年、シャドーITやBYOD(Bring Your Own Device)といって、個人所有のパソコンやスマートフォンなどのデバイスを企業の業務に使用する場面が見られるようになった。シャドーITは、企業や組織においてシステムなどを管理する部門の許可を受けておらず、BYODは許可されて利用するといった違いがある。BYODは大学などの教育機関でも普及が進んでいる。

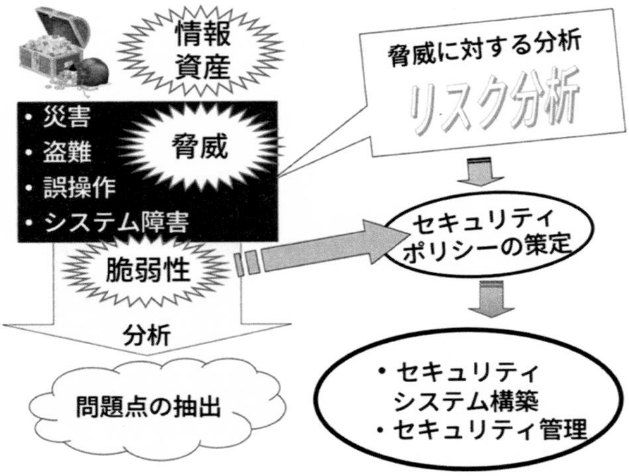

図7.3　企業におけるセキュリティ体制

　企業などで業務に使うスマートフォンを貸与し、セキュリティポリシーに従って一元管理するMDM(Mobile Device Management)という方法が広まってきている。そのスマートフォンの専用のアプリをインストールし、利用状況を管理する。

　現在、この状況に対するセキュリティポリシーの策定が急がれている。個人が気軽に使い慣れている自分のデバイスを、外部のネットワークに接続したり、許可されていないサービスを利用したりするなどにより、企業の機密情報や、個人情報の漏洩などのリスクが発生している。まずは組織内教育を行ったり、相談できる部署を設けたりすること、また、常時情報把握を徹底することが大切になっている。

【NOTE】

(1) シャドーIT
　企業において、情報システム部門などが把握していない、ユーザやユーザの所属する部門が独自で導入した端末やシステムなどを利用する。企業の情報が漏洩するリスクがある。また、そのシステムなどが不正アクセスを受ける可能性がある。一方で、個人情報が漏洩する可能性もある。
(2) BYOD(Bring Your Own Device)
　シャドーITと異なり、企業において、情報システム部門などが把握し管理されているユーザやユーザの所属する部門が独自で導入した端末やシステムなどをデバイスを利用する方法である。

【チェック問題7-2】
問1　セキュリティポリシーとはなにか説明せよ。
問2　BYODシステムを利用するにあたり、気を付けなければならない項目を思いつく限り書いてみよう。

7.3.1　情報資産：何が狙われるのか

　まず、何が狙われるのか、ということを意識する必要がある。情報セキュリティにおいて情報

資産とみなすことができるものは「保有している情報全般」のことを指す。情報そのものと、情報システムに関するものがある。情報資産を入手することは、金品を盗んだり、他人を困らせたりするためのきっかけになる。

情報そのもの
　　・お金
　　・個人情報
　　・購買履歴や商品感想
情報システム
　　・ファイルなどのデータ
　　・紙の資料

7.3.2 情報資産：どのようにして狙われるのか

次に情報資産がどのようにして狙われるか、ということを知っておく必要がある。情報セキュリティの脅威として、人的なものと環境的なものがある。人的なものには「わざとそうする」といった悪意のある意図的なものと、「何も考えずいいだろう」と軽く考えて起きてしまったといった偶発的なものがある。表7.1はネットの脅威の分類を示している。人的脅威には意図的なものと偶発的なものがある。

表7.1　ネットの脅威の分類

	人的	環境的
意図的	デバイスの破壊 情報の改ざん 情報の盗難 不正確アクセス デバイス乗っ取り データの廃棄や破壊	
偶発的	システムの不具合 過失（ヒューマンエラー） モラルハザード 知識不足 データの廃棄や破壊、紛失など	自然災害、事故など

(1) 人的意図的脅威

人的意図的脅威の代表的なものとしては、コンピュータなどの情報機器を物理的に破壊するデバイスの破壊、無断でコンテンツのデータを書き換える情報改ざんがある。企業情報、個人情報などが書き換えられた例がある。アクセスログを抹消し、改ざんを行った痕跡を消すことがある。また、無断で個人が所有するデバイスかデータを他のデバイスなどにコピーし、個人情報を盗み、売買したり、なりすまし各種犯罪行為を行う。さらに、コンピュータなどデバイスを乗っ取り、他人のコンピュータに不正にアクセスをする。犯罪に巻き込まれる例がある。

　「ソーシャルエンジニアリング」と呼ばれるIT技術を利用しないで人間の心理的な隙をついて情報を盗んだりする例もある。たとえば、後ろから盗み見るショルダーハッキング、ごみから情報を得るスキャビンジング、会話を盗み聞く、オレオレ詐欺といった方法がある。ホームページに自分の名前、住所などの個人情報や悪口を掲載されるといった情報リークもある（図7.4）。

　ネット上での誹謗中傷やデマ、メールやSNSなどを使った詐欺や脅迫による金品要求が増えてきている。

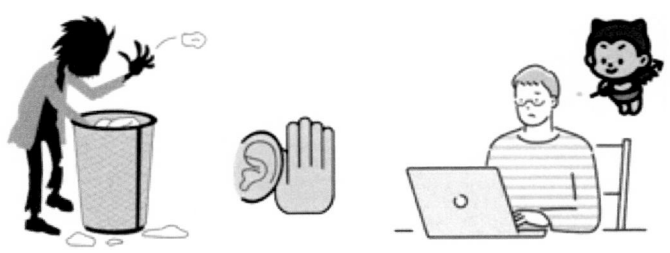

図7.4　ソーシャルエンジニアリング

　人的意図的な脅威において、悪意をもった人の代表的なタイプと主な目的は次の通りである。

- クラッカ：自分の技術を悪意に使用する
- スクリプト・キディ：興味本位
- プロフェッショナル（産業スパイ）：金銭目的
- サイバーテロリスト：政治的・軍事的目的
- 内部の侵入
- その他：金銭目的

　不正のトライアングル、つまり人が不正を働くのは「機会」「動機」「正当化」の3つがそろったときである、という理論がある。

(2) 人的偶発的脅威

　人的偶発的脅威の代表的なものとしては、悪意のない人間の行動によって引き起こされる脅威である。たとえば、ついうっかり誤操作をしてしまう、といった人間の不注意によって問題を起こしてしまう過失（ヒューマンエラー）、安全対策を施していると逆に危機管理が薄れ不注意になってしまう、といった人間の道徳や倫理の欠如によって問題を起こしてしまうモラルハザードがある。さらに、知識不足による慢心により引き起こされる場合もある。また、旧システムから新システムへの移し替え（システム移行）の失敗による通信障害の発生、プログラム不具合によるネットワーク接続不良などもある。

(3) 環境的偶発的脅威

　環境的偶発的な脅威として、思いがけない自然災害や事故などに起因する脅威が挙げられる。

たとえば、未曾有の洪水により、地下に設置していたサーバーが浸水し、システムダウンだけでなく、すべてのデータが消失した事例、落雷により長時間の停電が発生し、ネットワークが遮断され、全システムが使えなくなった事例などがある。

ほのぼのIT教室

いつも元気なのにどうしたんだい？何か悪いものでも食べた？

さっきSNSで友達とぎまずくなってしまいました〜どうしたら仲直りできるでしょう？

いまどきめずらしいな、けんかするなんて。

非難の言葉をいっぱいもらったんです〜それでカッとなってしまって、言ってはいけないことをたくさん書き込んじゃいました〜

あ〜やってしまったね〜
一次的に腹が立ってしまって、喧嘩した事実ものこるけれど、あれこれ暴露して、その中に個人情報がばればれになってしまう情報なんかが入ってしまったときなど特にキケンなんだよ。

暴露してしまいました〜Aさんが秘密にしていたおいしいスィーツショップの場所をネットに公開してしまったーーー
だって、ぼくがずっと大切にとっておいたケーキ🍰を食べられてしまったんです。はらがたってしまった。

たべのもの恨みは恐ろしいねぇ。ネットに書き込んだものは永遠に残るよ。
君が将来成功したとき公開されるかもしれない。成功するかは知らんけど😀

うそですよね

つぶやいたデータはサーバーに残っていて、しかもバックアップもとってあるってことは勉強したよね〜
インターネットの世界はデジタル、つまり「0」か「1」で成り立っているから、何事もはっきりしてしまうからね。

・ウワァァ━━━。゜°(○>﹏<○)°゜・━━ン!!!!

日本語のあいまいな部分を表現するには漫画などを使うのも一つの手かも。

最近では文章を書くとAIが画像を作ってくれるようになったようなので、それを使って仲直りできる画像を作って送ってみては！🍰もプレゼントしてさっさとあやまろう。

デジタルで感情をぶつけないようにします。とっておきのダ○エルのケーキを一緒にたべようっと。

【チェック問題7-3】

問1　仮に、自分が人的意図的脅威を経験してしまったとき、どのように対応するか述べよ。

問2　仮に、自分以外で人的意図的脅威を経験してしまったとき、どのように対応するか述べよ。

問3　環境的偶発的脅威に関し、以下のケースにおいて考察せよ。

【ケース】

東京出張のため、東京上り行新幹線に乗車していた。静岡に差し掛かったあたりで、落雷により、停車してしまった。結局、復旧には20時間要した。環境的偶発的脅威に直面した場合、サービス提供側（電車運営側）から見て、以下の3つの観点からどのようなことができるか答えよ。

・落雷前に、事前にできたことはあるか。

・落雷後、停電中にできたことはあるか。

・障害復旧後にできることはあるか。

7.4　サイバー攻撃の分類

　サイバー攻撃の主たるものがマルウェア (malware) と呼ばれるものである（7.6参照）。以下、4種類の特徴を示しておく。

(1) コンピュータウイルス

　データに対して、悪意を持って被害をおよぼすことを目的としたプログラムをコンピュータウイルスという。自己増殖するマルウェアである。ウイルス単独では存在することができず、プログラムに宿主して自己増殖する。

　経済産業省の「コンピュータウイルス」対策基準では、次の3つの機能のうち少なくとも1つの機能を備えたプログラムをコンピュータウイルスであるとしている（図7.5）。

　　自己伝染機能　　　　　　潜伏機能　　　　　　発病機能

図7.5　コンピュータウイルス

・自己伝染機能：自分のコピーをばらまく。

・潜伏機能：対策を遅らせる目的などから特定の条件がそろうまで待機する。
・発病機能：システムを破壊したり、予測外の動作を行う。

(2) ワーム
ウイルスと同様に自己増殖型のウイルスであるが、宿主を必要とせず、単独で存在できる。

(3) トロイの木馬
正体を偽ってコンピュータへ侵入し、データ消去やファイルの外部流出、他のコンピュータの攻撃などの破壊活動を行なうプログラムである（図7.6）。出現してから歴史はかなり古いが、今も進化している。正規のソフトウェアやファイルを装い、単独で動作する。

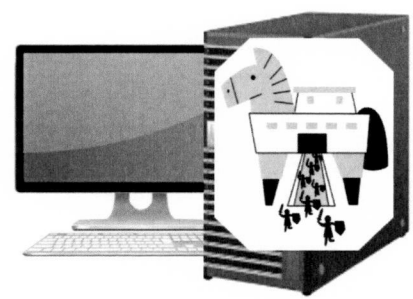

図7.6　トロイの木馬

(4) ボット（不正目的）
コンピュータの処理を自動化するプログラムのことである。

セキュリティに関してボットとは、感染したコンピュータを、攻撃者が外部に用意したネットワークに接続して遠隔で攻撃者からの指令を実行する。デマ拡散ボットなどが挙げられる。

【NOTE】

(1) ボット
　リマインダー、アラーム通知など自動的に処理するプログラムである。

(2) チャットボット
　人間との会話を行うプログラムである（図7.7）。

(3) Web クローラー
　インターネットから Web ページのコンテンツを巡回（クローリング）し、コピーし解析、分類しインデックスをつけておく。
Googlebot、Bingbot (Microsoft) など

(4) ソーシャルボット
　ソーシャルメディアに参加するための自動プログラム、「いいね」や「フォロー」を行う。

図7.7　チャットボット

7.5　不正侵入（不正アクセス）

　コンピュータなどに正規のアクセス権を持たないものが、何らかの形でアクセス権を取得し、不法にコンピュータ利用ができるようにすること、あるいは試みることを不正侵入（図7.8）という。何らかの形でコンピュータにアクセスできる情報、たとえばIDやパスワード、虹彩、指紋などを入手し、不正侵入する方法、また破壊活動により直接侵入する方法など、不正侵入のさまざまな手段がある。

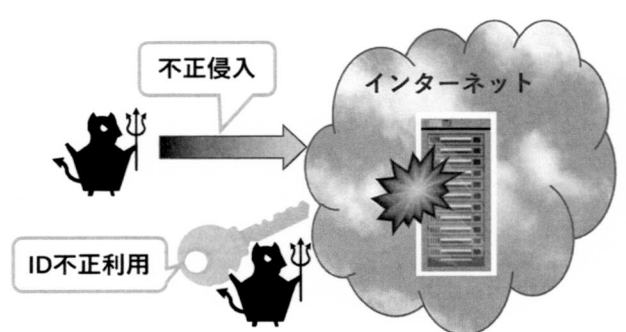

図7.8　不正侵入

　不正侵入する方法（図7.9）として、人になりすましたり、盗聴、データを改ざんしたりして侵入する方法がある。大量のデータを送信してパンクさせて侵入する方法にDos攻撃というものもある。最近ではWebページやダイレクトメールに巧みに個人情報を入力させ、入手する方法が増えている。

(1) 媒体から侵入
　通常のファイルなどから侵入する方法（図7.10）として、マクロウイルスがワープロソフトや

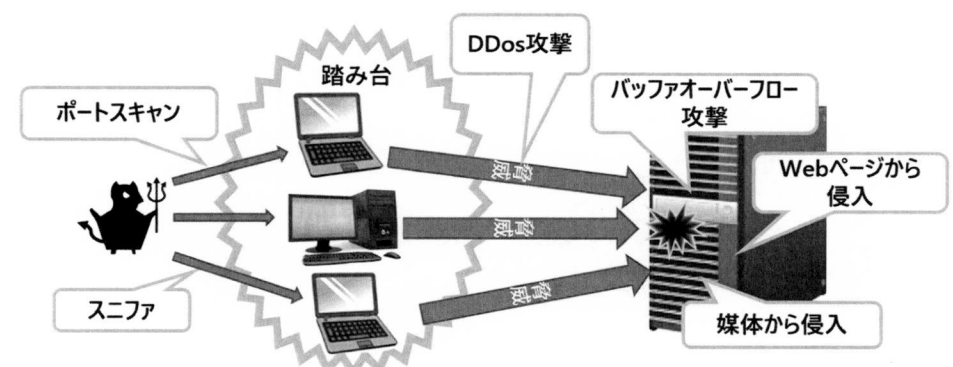

図7.9　不正侵入の方法　例1

表計算ソフトなどのファイルに悪意を持ったマクロ（プログラム）を埋め込み、ファイルを開くと感染する仕組みをとる方法がある。

　Webサイト、メール、USBメモリなどの媒体から侵入する方法もある。

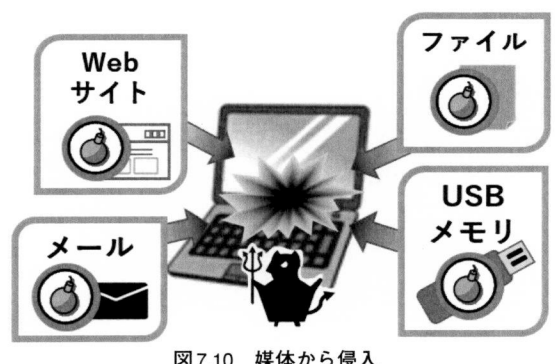

図7.10　媒体から侵入

(2) ポートスキャン

　ポートとはパソコンなどがネットワークとアクセスするときのデータの出入り口のことであり、ポート番号がついている（5.3.5参照）。ポート番号は16bitの整数値なので、攻撃者はまず62,236個のポートが開いているかどうかを調べる。空いている場合、そのポートで稼働しているサービスに関する情報を入手する（図7.11）。侵入後セキュリティホールを見つけ出すなど、踏み台になるかどうかチェックする。フリーWi-Fiを利用するときなどリスクの可能性がある。

　対策として次が挙げられる。

　・使わないポートは閉じておく。
　・ポートを開放する際は認証の機能を付ける。
　・ログを見る。
　・フリーWi-Fiの利用時はリスクを念頭に置いておく。

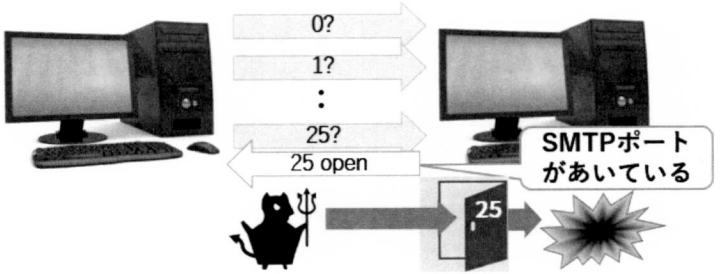

図7.11　ポートスキャン

【NOTE】セキュリティホール

　セキュリティに空いた穴、つまり、コンピュータのソフトウェアのプログラムの不具合や設計上のミスなど、情報セキュリティを脅かすような欠陥のことである。

　OSや元から存在するソフトウェアに存在することもあるので、OSのバージョンアップを放置してはならない。サポートが終了した旧バージョンのOSを使い続けると更新プログラムが配布されないため、ウイルスに感染するリスクが高くなる。OSをバージョンアップし、セキュリティのアップデートをしなければならない。

---

(3) 盗聴

　ネットワークでやり取りしているパケットを不正に盗み出したり、電波を傍受したり、インターネットを通じて会話や通信などを盗み聞きしたり、録音したりすることを盗聴（図7.12）という。盗み聞くだけでは違法でないが、盗聴した内容を悪用すると違法となる。

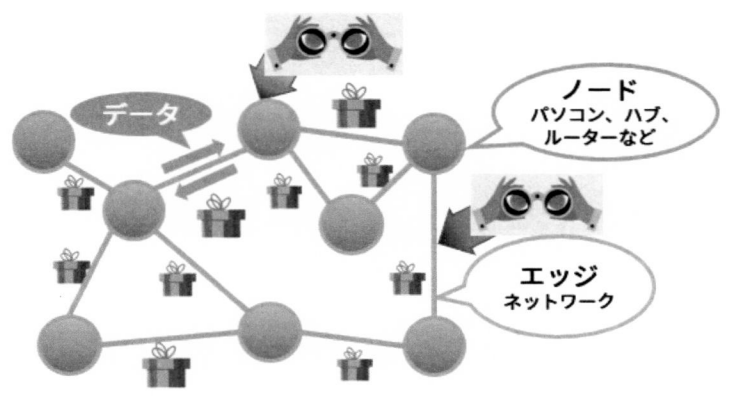

図7.12　盗聴

(4) パケットウォッチング

　パケットウォッチングを利用した盗聴方法にはスニファと電波傍受がある（図7.13）。スニファ(Sniffer)は、パケットをモニタリングし内容を解読するときに使うソフトウェアのことである。パケットが流れる場所に、プロトコルを解析するプロトコルアナライザを設置する必要がある。

電波傍受の場合、ケーブルから流れる微小な電磁波を、計器を使って傍受する（図7.13）。

スニファ 　　　　　　　　電波傍受

図7.13　パケットウォッチング

(5) 脆弱性（ぜいじゃくせい）

コンピュータシステムのセキュリティホールといった脆弱性を悪用したサイバー攻撃が激増し、ビジネス化さえされてきている。

脆弱性はセキュリティホールのことである。情報システムのハードウェアの欠陥やソフトウェアのバグ（コンピュータプログラムに存在する誤りや不具合など）、開発者が予想しなかった利用形態や設計段階での見落としなどの設計上の問題から生じた不具合や、新しく発生したウイルスやサイバー攻撃などが原因で発生した情報セキュリティの欠陥のことである。

7.6　マルウェアによる攻撃

(1) スパイウェア

スパイウェアとは、ユーザの知らない間にコンピュータに侵入し、ユーザの個人情報など重要な情報を、ネットワークを通じて外部に送信し、収集するマルウェアである。ダウンロードしたオンラインソフトやフリーソフトをインストールしたとき、メールの添付ファイルをクリックしたときなど、ユーザが気づかないうちに悪意のあるプログラムがインストールされる（図7.14）。Webページを開いただけで侵入する場合もある。

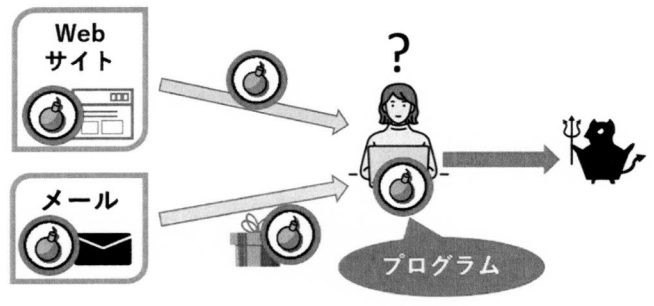

図7.14　スパイウェア

(2) アドウェア

コンピュータの画面に自動的に広告を表示することで収入を得るソフトウェアのことである。

広告を表示するだけでなく、コンピュータ内に不正侵入するものもある（図7.15）。

図7.15　不正侵入の方法　例2

(3) トラッキング (Tracking)

ユーザのアクセス履歴の追跡情報を送信するソフトウェアを用いて位置情報と行動履歴が収集される。

(4) キーロガー

プログラムを知らない間にインストールし、キーボードを入力した記録（ログ）を得る。

(5) ボットネット

ロボットとネットワークを組み合わせた言葉である。マルウェアに感染したコンピュータに侵入し、所有者の知らないうちに外部から悪意のある命令を実行する。このゾンビ化したコンピュータがネットワーク化し外部からコントロールできるようにしたものをいう（図7.16）。

図7.16　ボットネット

(6) ランサムウェア

身代金RansomとソフトウェアSoftwareを組み合わせた言葉。コンピュータをロックしたりファイルなどを暗号化し利用不可能な状態にしたあと、ファイルを元に戻すことを引き換えにして金銭（身代金）を要求する（図7.17）。

(7) バックドア

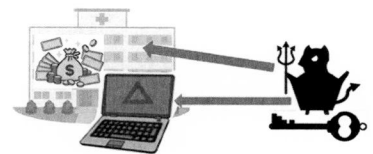

図7.17　ランサムウェア

　コンピュータに不正侵入したあと、システムに不正にアクセスするための裏口を作っておく。感染すると、コンピュータ内部のファイルやデータが暗号化されアクセスできなくしたり、踏み台にしたりする。

7.7　Webサイトの罠

(1) フィッシング（phishing）

　「釣り」（fishing）ではない。メールを送り、ユーザがメールにあるニセのWebサイトへのリンクをクリックさせ、ニセのWebサイトへ誘導する。また、ニセのWebサイトにて「クレジットカード番号」や「パスワード」の入力を促したりする（図7.18）。

　対策として次が挙げられる。

・メールの宛先をしっかり確認したり、文中のリンクをむやみにクリックしない。
・検索エンジンを利用し本物のサイトにアクセスし、比較してみる。
・メールヘッダを確認する。

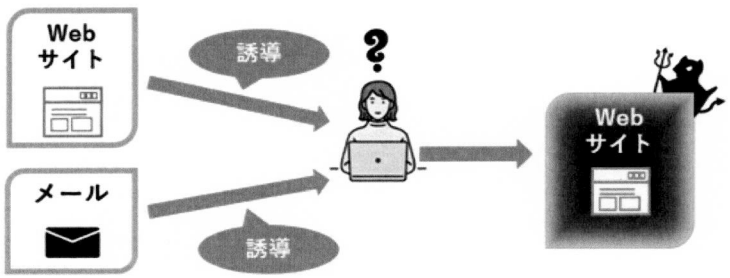

図7.18　フィッシング

(2) バッファオーバーフロー攻撃

　バッファに対して許容量を超えるデータを送り付け、システムを機能停止にする。意図的にバッファをオーバーフローさせ、あふれ出たデータを実行させてしまう（図7.9）。

> 【NOTE】バッファ
> コンピュータプログラムにおいてデータをメモリ上に確保する領域のこと。

(3) クロスサイトスクリプティング　XSS

あらかじめ脆弱性のあるWebページを見つけ不正な命令を埋め込んでおく。このWebページをユーザが偶然見つけたり、ユーザを誘導したりして閲覧させる。リンクをクリックすると、埋め込んでいた悪質なプログラムが実行され、クッキーの情報も送信されるなど悪意のある内容が実行される。

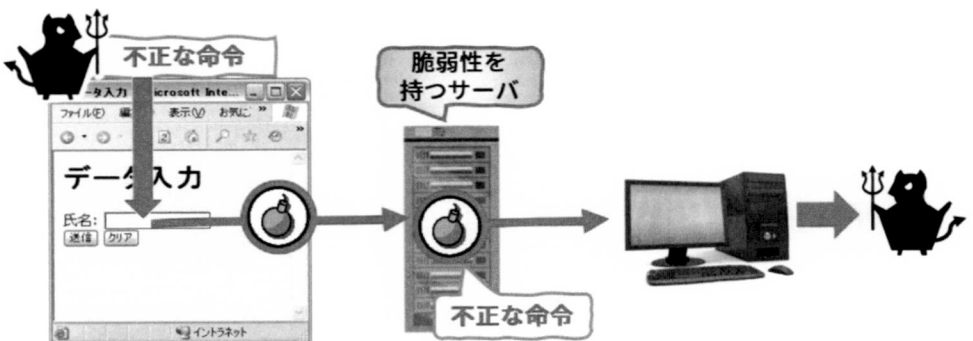

図7.19　クロスサイトスクリプティング

(4) SQLインジェクション

Webページの入力欄にSQL文（データベースにアクセスする命令文）を入力し、データベースに侵入する（図7.20）。

図7.20　SQLインジェクション

クロスサイトスクリプティング（図7.19）やSQLインジェクションの対策としてサニタイジングと呼ばれる処理を行ったり、不正なプログラムが自動的に起動しないようにする仕組みを埋め込んでおく方法がある。

(5) Webビーコン

もともとメールによるマーケティング調査を行うための手段だった。

1ドット×1ドットなどの極小の画像ファイルをHTMLメールに仕込み、メールを開くとサーバーからダウンロードされる。

(6) ドライブバイダウンロード

悪意のあるWebサイトを閲覧したとき、知らぬ間にスパイウェアやランサムウェアなどのマルウェアがダウンロード、インストールされる。

(7) SEOポイズニング

悪意のあるWebサイトを上位表示させ、悪意のあるWebサイトへ誘導する。

(8) DNSキャッシュポイズニング

DNSサーバーの情報を書き換えIPアドレスとドメインの紐づけを変え、悪意のあるWebサイトへ誘導する。

(9) クッキー (Cookie)

クッキー（5.4.1参照）を受け入れた際、セッションハイジャック・クロスサイトスクリプティング(XSS)などのリスクがある。Webサイトの提供者がブラウザを通じて訪問者のコンピュータのファイルに一時的にデータを書き込み保存する。一度そのサイトを訪れると情報が保存され、次回以降もその情報を読み取り、閲覧のときに必要なデータをユーザが入力しなくてもよくなるようスムーズにWebサイトを閲覧可能にする仕組みである。Webサイトによっては、個人情報などをそのファイルに保存する仕組みになっている可能性もある。

7.8　パスワードクラック

パスワードを類推し見つける方法として次のような方法がある。

(1) ブルートフォースアタック

管理者のユーザIDとパスワードを総当たり法、つまり、考えられるすべての組み合わせを試し特定する。

(2) 辞書攻撃

辞書に載っているような一般的な単語を使う辞書攻撃や、パスワードとして参照されやすい文字列（例：生年月日、電話番号など）をデータベースに格納し利用する類推攻撃がある。対策としては、辞書に載っている言葉を利用しないこと、大文字・小文字・英数字・記号を含めること、長いパスワードにすること、頻繁に変更すること、ある一定の回数以上ログインに失敗した場合、アカウントを利用できなくすることなどが挙げられる。

(3) パスワードリスト攻撃

不正に入手したIDとパスワードの一覧を使って総当たりで入力する攻撃である。パスワードリスト攻撃とは、複数のサイトで同じIDやパスワードの組み合わせを使う利用者が多いということを悪用したものである。

7.9　その他の脅威

(1) スパム

　スパムとは、受信者の知らない間に無差別に大量のメールやSNSのメッセージ、ボイスメールなどを送り付けることをいう。広告や意味のない大量のメールを送りつけ、メールサーバーに負荷をかけ、正規のメールが受信できなくなることがある。

　SNSのスパムとして、大量のアカウントを作成したり、悪意あるリンクを含むメッセージを大量に投稿したり、コメント欄にURLを書き込み悪意あるサイトへ誘導するものがある。アカウントを乗っ取られそのアカウントから大量のスパムメールを送信するものもある。

　対策としては、メールサーバーのセキュリティを強化したり、受信するメールを認証する方法などがある。SNSでは通報したり、タグを削除したり、ユーザをブロックするなどSNSの種類によって対策を講じる方法を調べ即座に対応しよう。

(2) Dos攻撃

　サーバーに負荷を集中させ、サーバーを使用できなくする。

　通常のアクセスと区別ができない。

(3) Ddos攻撃

　複数のコンピュータから大量のデータを頻繁に送信する（図7.21）。

図7.21　Ddos攻撃

7.10　侵入後の脅威

コンピュータなどに侵入されたとき次のような被害がある。

・情報が盗まれる。あるいは情報にアクセスできないように暗号化されてしまい、金品を要求される。
・コンピュータの動作が遅くなる。不自然な挙動になる。
・システムやファイルが破壊される。意図せずファイルが増える。
・感染したコンピュータからまた別のコンピュータに感染する。感染が広がる。

・コンピュータが乗っ取られて悪用される。遠隔操作などもされてしまう（ボットネット）。

(1) なりすまし

　IDカード偽造、ユーザID/パスワードの偽装などを行い、サービスにログインし、本人になりすまし、不正に利用する。また、侵入した記録などのログを削除したり、証拠を削除したりして、痕跡がわからないようにする。

　対策として、攻撃者がわからない場所にログをおく。ログファイルを暗号化するといった方法がある。

【NOTE】ログ

コンピュータの利用状況やデータ通信の記録を取ること。また、その記録。
操作やデータの送受信が行われた日時と、行われた操作の内容や送受信されたデータの中身などが記録される。

---

(2) 踏み台

　侵入したコンピュータを踏み台にする。踏み台にされたサーバーが攻撃したかのようになりすます。これにより、社会的信頼やブランドイメージの失墜につながってしまうこともある（図7.22）。

図7.22　踏み台

(3) 二次感染

　感染したファイルや媒体を利用した場合、増殖させる可能性がある。

7.11　セキュリティ対策と感染してしまったときの対処

　脅威への対策、つまりセキュリティ対策を行うための前提となる知識を説明する。

7.11.1　セキュリティ対策

(1) ファイアウォールの設定（セキュリティ対策ソフトウェア）

　ファイアウォールとは、インターネットを通じた外部からの不正アクセスに対して社内などの内部のネットワークを守るための仕組みであり、ルーターに機能が搭載されている（図7.23）。
　DMZ(De-Militarized Zone、非武装中立地帯)とは外部のネットワークにつなぐ部分に、外部用サーバーやプロキシサーバーなどを置き、直接LAN内のコンピュータにアクセスできないようにする。

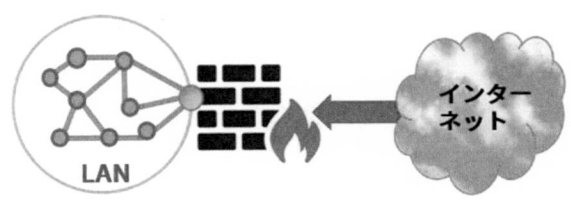

図7.23　ファイアウォール

(2) Webサイトの安全性確認

　Webサイトを閲覧する場合、通信方式の確認が必要である。URLが「https://」で始まるかどうかを確認する。HTTPSは、SSL/TLSを用いた安全な方法で共通鍵を共有し、双方向で暗号化通信を行う方式である。

(3) 無線LANのセキュリティ対策

　無線LANのセキュリティを確保するために、送信する電波信号を暗号化する。アクセスポイントに勝手に接続されないように端末を認証する必要があり、WPA3（2018年）とWPA2（2004年）が使われている。また暗号化方式としてAESがある。

　接続方法ごとのセキュリティとしては、次の通りである。

・Wi-Fi経由：SSIDを利用する際、パスワードの設定が必須である。パスワードが漏洩した場合、個人情報の流出だけでなく、タダ乗りなどされる可能性がある。
・Bluetooth経由：ペアリング（1対1の関係）が必要であるため比較的安全である。
・USB経由：一部の端末ではグローバルIPが割り当てられる可能性があるため、モバイルルーターのセキュリティ機能が働かなくなるものがありリスクが高くなる。

【実習7-1】暗号方式の設定を確認してみよう！

[Windows]
① 「スタート」右クリック→「ネットワーク接続」→「ネットワークの詳細設定」→「ネットワークアダプタオプションの詳細」
② 図7.24はWi-Fiを利用している場合の例である。有線LANを利用している場合は「イーサネット」をクリックする。
③ 「この接続の状況を表示する」をクリックする。
④ 図7.25(a)の「Wi-Fiの状態」表示、「ワイヤレスのプロパティ（W）」をクリックする。
⑤ 図7.25(b)の「セキュリティ」タブをクリックする。

図7.24　ネットワーク接続 [Windows]

(a) Wi-Fiの状態

(b) ワイヤレスネットワーク
のプロパティ

図7.25　Wi-Fiの状態 [Windows]

(4) バイオメトリクス認証（生体認証、Bio（生物）、Metrics（測定））

　バイオメトリクス認証とは、人間の身体の一部などの要素を使って本人を特定する仕組みである。身体的特徴である指紋、掌紋（手のひらの筋模様）、虹彩、網膜、静脈パターン、音声（声紋）、顔、耳形、DNAなど、また、行動的特徴として、筆跡（速度、筆圧）や歩き方などがある（図7.26）。

　認証の処理速度と精度はまだ認証精度が完全ではない。また、認証用の生体情報の管理の重要性だけなく、プライバシーの配慮も必要となっている。

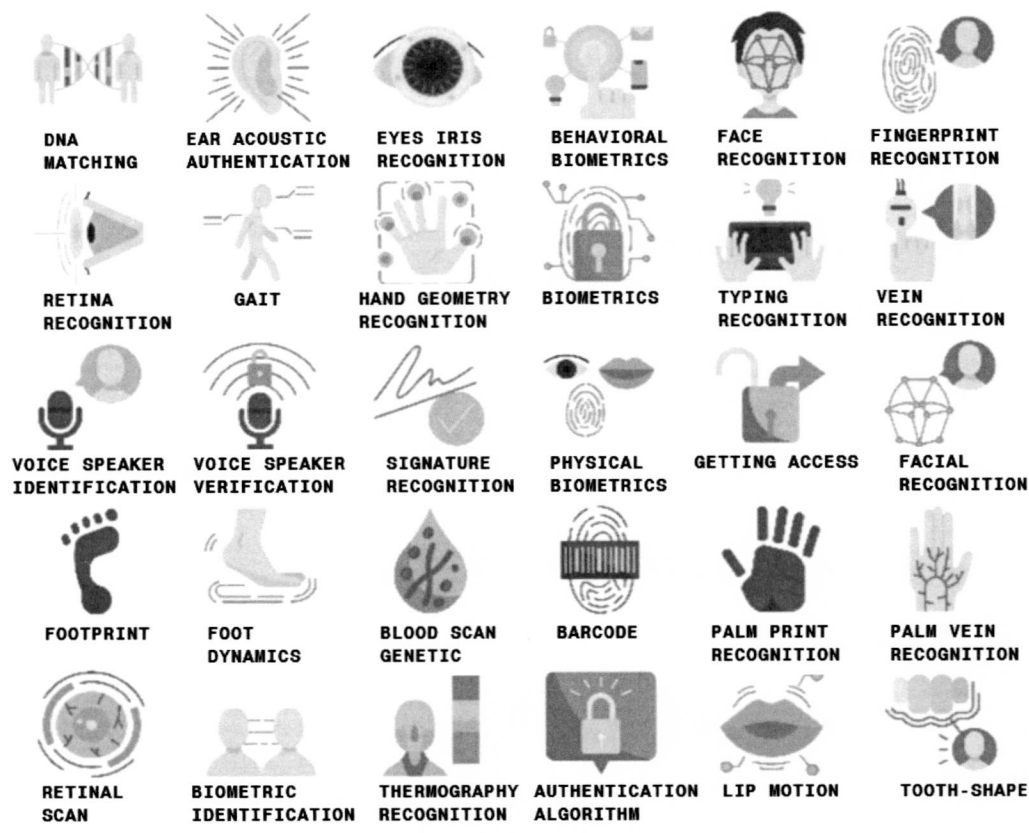

図7.26　バイオメトリクス認証

7.11.2　個人でできるセキュリティ対策

　個人でできるセキュリティ対策を次にあげる。どれも難しくないちょっとした心がけで対処できる。

(1) ID・パスワード

- ・ID・パスワードの使い回しをやめる。また、容易にわかるような場所に記録しておかない。
- ・人に教えない。
- ・わかりやすいパスワードにしない。
- ・共同のコンピュータは離席した際は必ずロック（できない場合はログアウト）を行う。

(2) パソコンのOSやソフトウェアのアップデート

- ・OSやソフトウェアを常に最新の状態に保つため、アップデートを必ず行う。
- ・セキュリティ対策ソフトウェアを導入し、常に最新状態を保つ。OSが用意している対策ソフトだけでは不十分な場合がある。

(3) メール、SNS

・メールの差出人やSNSの相手を確認する。

・メールの場合、差出人のアドレスを確認する。

・内容に含まれるリンクに気を付ける。

・添付されているファイルを不用意に開かない。

(4) Webサイト

・WebサイトのURLを確認したり、掲載元などに必ず注意を払う。
アドレスバーのアドレスで本物のサイトかどうかを確認する。

・URLが「http://111.222.333.444/…」など数字になっている場合注意が必要である。

・httpのセキュリティが強化されたhttpsになっているかどうか確認する。

・1文字だけ似た文字のURLになっている場合がある。I（大文字英字のアイ）、l（小文字英字のエル）、1（数字のイチ）、0（数字のゼロ）、O（大文字英字のオー）などはフォントによって区別がつかない場合も多い。対策として、実際にブラウザにURLを入力したり、文字列をコピーし貼り付けて確認する方法がある。

・Webサイトを開くとき、ウイルスに感染する可能性があることを認識し、予防対策が必要である（ウイルス対策ソフトなど）。また、セキュリティ対策についても万全にしておくこと。

(5) 機器の故障など

・あらかじめ、大切なファイルはセキュリティ対策を行った媒体にバックアップを取っておく。

(6) ソーシャルエンジニアリング

・カフェなどでパソコンを利用する際は画面に表示されている内容が見えていないか細心の注意を払う。

・個人情報が記載されたごみは細かいシュレッダーで裁断後廃棄する。
CD、DVD、Bluelayディスクなど廃棄するときも裁断する。

・公衆無線LANを利用するときは、SSIDとWPA2やWPA3になっているかを確認すること。また、個人情報の入力は控えておくことが重要である。

(7) 予防

・絶えず、セキュリティに関するニュースに注意をしておく[2]。

・感染してしまった場合の対処の方法を調べておく[3]。

・個人情報漏洩の意識を高め予防をする。

・自分や家族、友人の個人情報を安易に載せない。

・他人の個人情報を本人の許可なく掲載しない。

・メールの署名に自宅の住所や電話番号を入れない。

・万が一感染してしまった場合の対処法を想定しておく。

7.11.3　感染してしまったとき

・直ちにコンピュータをネットワークから切り離す。
・セキュリティ対策ソフトをインストールしている場合、これを利用し全てのシステムをスキャンする。
・別のコンピュータで対策を調べ、該当する対策がある場合それを実行する。ない場合、コンピュータの初期化を行う。
・最寄りの警察署または各都道府県警察のサイバー犯罪相談窓口に通報する [4]。

【チェック問題 7-4】
問1　情報セキュリティのCIAとは何か説明せよ。
問2　Cookieが盗まれるとどのような被害が想定されるか述べよ。
問3　マルウェア (malware) とは何か説明せよ。
問4　マルウェアの種類を3つ以上挙げ、特徴について説明せよ。
問5　ウイルスに感染した場合、ウイルス感染後の対応方法について参考文献 [3][4] からキーワードを3つ以上あげて、説明せよ。

7.12　暗号化

　暗号化とは、データの内容を第三者に見せない、解読されないための方法である。IPA（情報処理推進機構セキュリティセンター)を中心に暗号化技術に関して取り組みを行っている [1]。

(1) 暗号化はなぜ必要か？
　暗号化はファイルなどが紛失したり盗難されたりしたとき、ファイルの中身の情報漏洩から守るために必要である。また、セキュリティ対策データが改ざんされたとき、本物とニセモノの区別をつける方法としても必要である。

(2) データ伝送路の脅威
　ネットワークを利用して情報を送信中に存在する脅威として、なりすまし、盗聴、データ改ざんがある（図7.27）。

・なりすまし：ある人が通信路を妨害し、あたかも本人であるかのごとくふるまいだます。
・盗聴：通信路の途中で情報を盗む。
・データ改ざん：通信路の途中でデータを改ざんしだます。

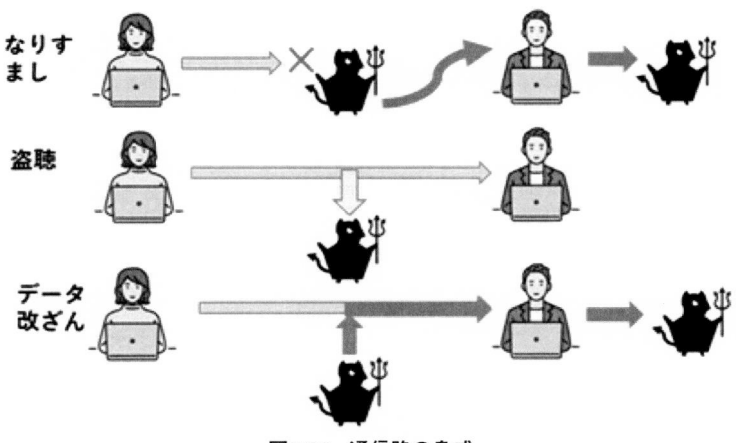

図7.27　通信路の脅威

7.12.1　暗号の歴史

紀元前からいろいろ考案されていた。次にいくつか例を挙げる。

- シーザー暗号（換字式暗号方式）…文字をいくつかずらす。
  Appleという文字列 を1文字ずらしBqqmfという文字列にする。
  通常は乱数表などを用いてずらす。
- ヒ・エログリフ
  エジプト文字のうちの1つ。古代暗号と言われている。
- シャーロック・ホームズの暗号
  シャーロック・ホームズなどの探偵小説にはよく暗号が出てくる。

7.12.2　暗号技術

暗号化の方式（アルゴリズム）が十分複雑で、いろいろな鍵を試すのに、十分長い時間かかるということである場合、安全といえる（図7.28）。

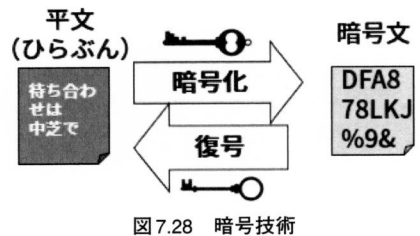

図7.28　暗号技術

暗号化前の文章を平文（ひらぶん）という。平文を暗号文にすることを暗号化という。暗号文を平文にすることを復号という。表7.2に情報セキュリティの基本用語を示す。

表7.2　情報セキュリティの基本用語

用　語	意　味
鍵	データを暗号化、複合化する際に用いるデータであり、数字や文字の列で成り立っている。
暗号化	特定の決まり（アルゴリズム）に従い、原文が推測できないように変換することである。関連用語として、暗号アルゴリズム、パスワードが挙げられる。
復号	暗号化された文章を平文に戻すことである。
平文（ひらぶん）	暗号化の前のデータである。
強い暗号技術	暗号文から鍵の推測ができないことをいう。 ⇒　鍵の捜索範囲が広いということである。

7.12.3　共通鍵暗号化方式

　暗号化の鍵と複号の鍵が同じものを使った暗号化方式である。自宅のカギと同じ使い方である。この方式は、いかに安全に相手に鍵を渡すか、共有するかが重要である。かつてRC4やDESなどの方法があったが、現在はAESが広く使われている。

(1) 暗号化方式のアルゴリズム　AES(Advanced Encryption Standard)

　AESとは、無線LANデータの暗号化WPA2などに用いられる暗号化アルゴリズムの1つである。2001年にNIST（米国国立標準技術研究所）が承認し標準となっている。

・鍵の長さは、128ビット、192ビット、256ビットがある。
・無線LAN規格WPA2で採用されている。
・SLL/TLS化通信やファイルの暗号化に利用されている。

(2) 共通鍵暗号化方式の仕組み

　共通鍵暗号化方式の仕組みとして、AさんからBさんへ手紙を送る場合（図7.29）を例に説明する。

① あらかじめ何らかの方法で鍵を共有する。
② Aさんはその鍵で平文を暗号化し、Bさんへ暗号化された平文のデータを送信する。
③ Bさんはその鍵で復号する。

7.12.4　公開鍵暗号化方式

公開鍵と秘密鍵の対を持っておく暗号化方式である。

(1) 公開鍵暗号化方式の仕組み

公開鍵暗号化方式の仕組みとして、AさんからBさんへ手紙を送る場合を例に説明する。

① 準備としてBさんが公開鍵と秘密鍵のペアを作成する（図7.30）。
② Bさんが公開鍵を他の人も見られるように公開する。秘密鍵はAさんに見られないように保

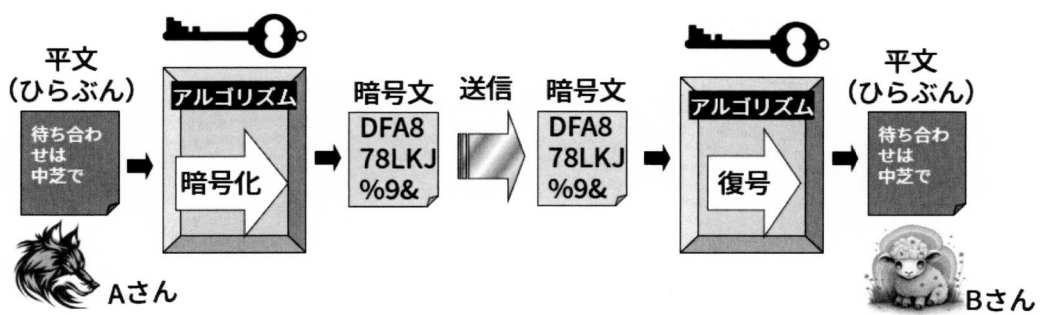

図7.29　共通鍵暗号化方式

管する。

③ Aさんは公開されているBさんの公開鍵で暗号化し（図7.31）、その暗号化された平文のデータをBさんに送る。Aさんは秘密鍵を持っていないので、自分で暗号化したデータだが復号できない。

④ Bさんは公開鍵とペアの秘密鍵で復号する。秘密鍵を持っているBさんだけがそのデータを復号できる。

図7.30　公開鍵暗号化方式　送付準備

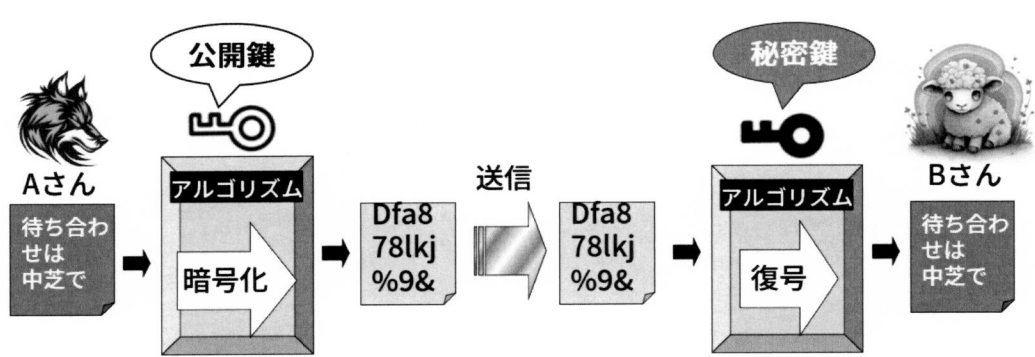

図7.31　公開鍵暗号化方式　送付

(2) 公開鍵と秘密鍵の役割

公開鍵

　暗号化のときに使われる。

　復号はできない。

　公開鍵から秘密鍵を推測することは非常に困難である。

秘密鍵

　復号するときに使われる。

(3) 公開鍵暗号アルゴリズム署名

　公開鍵暗号アルゴリズムの署名として RSA 2048Bits や楕円曲線暗号 (ECC) が広く利用されている。

暗号化方式　RSA

　アルゴリズムを開発した3人の暗号学者 (Rivest、Shamir、Adelman) の頭文字から付けられた名前である。

　RSA は 暗号化とデジタル署名が可能な方式である。「コンピュータで300〜1,000桁の非常に大きな素数の素因数分解を解くのに膨大な時間がかかる」という根拠を利用している（図7.32）。つまり、2つの異なる素数を掛け合わせることは簡単である。しかし、掛け合わせた数だけが用意され、何と何の素数なのかを計算するのは解くことが難しい。したがって、解くのに時間がかからなくなるとこの方法は採用できない。

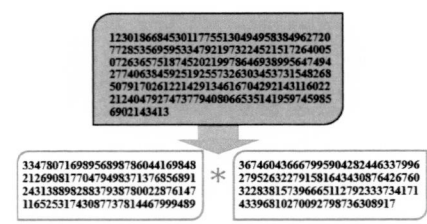

図7.32　公開鍵暗号の素因数分解 RSA-768

【NOTE】

(1) 素数

　1より大きい自然数のうち、1とその数でしか割り切れない数のことをいう。

《例》　11 は 1 と 11 でしか割り切れない数である。

(2) 素因数分解

　ある正の整数を、素数の積の形で表すことをいう。

《例》　12 = 2 × 2 × 3、77 = 11 × 7

　公開鍵の鍵の長さは2048bit（10進法で310桁）である。分解するのに時間がかかる。現在（2022年12月）は232桁の数の素因数分解が可能である状態 (RSA-768) であり、2048bitの数

値の解決はまだまだ先である、ということを根拠に利用されている。

RSA-768

RSA-768とは、768ビットの合成数（2つ以上の数の積）のことであり、2009年12月NTTなど5カ国の研究者の共同作業で公開鍵暗号の素因数分解問題で768ビットの整数の素因数分解に成功した。問題には懸賞金がかけられていた。

(4) 楕円曲線暗号　ECC（Elliptic Curve Cryptography）

・楕円曲線を利用した暗号アルゴリズムの総称である。
・離散対数問題と素因数分解を利用している。
・RSAより鍵の長さが短いため高速処理が可能である。
・ビットコインの暗号化方式である。

【チェック問題7-5】

問1　共通鍵暗号方式と公開鍵暗号化方式の仕組みの違いについて簡単に述べよ。

問2　公開鍵暗号化方式において「公開鍵」と「秘密鍵」の役割について述べよ。

問3　次の変換ルール（表7.3）を使って平文を数値化する。

変換ルール「A：1、B：2、C：3、…、Z：26」

表7.3　変換ルール表

A	B	C	D	…	X	Y	Z
01	02	03	04	…	24	25	26

(1) 文字列「CHUSHI BA」を変換ルール表（表7.3）に従って文字列を数で表現するとどうなるか？

(2) 文字列「緑」を変換ルール表（表7.3）で変換すると「0718050514」となった。

また「中央」を変換すると「030514200518」となった。

では「芝生」を変換するとどうなるか？

(3) 文字 「ひみつ」を変換ルール表（表7.3）とは異なる変換ルールで変換すると「062 072 043」となった。

・この変換ルールで「まくろ」を変換するとどうなるか。
・この変換ルールに濁音を変換するルールを考えてみよう。

7.12.5　共通鍵暗号化方式と公開鍵暗号化方式の特徴

共通鍵暗号化方式と公開鍵暗号化方式には次の特徴がある。

・共通鍵暗号化方式は、自分の持つ鍵と相手の持つ鍵は同一であるため、信用できる経路で鍵を送信する必要がある。

・公開鍵暗号方式は、公開鍵と秘密鍵がペアになっているので、秘密鍵を厳重に保管するだけでよい。
・公開鍵暗号方式で、暗号化は誰でもできるが、復号は秘密鍵を持っている人のみ可能である。
・公開鍵暗号方式は、共通鍵暗号化方式より、暗号化、復号に時間がかかる。

そこで、ハイブリッド暗号方式といって、共通鍵暗号化方式で利用する鍵を送信するときだけに利用する方法も行われている。例としてSSHC (Secure SHell)がある。
SSHとは、暗号化されたリモートログインをするとき、ネットワークを経由し遠隔からコンピュータを安全に操作する際に利用するプロトコルである。認証情報を含め、全ての通信データが暗号化される。

7.12.6　公開鍵暗号方式を利用したデジタル署名

電子署名とは電子的に署名や捺印を行うことである。電子署名には、認証機関に文書の作成者と日時が記録される。これをもとに文書の作成者が本人であることを証明する。電子署名を利用する場合、認証事業者に利用を申し込むと電子証明書と公開鍵と秘密鍵が交付される。RSA（7.12.4参照）では、秘密鍵を利用して暗号化したデータは公開鍵でのみ復号することができる。これにより、なりすましや情報の改ざんを検知することができる（図7.33）。
電子サインというものもある。これは、第三者認証機関の認証を必要とされず、契約者がサインにあたるログインをする仕組みをとる。

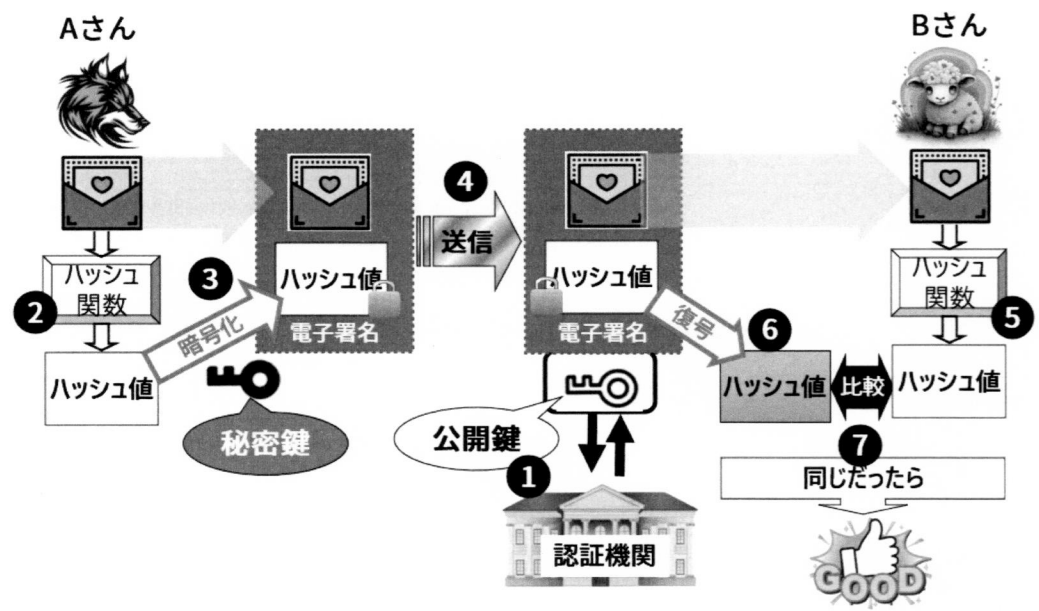

図7.33　電子署名

(1) 電子署名の仕組みについて
AさんからBさんへ署名付きの手紙を送る場合を例に説明する。

① 準備として、Aさんは認証局に電子署名の利用登録申込みをし、電子証明書と公開鍵、秘密鍵を受け取る。

② Aさんは、送付する文章（平文）をもとにハッシュ関数（2.4.3-③参照）を使って作成したハッシュ値を算出しておく。ハッシュ値はダイジェストともいう。

③ Aさんはハッシュ値を秘密鍵で暗号化する。これを電子署名（2.4.3-④参照）という。

④ Aさんは平文と暗号化した「ハッシュ値（暗号文）」と公開鍵を送信する。

⑤ Bさんは受信した文章（平文）をもとにハッシュ関数を使って作成したハッシュ値を算出しておく。

⑥ Bさんは公開鍵を利用して送付されてきた「ハッシュ値（暗号文）」を復号する。

⑦ 算出したハッシュ値⑤と送付された「ハッシュ値」の復号したもの⑥と比較することで、正しい文章かどうかを確認できる。

(2) ハッシュ関数のアルゴリズム

現在SHA-2がよく使われている。SHA256はSHA-2のうち256ビットのハッシュ値を算出するアルゴリズムである。

(3) 第三者による盗聴　Man-in-the-middle攻撃

送信者と受信者の間に攻撃者が割り込み、データを盗み見たり改ざんすることをMan-in-the-middle攻撃という。2019年にオンラインバンキングサービスのワンタイムパスワードによる二段階認証が破られている。

【チェック問題7-6】
問1　二要素認証と二段階認証の違いについて述べよ。
問2　二要素認証の他に多要素認証には何があるか、それぞれの特徴を述べよ。

7.12.7　CA (Certification Authority) 認証局

デジタル署名が署名者本人のものであるかどうかを信頼できる第三者 (TTP：Trusted Third Party) が証明する。

① TTPがTTPの秘密鍵を使用してBさんの公開鍵に対して電子署名した「公開鍵証明書 (Public-key Certificate)」を発行する。TTPをCA (Certification Authority) と呼ぶ。

② Aさんは、CAの発行する公開鍵を使用して証明書の署名を確認する。CAを使ってなりすましを防ぐことをPKI(Public Key Infrastructure 公開鍵基盤)という。

③ CAの発行する公開鍵が信用できるかどうか、を証明するために別のCAに証明書を発行してもらう。

④ ルートCAと呼ばれるCAが、自分自身の公開鍵に対して自分自身の秘密鍵で署名した証明書を発行し、ユーザがこの証明書を最終的に信頼するかしないかを決める。

認証局では、自分自身の認証局が発行した証明書が信頼できることを示すために、運用の方法や体制、セキュリティ対策などについて説明した「CPS (Certificate Practice Statement)」と呼ばれる文書を公開している。第三者によって定期的にCPSに従って運用されているかどうかの監査を受けている。

7.12.8　Webサイトの暗号化の利用

WebサイトのURLを見たとき、URLが https(Hyper Text Transfer Protocol Secure) で始まる場合、URLの左側に鍵のマークが表示される。SSL (Secure Socket Layer)によって暗号化された通信である。第三者による盗聴や改ざんを防止する。

【実習7-2】実際の暗号化の利用

ブラウザで使用されている暗号化を調べる。

次は、Chromeを利用して経済産業省のサイト (https://www.meti.go.jp/) の暗号化を調べる例である。他のサイトの暗号化の状況を調べてみよう（図7.34）。

① URL入力欄の左の鍵マークをクリックする。
② 「この接続は保護されています」をクリックする。
③ 「証明書は有効です」をクリックする。

証明書ビューアが表示される。
「詳細（D)」タブをクリックする（図7.35）。
・証明書の階層に証明書の発行機関が表示される。
・証明書の署名アルゴリズムが表示される。
　PKCS #1 はファイルフォーマット
　SHA-256 with RSA暗号化
・サブジェクトの公開鍵
　モジュール（2048ビット）

図7.34　実例：暗号化を調べる

図7.35 実例：証明書ビューア

第**8**章

メディアリテラシー

本章は、情報化社会において、より情報を活用し
ていくために知っておくべき権利や法規について見
ていく。

8.1　メディアリテラシー 〜情報活用へのステップアップ〜

　本章では、情報化社会において、より情報を活用していくために知っておくべき権利や法規について見ていく。注意すべき事項は、これらの権利や法規は情報技術の進化とともに見直されていく可能性が非常に高い。第2章で人工知能や仮想世界について取り上げたが、現行法規では解釈できない事項も多々出てくると予想される。まず、「個人情報」「知的財産」「セキュリティ関連の法規」他の順で見ていくことにする。

8.2　個人情報と情報社会関連の法規

　個人情報に関する話題は、ここ数年で増加傾向にあり、新聞やテレビなどメディアで大きな記事になっている。企業だけでなく、教育機関、医療機関、公共機関において、個人情報の漏洩問題が取り上げられることが多くなってきている。またEU(欧州連合)では、GDPR（一般保護規則：General Data Protection Regulation）として、2018年から施行し、以下に述べる日本の個人情報保護法より、細目にわたり、厳しい規定が定められている。欧州にある日本の企業は、GDPRの対象となるため、たとえば、販売した機械が故障し日本国内で修理する場合、故障機械の中に個人情報がないかなど厳しい規定があり、容易に持ち出すことはできない。

　日本国内の個人情報の話に戻すことにする。さて、個人情報とは一体何を示すのだろうか？個人情報が漏洩するとどのような問題が起こるのだろうか？まず、これらを紐解いていくことにする。

　個人情報保護法（正式名称：個人情報の保護に関する法律）は、2005年4月施行（2003年公布）された。2015年個人情報保護法改正時に、国際動向、情報社会の進展、新たなビジネスの創出などを踏まえて、3年ごとに見直す規定が追加された。では、個人情報とはどのようなものだろうか。個人情報とは、生存する個人に関する情報であって、当該情報に含まれる氏名、生年月日、その他の記述などにより、特定の個人を識別できることができるものである。個人情報保護法では、保護が必要な情報を「個人情報」「個人データ」「保有個人データ」の3つの概念に分けている。「個人情報」としては、氏名、住所、年齢などが含まれる。「個人データ」は、データを体系化し検索できるようにしたデータベースなどである。「保有個人データ」は、個人情報取扱事業者が、開示、内容の訂正、追加又は削除、利用の停止、消去および第三者への提供の停止を行うことのできる権限を有する個人データである。また、特に取り扱いに配慮を要する個人情報として、要配慮個人情報として定めている。人種、信条、社会的身分、病歴、犯罪の経歴、犯罪により害を被った時事実等含まれるものについては、要配慮個人情報として厳格な取り扱いが求められている。

　個人情報が漏洩するとどうなるのか。たとえば、クレジットカードID漏洩による不正利用による金銭被害のリスク、携帯番号、メールアドレス漏洩の場合は、勧誘や迷惑電話による精神的ストレスのリスク、さらには架空請求などの詐欺に巻き込まれるリスク、サイバーテロの標的になるリスクなどが挙げられる。個人情報が漏洩した場合、"落とした財布をそのまま届けてくれる"ように漏洩した情報を悪用しないような社会とは限らない。ネット社会では、国内だけでなく、

世界中のさまざまな文化、教育、価値観などの背景を持った人々が活用している。自分には関係ないことだとか、個人情報くらい漏洩しても別に気にしないとは言っていられない社会になっている（第7章[1][2][3]）。

8.3 知的財産権

　ネット社会が発展していくとともに、好きなときに好きなだけ自由に情報を発信したり、情報を閲覧することができる便利な社会になってきた。一方で、違法な情報発信や閲覧も増えてきている。ネット社会が発展する以前から、知的財産権を保護する仕組みは確立されている。ここでは、知的財産権とは何か、ネット社会における問題点は何かを考えていく。

8.3.1　知的財産権とは何なのか

　特許庁によると、『知的財産権制度とは、知的創造活動によって生み出されたものを、創作した人の財産として保護するための制度』となる。知的財産権の対象は、人間が創り出したものでなければいけないことになる。自然採取したものや機械が製造したものは対象とはならない。また、財産権であるので、譲渡、売却、贈与、相続ができる。知的財産権は大きく3つに分けることができる。著作権、産業財産権、その他である。そこで、この3つについて詳細に見ていくことにする。なお、著作権の管轄は文化庁であり、特許権は特許庁である。

8.3.2　著作権

　著作権の目的は著作権法第1条で定められている。

[著作権法第1条] より
この法律は著作物並びに実演レコード放送および有線放送に関し、著作者の権利およびこれに隣接する権利を定めこれらの文化的所産の公正な利用に留意しつつ著作者等の権利の保護を図りもって文化の発展に寄与することを目的とする。

　著作権は著作物に対して発生する権利である。では、著作物とは何なのか。著作物の要件は、第2条第1項第1号に記載されている。

[抜粋]
思想又は感情を創作的に表現したものであって、文芸、学術、美術又は音楽の範囲に属するもの

つまり、以下の4つがポイントとなる。

・思想又は感情を込められたもの（人間による創作物であること）
・創作的なもの（オリジナルであること）

・表現されたもの（自分以外の人にその表現を感じ得られること）
・文芸、学術、美術又は音楽の範囲（産業財産権の対象でないもの）

　では、具体的な一例はというと、小説、脚本、音楽の著作物、舞踏、無言劇、絵画、彫刻、建築、地図、学術的な図面、映画、写真、プログラムなどである。また、二次的な著作物と呼ばれる例としては、現著作物の翻訳、編曲、映画化などがある。著作物として認められないのは、単なるデータ、雑誌（事実の伝達）、時事の報道、人が関与しない防犯カメラ映像、商号、商標、意匠（製品デザイン）である。

8.3.3　産業財産権

　産業財産権は、「特許権」「実用新案権」「意匠権」「商標権」から構成されている。それぞれの内容について見ていく。特許権の検索ポータルとしては、J-Plat-Pat (JPP) が提供されている [1]。

(1) 特許権

　特許の目的は、「特許法第1条」によると、「発明の保護及び利用を図ることにより、発明を奨励し、もって産業発達に寄与すること」としている。"発明の保護"とは第三者が発明を盗用したりすることを防ぐため、一定期間と条件のもとで発明者が独占的な権利を持つことができるようにすることである。"利用を図る"とは、発明を公開することによって第三者が利用できるようにすることである。これらによって、新しい技術開発に繋がり、産業全体を発達させていこうというものである。

(2) 実用新案権

　実用新案法の目的は、実用新案法第1条によると、「物品の形状、構造又は組合せに係る考案の保護及び利用を図ることにより、その考案を奨励し、もって産業の発達に寄与すること」としている。特許権の対象は新規発明とイメージできるが、実用新案の具体例はどのようなものがあるのだろうか。使い切ったティッシュペーパーの空箱を折りたたみ易くし捨てられるようにしたものなど、アイディア商品と呼ばれるものの中に実用新案権を取得しているものが多くある。なお、コンピュータプログラム自体については、著作物対象であって、物品の形状、構造又は組合せには該当しないため実用新案権では対象外である。

(3) 商標権

　商標制度の目的は、商標法第1条によると、「事業者が商品やサービスに付ける商標を保護することにより、商標を使用する者の業務上の信用の維持を図ることを通じて、産業の発達に寄与するとともに需要者の利益を保護することを目的とする」としている。商標の種類としては、文字商標、図形商標、記号商標、色彩のみからなる商標、音商標、位置商標などがある。

(4) 意匠権

　意匠の定義は、意匠法第2条第1項によると、「物品の形状、模様、色彩、これおらの結合、建築

物の形状など視覚を通じて美感を起こさせるもの」としている。ただし、国旗や王室の紋章、公序良俗に反するもの、他人の業務に係る物品、建築物又は画像と混同を生ずるおそれのあるものは、公益的な見地から意匠登録を受けることができない。

　政府は、2022年6月に知的財産推進計画を決め、これまでの煩雑な著作権対応を改め、窓口は一元化し、データベースを整備していくことを決めた（図8.1）。

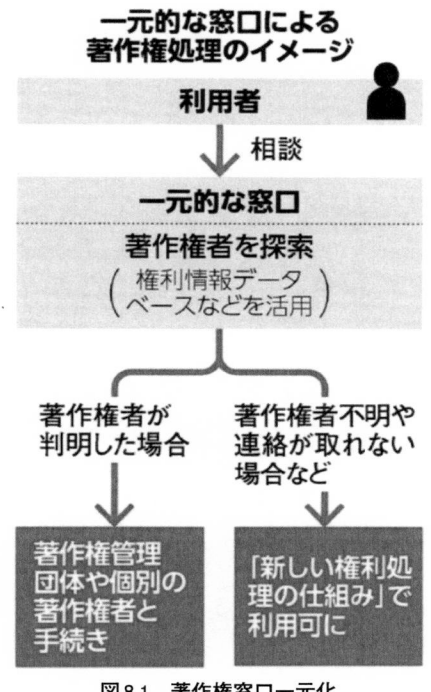

図8.1　著作権窓口一元化
（朝日新聞　2022年6月4日）[2]

【チェック問題8-1】

問1　下記の事例において、著作権に関わる問題であるか、根拠を示した上で考察せよ。

事例：路上ライブにおいて、有名ミュージシャンの楽曲を演奏した。

問2　商標登録権として、認められないものを5つ以上答えよ。

問3　以下の存続期間／保護期間について述べよ。

・著作権の保護期間

・特許権の存続期間

・商標権の存続期間

・意匠権の存続期間

問4　実用新案の実例をJ-Plat-Pat (JPP) [1]で検索し、2つ以上説明せよ。

問5　実用新案の存続期間について述べよ。

8.4　セキュリティ関連の法規

　年々、サイバー攻撃、ウイルスによる情報漏えいなど増加傾向にあり、社会問題になっている。サイバー攻撃とは、パソコン、サーバー、スマートフォンなどのシステムにネットワークや情報機器などを介して、システム破壊やデータ改ざん、消失、窃取などの攻撃の総称である。サイバー攻撃の傾向としては、愉快犯（自己顕示）が目的であったが、金銭目的へ攻撃手口は巧妙化し、悪質なものに変貌してきている。このようなサイバー攻撃に対する法律が制定されている。その中から「サイバーセキュリティ基本法」「不正アクセス禁止法」について見ていくことにする。

8.4.1　サイバーセキュリティ基本法

　サイバーセキュリティ基本法は、2015年1月から施行されたもので、総務省によると、"サイバーセキュリティに関する施策を総合的かる効率的に推進するため、事業理念を定め、国の責務等を明らかにし、サイバーセキュリティ戦略の策定その他該当施策の基本となる事項等を規定する"としている。つまり、サイバーセキュリティに関する基本理念を定めた法律である。国、地方公共団体、重要社会基盤事業者、サイバー関連事業者、教育研究機関、国民に対して、サイバーセキュリティに対する役割等を規定している。

8.4.2　不正アクセス禁止法

　総務省によると、不正アクセス禁止法は、"不正アクセス行為の禁止等に関する効率である"としている。不正アクセス禁止法の対象となる行為は、「なりすまし」「セキュリティホールからのアクセス」「他人の識別符号（ID、パスワードなど）を取得」「本人の承諾なしに第三者へ識別符号を伝える」である。その他のセキュリティ関連法規としては、特定電子メール法（迷惑メール規制）、ウイルス作成罪などがある。

8.5　その他の動向

　法規、規制関連での動向としてはAIに関する規制、AIガバナンスに関する検討が始められている [3] [4]。2016年日本が世界に向けてAI統制の国際的な議論が必要と提起し、その後、国際的にAI利用に関するガイドラインなどの策定が進められるようになった [5]。欧州連合 (EU) は、2022年9月28日AIを使った製品やサービスでケガを負ったり、権利を侵害されたりした被害者を補償する法整備に着手した。欧米がリードした形になっている。EUでのポイントは以下の通りである。

・補償を受けるために必要な情報アクセスをしやすく
・被害との因果関係を立証する負担軽減
・プライバシー侵害、選考システムでの差別扱いなども対象

一方、AIの技術開発の機運を損なわないように情報公開時の企業秘密を守るよう徹底する他、反証の機会を設けるようにしている。EUは2021年からAI利用にかかる禁止事項などの規制法作りも進めている。日本では、経済産業省を中心にAIガバナンスに関する検討が開始され、経済産業省より「AI原則実践のためのガバナンス・ガイドライン　ver1.1」が提示された。企業においても、企業ガバナンス、コンプライアンスの検討が開始されている。ここで、ガバナンス、コンプライアンスについて補足しておく。コンプライアンスとは法令遵守のことであるが、たとえば企業におけるコンプライアンスとは、単に法令を守るだけでなく、社内規範や社会規範に基づくものである。

　ガバナンスとは管理統制ということになるが、コンプライアンスとリスクマネジメントを管理統制していくことである。

【チェック問題8-2】

問1　個人情報とはなにか説明せよ。

問2　個人情報が漏洩した場合、どのような問題が発生すると予想されるか。

問3　個人情報の漏えい防止のため、個人レベルでできることはないか考察せよ。

問4　著作権法の目的、特許法の目的

・著作権法は、何の発展に寄与することを目的にしているか答えよ。

・特許法は、何の発展に寄与することを目的にしているか答えよ。

問5　ガバナンスとコンプライアンス

・ガバナンスとは何か説明せよ。

・コンプラインとは何か説明せよ。

Appendix

A エディタ「Visual Studio Code」と拡張機能のインストール

このアプリケーションはフリーソフトウェアである。利用しているOSのインストールファイルをダウンロードする。ダウンロードしたインストールファイルをダブルクリックしインストールするだけで簡単に利用できる。

(1) エディタ「Visual Studio Code (VS code)」のインストール

① Visual Studio Code のサイトへ行く[1]（ただし、OSの種類ごとに表示は異なる）。

 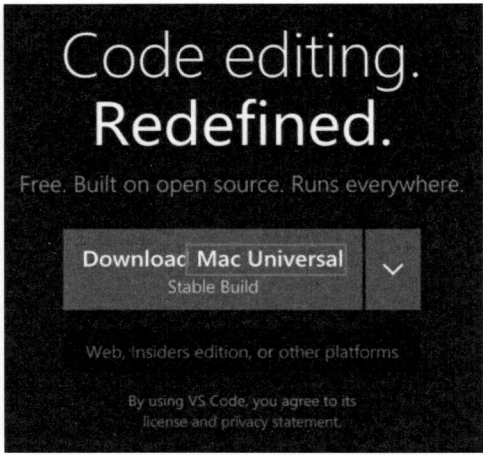

Windows　　　　　　　　　　　　　　　　Mac

図A.1　Visual Studio Code トップページのインストール用のリンク

② トップページの「Download for Windows」または「Download Mac Universal」をクリックすると、インストーラー（インストール用のファイル）がダウンロードされる（図A.1）。

[Windows]
ダウンロードしたフォルダに保存されているインストール用ファイル「VSCodeUserSetup-○○○○.exe」をダブルクリックする。このインストーラーを実行しインストールする。数回[次へ]をクリックしたあとインストールが完了する。

[Mac]
ダウンロードしたフォルダに保存されている「VSCode-darwin-universal.zip」をFinderを利用して「アプリケーション」フォルダへ移動する。Launchpadの「VS code」のアイコンをクリックする。

1.https://code.visualstudio.com/

(2) 日本語化を行う

① インストール後、「スタート」の「Visual Studio Code」をクリックして起動する。「VS code」を起動すると、最初に表示された画面の右下に、表示言語を日本語に変更する場合の小さいウィンドウが表示される（図A.2）。

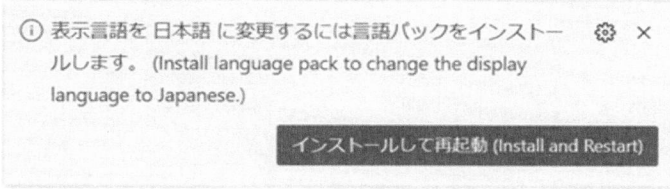

図A.2　日本語化

② 日本語化を、拡張機能を用いて行う[2]。上記の小さいウィンドウは一定時間を過ぎると消える。そのときは、通常の拡張機能インストールと同様に、日本語化を行う（(3) 参照）。「VS code」が起動する。

(3) 拡張機能をインストールする

① 左のアイコンをクリックすると拡張機能の一覧が表示される。

② 上部の検索窓にインストールする拡張機能の名前を入力する。

　検索窓に入力した文字で始まる拡張機能の一覧が再表示される。

　図A.3は、検索欄に「jap」まで入力すると「Japanese Language Pack for Visual Studio Code」が表示された例である。

③ 「インストール」をクリックする。

図A.3　VScodeの拡張機能のインストール

2.日本語化の場合、図A.4の「Restart」をクリックし再起動を行う。他の拡張機能は再起動の必要はない。

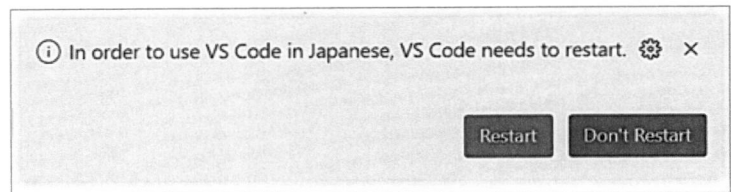

図A.4　VS Code 再起動

さまざまな拡張機能が用意されている。ホームページ作成のときに便利な拡張機能をインストールしておこう。

・Auto Close Tag
・Auto Rename Tag
・ZENKAK

(4)「配色テーマ」を選ぶ。
　① ウィンドウ左下の「歯車アイコンをクリックする（図A.5）。
　② メニュー「配色テーマ」をクリックする。
　③ ウィンドウの上部にメニューが表示されるので、どれかを選択する。

　HTML言語を利用するとき、タグが目立つ「配色テーマ」を選ぶとよい。
　追加の「配色テーマ」をインストールしたい場合、「＋ その他の色のテーマを参照…」をクリックし、選択すると自動で「配色テーマ」がインストールされ変更される。次のページで「配色テーマ」が参考できる[3]（図A.6）。

図A.5　「配色テーマ」の起動

3.VS Code Themes https://vscodethemes.com/

図A.6　「配色テーマ」の選択

あとがき

　本書は、これまでの数十年間、授業で行ってきた内容をもとに原稿作成時点での最新情報に留意し書籍にしたものである。本文でも何回か述べているとおり、情報技術は日々爆速で進化している。一般的に、技術は、日々進化するものと、基礎理論として確立しているものがある。本書は、最新の技術について述べるとともに、重要な基礎理論についても述べた。

　本来、このあとにお礼を述べてあとがきとして終わるところであるが、最後にリスキングについて述べておく。企業（経済）における人材育成について考えていくと「リスキング」という動向が見えてくる。

　経済産業省によると、"リスキングとは「新しい職業に就くために、あるいは、今の職業で必要とされるスキルの大幅な変化に適応するために、必要なスキルを獲得する／させること」"と定義している [1]。世界経済フォーラム年次総会（ダボス会議）においても「リスキング革命」が発表されており、国内だけなく世界的な動向である。

　これまで多くの国内企業では新人教育や定期的な社内教育を実施してきている。代表例として、OJT(On the Job Training)、すなわち、業務を行いながら業務知識を身に付ける教育を挙げることができる。これらの教育は既存業務の枠内での教育である。しかし、リスキングはDX時代の企業の人材戦略として位置付けたものである。企業は、情報技術の進化とともに、新たな社会構造を想像し、これまでになかった事業を創出していく必要がある。そのためには、事業改革に沿った人材育成が必要となる。たとえば、AI、ディープラーニング、データサイエンス、ブロックチェーンなどの情報技術を利用した新たな事業分野における人材育成が必要となる。

　企業はDX化に向けた新たな事業の創出とともにリスキングとしてのスキルアップ体制、および適材適所の人材配置のための適性を見抜くための方法の構築が重要となる。リスキングが普及していけば、企業内だけでは準備できない教育体制（教える側の人材、教育コンテンツ、情報機器など）は、外部へ委託するなど新たな事業が生まれてくる可能性が高い。

　GIGAスクール構想による教育を受けた人材が、企業に入って活躍していくことにより、企業のスキルの底上げになるであろう。そのためにもGIGAスクール構想や大学での情報教育は重要となる。

　本書は、ハブ空港のようなものである。ハブ空港とは、国内外の旅客機が集まり、各々目的地に向けて乗り換え、飛び立っていく、移動の拠点となるものである。本書を通して、目的を持った読者、なんとなく目的を持った読者、ほんの少しでも興味が湧いた読者が、次のステップに向けて、飛び立っていくことができることを期待している。

　授業前後やメールなどで大変興味深い質問を投げかけてくれた学生の皆さんに感謝を申し上げます。本書を最後まで読んでいただいたことに深く感謝します。

2023年　目線は無限大

池田 瑞穂

参考文献

第1章

[1] 総務省：平成23年版　情報通信白書のポイント第2章第2節デジタル・ディバイドの解消，
https://www.soumu.go.jp/johotsusintokei/whitepaper/ja/h23/pdf/n2020000.pdf（参照2022-12-03）．

[2] 外務省：IT（情報通信技術）デジタル・ディバイド，
https://www.mofa.go.jp/mofaj/gaiko/it/dd.html（参照2022-12-03）．

第2章

[1] 総務省：令和4年　情報通信に関する現状報告の概要，
https://www.soumu.go.jp/johotsusintokei/whitepaper/ja/r04/pdf/01point.pdf （参照2022-12-03）．

[2] 経済産業省：特定デジタルプラットフォームの透明性及び公正性の向上に関する法律のポイント，
https://www.meti.go.jp/policy/mono_info_service/digitalplatform/transparency.html（参照2022-12-03）．

[3] 日本経済団体連合会：デジタルプラットフォーマ取引透明案（仮称）の方向性」への意見，
https://www.keidanren.or.jp/policy/2020/004.html?v=p（参照2022-12-03）．

[4] 総務省：フェイクニュースとはどのようなものか，
https://www.soumu.go.jp/johotsusintokei/whitepaper/ja/r01/html/nd114400.html （参照2022-12-03）．

[5] 総務省：上手にネットと付き合おう，
https://www.soumu.go.jp/use_the_internet_wisely/special/fakenews/（参照2022-12-03）．

[6] 総務省：プラットフォームサービスに関する研究会，
https://www.soumu.go.jp/main_content/000670018.pdf（参照2022-12-03）．

[7] 下條真司，赤阪晋介，田淵雄一郎，田口一徹：国内外におけるIoTによる社会改革・サービス創出の取り組み，情報処理，Vol.60，No.2，pp.112-115 (2019)．

[8] 茅野遥香，石黒剛大：工場における機器導入効果の指標化と事前推定手法，第81回全国大会講演論文集，pp.377-378 (2019)．

[9] 内閣府：Society5.0 - 未来社会 - 動画1，
https://wwwc.cao.go.jp/lib_006/society5_0/society5_0_mirai1.html（参照2022-12-03）．

[10] Britannica ONLINE JAPAN.

[11] 福島俊一： AIの品質保証：1．AI品質保証にかかわる国内外の取り組み動向，情報処理，Vol.63，No.11，pp.e1-e6 (2022)．

[12] 村田潔，説明可能なAI（XAI），日本情報経営学会第80回全国大会，2020.07.

[13] 坂元哲平，安部裕之：AI判断の根拠を説明するXAIを使いこなす：2．産業利用における説明可能AIの使いどころ，情報処理，Vol.63，No.8，pp.e1-e20 (2022)．

[14] Ribeiro,M.T., Singh,S. and Guestrin,C.：Why Should I Trust You? Explaining the Predictions of Any Classifier, Proceedings of the 22nd ACM SIGKDD International Conference on Knowledge Discovery and Data Mining(KDD '16), pp.1135-1144, ACM (2016).

[15] LESLIE LAMPORT, ROBERT SHOSTAK, MARSHALL PEASE: The Byzantine Generals Problem, ACM Transactions on Programming Languages and Systems, Vol 4, pp382 -- pp.401 July 1982.

[16] 才所敏明，辻井重男，櫻井幸一，暗号仮想通貨における匿名化技術の現状と展望，情報処理学会第81回全国大会,2019, pp3-397--3-398.

[17] 岩下直行, 暗号資産の現在と将来,情報処理学会,2021.11.Vol.62 No.11 pp.592--pp.597.

[18] 経済産業省：世界各国のキャッシュレス比率比較，
https://www.meti.go.jp/shingikai/mono_info_service/cashless_future/pdf/001_05_00.pdf （参照2022-12-03）．

[19] 尾崎拓郎：GIGAスクール構想を推進するための環境整備のすすめ，情報処理，Vol.63，No.4，pp.176-180 (2022)．安西祐一郎：日本のAI戦略，情報処理，Vol.62，No.1，pp.e1-e15 (2022)．

[20] 豊田洸輔，阪東哲也，森山潤:マルウェアに関する情報セキュリティの理解を促進させる小学校プログラミング教育の提案，日本産業技術教育学会誌 第63巻 第1号 (2021) pp.101 - p.110.

[21] 須川賢洋：メタバースの法律問題，情報処理，Vol.63，No.7，pp.e37-e39 (2022).

[22] 経済産業省：産業界におけるデジタルトランスフォーメーション（DX）推進施策について，
https://www.meti.go.jp/policy/it_policy/dx/dx.html （参照 2022-12-03）．

第3章

[1] C. E. Shannon, A Mathematical Theory of Communication, Mobile Computing and Communications Review, Volume 5, Number I.

[2] C.E. シャノン（著），W. ヴィーヴァー（著），長谷川淳（翻訳），井上光洋（翻訳）：コミュニケーションの数学的な理論，明治図書，1965.

[3] クロード・E・シャノン（著），ワレン・ウィーバー（著），植松友彦（翻訳）：通信の数学的理論，ちくま学芸文庫，2009 年 8 月.

[4] IT 用語辞典 e-Words, データ（参照 2022-12-03）．

[5] NMJ(National Metrology Institute of Japan)：第 27 回国際度量衡総会，
https://unit.aist.go.jp/nmij/info/SI_prefixes/indexS.html （参照 2022-12-03）．

[6] The Ultimate Guide To iPhone Resolutions,
https://www.paintcodeapp.com/news/ultimate-guide-to-iphone-resolutions （参照 2022-12-03）．

[7] Brown, R. W. & Lenneberg, E. H. (1954): A study in language and cognition. The Journal of Abnormal and Social Psychology, 49(3), pp.454 - pp.462.

[8] ブリタニカ国際大百科事典，ケーニヒスベルクの橋の問題（参照 2022-12-03）．

[9] デジタル大辞泉，グラフ理論（参照 2022-12-03）．

[10] 百科事典マイペディア，四色問題（参照 2022-12-03）．

第4章

[1] 理化学研究所計算科学研究センター「富岳」について，
https://www.r-ccs.riken.jp/fugaku/ （参照 2022-12-03）．

[2] 富士通株式会社　スーパーコンピュータ「富岳」，
https://www.fujitsu.com/jp/about/businesspolicy/tech/fugaku/ （参照 2022-12-03）．

[3] スーパーコンピュータ「富岳」の開発 youtube,
https://www.youtube.com/watch?v=poH9YZSr8xY（参照 2022-12-03）．

[4] 簡単で楽しい動画【360°】スーパーコンピュータ「富岳」のある計算機室を見てみよう（ふがくんといっしょ），
https://www.youtube.com/watch?v=Y96d3dKTeFg（参照 2022-12-03）．

[5] デジタル用語辞典，メインページ（参照 2022-12-03）．

[6] statcounter,
https://gs.statcounter.com/（参照 2022-12-03）．

第5章

[1] 総務省：情報通信白書（平成 29 年版），
https://www.soumu.go.jp/johotsusintokei/whitepaper/ja/h29/html/nc121100.html

[2] 総務省：ローカル 5G の普及展開に向けて，
https://www.soumu.go.jp/main_content/000802944.pdf（参照 2022-12-03）．

[3] 総務省：令和 3 年ローカル 5G の普及展開に向けて，
https://www.soumu.go.jp/johotsusintokei/whitepaper/ja/r03/html/nd256110.html（参照 2022-12-03）．

[4] 一般社団法人日本インターネットプロバイダー協会：ISP の IPv6 対応について，
https://www.jaipa.or.jp/ipv6/（参照 2022-12-03）．

[5] 一般社団法人 全国銀行協会：全国銀行データ通信システム（全銀システム），https：//www.zenginkyo.or.jp/abstract/efforts/system/zengin-system/ （参照 2022-12-03）．

[6] 総務省：ブロックチェーンの概要，
https://www.soumu.go.jp/johotsusintokei/whitepaper/ja/h30/html/nd133310.html （参照 2022-12-03）.

[7] KDDI MUSEUM（KDDI ミュージアム），
https://www.kddi.com/museum/ （参照 2022-12-03）.

[8] Submarine Cable Map,
https://www.submarinecablemap.com/ （参照 2022-12-03）.

[9] 国際ケーブル・シップ㈱，
https://www.k-kcs.co.jp/ （参照 2022-12-03）.

[10] 総務省：デジタル経済史としての平成時代を振り返る，
https://www.soumu.go.jp/johotsusintokei/whitepaper/ja/r01/html/nd111120.html （参照 2022-12-03）.

[11] ncsa：ブラウザ「MOSAIC」，
http://www.ncsa.illinois.edu/News/Images/ （参照 2022-12-03）.

[12] 古澤徹，阿部博，中尾彰宏：遅延値に基づく車両向けコンテナ型アプリケーションの動的エッジオフローディングの実装と評価，情報処理学会論文誌，デジタルプラクティス，Vol.3，No.3，pp.32-43，（2022）.

[13] LAN ケーブルの規格，
https://www.elecom.co.jp/category/cat_cable-lan/?category=client-personal （参照 2022-12-03）.

[14] LAN アダプター，
https://www.iodata.jp/product/lan/lanadapter/（参照2022-12-03）.

[15] 一般社団法人日本ネットワークインフォメーションセンター：IPv4 アドレスの在庫枯渇に関して，
https://www.nic.ad.jp/ja/ip/ipv4pool/ （参照 2o22-12-03）.

[16] jPRS :世界ドメイン紀行，
https://sekai-domain.jp/

[17] 各ルートサーバーの運用組織と所在地，
https://www.nic.ad.jp/ja/newsletter/No45/0800.html （参照 2022-12-03）.

[18] jPRS：日本語JP ドメイン名の Punycode 変換・逆変換，
https://punycode.jp/（参照2022-12-03）.

[19] MUM: A new AI milestone for understanding information
https://blog.google/products/search/introducing-mum/

[20] Search, explore and shop the world's information, powered by AI
https://blog.google/products/search/ai-making-information-helpful-io/

[21] Google: 検索品質評価ガイドライン，
https://static.googleusercontent.com/media/guidelines.raterhub.com/ja//searchqualityevaluatorguidelines.pdf

第6章

[1] 石畑清：アルゴリズムとデータ構造，岩波講座ソフトウェア科学3，pp.50 – pp.55，1992年12月.

[2] 毛利公一，システムソフトウェアから見た情報セキュリティ技術動向，システム／制御／情報　第66巻, pp.14 - pp.20 (2022年).

[3] 山本憲正，唐津登志夫:安全なクラウド上の共有を支援するファイルシステム拡張，情報処理学会第84回全国大会，2022.03, pp.1-125--1-126.

[4] 飯島貴政，串田高幸：データの安全性を確保する災害対応型分散バックアップシス，情報処理学会研究報告，2020/03，pp.1 - pp.7.

第7章

[1] IPA(独立行政法人 情報処理推進機構セキュリティセンター)，
https://www.ipa.go.jp/security/ipg/crypt.html （参照 2022-12-03）.

[2] IPA(独立行政法人 情報処理推進機構セキュリティセンター)，
https://www.ipa.go.jp/security/ （参照 2022-12-03）.

[3] IPA(独立行政法人 情報処理推進機構セキュリティセンター)：情報漏えい発生時の対応ポイント集，
https：//www.ipa.go.jp/security/awareness/johorouei/rouei_taiou.pdf. （参照 2022-12-03）.

[4]　警視庁サイバー犯罪対策プロジェクト,
　　　https://www.npa.go.jp/cyber/ransom/index.html　（参照2022-12-03）.
[5]　IPA(独立行政法人 情報処理推進機構),
　　　https://www.ipa.gp.jp/security/enc/qa.html　（参照2022-12-03）.

第8章
[1]　特許庁：特許情報プラットフォーム,
　　　https：//www.j-platpat.inpit.go.jp/　（参照2022-12-03）.
[2]　朝日新聞：著作権窓口一元化,
　　　https://www.asahi.com/articles/DA3S15494352.html
[3]　原田要之助, 小倉博行：AI ガバナンスに関する国際標準動向, 情報処理, Vol.63, No.9, pp.e12-pp.18 (2022).
[4]　鈴木賢一郎：AIの社会実装に向けたガバナンスの課題と取り組み, 情報処理, Vol.63, No.9, pp.494-495 (2022).
[5]　杉村領一：AI国際標準化の現状と今後の展望, The 36th Annual Conference of the Japanese Society for Artificial Intelligence, pp.1-2 (2022).

あとがき
[1]　経済産業省：リスキングとは－DX時代の人材戦略と世界の潮流－,
　　　https://www.meti.go.jp/shingikai/mono_info_service/digital_jinzai/pdf/002_02_02.pdf（参照2022-12-03）.

索引

著者紹介

池田 瑞穂 (いけだ みづほ)

2002年 奈良先端科学技術大学院大学情報科学研究科博士後期課程修了。博士（工学）。

関西学院大学共通教育センター、理学部、生命環境学部、甲南大学理工学部非常勤講師。
関西学院大学工学部研究員。

大手企業において、SI（システムインテグレーション）事業，パッケージ開発事業に関わり、プロジェクトマネージャとして従事。また、社会人向け情報技術教育事業に従事。

企業でのIT関連職務を経て、関西学院大学共通教育センター、京都大学大学院農学研究科生物資源経済学専攻、神戸大学数理・データサイエンスセンターにて、教員・研究員として、理系・文系を問わず、情報科学を専門としない様々な専門領域の学生に対する情報技術教育や研究に従事。

主な研究分野は、データマイニング、データ分析、学習者の特徴分析、教材コンテンツの評価などの教育工学および、データサイエンス。

◎本書スタッフ
編集長：石井 沙知
編集：伊藤 雅英
図表製作協力：安原 悦子
組版協力：安原 悦子
表紙デザイン：tplot.inc 中沢 岳志
技術開発・システム支援：インプレス NextPublishing

●本書に記載されている会社名・製品名等は、一般に各社の登録商標または商標です。本文中の©、®、TM等の表示は省略しています。
●本書は『ステップアップ 情報技術の教室 探究・トレーニング・創造』（ISBN：9784764960527）にカバーをつけたものです。

●本書の内容についてのお問い合わせ先
近代科学社Digital　メール窓口
kdd-info@kindaikagaku.co.jp
件名に「『本書名』問い合わせ係」と明記してお送りください。
電話やFAX、郵便でのご質問にはお答えできません。返信までには、しばらくお時間をいただく場合があります。なお、本書の範囲を超えるご質問にはお答えしかねますので、あらかじめご了承ください。

ステップアップ 情報技術の教室

探究・トレーニング・創造

2023年8月11日　初版発行Ver.1.0

著　者　池田 瑞穂
発行人　大塚 浩昭
発　行　近代科学社Digital
販　売　株式会社 近代科学社
　　　　〒101-0051
　　　　東京都千代田区神田神保町1丁目105番地
　　　　https://www.kindaikagaku.co.jp

印刷・製本　京葉流通倉庫株式会社
Printed in Japan

ISBN978-4-7649-0666-2

近代科学社 Digital は、株式会社近代科学社が推進する21世紀型の理工系出版レーベ
ルです。デジタルパワーを積極活用することで、オンデマンド型のスピーディで持続可能
な出版モデルを提案します。

近代科学社 Digital は株式会社インプレス R&D が開発したデジタルファースト出版プラットフォーム
"NextPublishing" との協業で実現しています。